Cinzia Medaglia, Filippo Medaglia

# *Nuovo* SPAZIO CIVILTÀ

## CONOSCERE LA CULTURA E LA CIVILTÀ ITALIANA

Codice di sblocco
0CA-0A1-DD2-28F

 **IL LIBRO IN DIGITALE**
Questo corso è distribuito sulla piattaforma myLIM per computer e tablet.

### ❶ REGISTRATI SU IMPAROSULWEB
Vai sul sito *imparosulweb.eu* e registrati scegliendo il tuo profilo. Completa l'attivazione cliccando il link contenuto nell'e-mail di conferma. Al termine della procedura sarai indirizzato nella tua area personale.

### ❷ SBLOCCA IL VOLUME
Usa il **codice di sblocco** che trovi stampato su questo libro per sbloccarlo su Imparosulweb e per accedere anche alle espansioni online associate.

### ❸ SCARICA L'APPLICAZIONE MYLIM
Clicca sul pulsante **Libro digitale** e segui le istruzioni per scaricare e installare l'applicazione.

### ❹ SCARICA IL LIBRO ATTIVATO
Entra nella libreria di myLIM facendo login con il tuo account Imparosulweb e clicca sulla copertina del libro attivato per scaricarlo. Sfoglia le pagine e i pulsanti ti guideranno alla scoperta delle risorse multimediali collegate.

© Loescher Editore - Torino 2021
www.loescher.it

I diritti di elaborazione in qualsiasi forma o opera, di memorizzazione anche digitale su supporti di qualsiasi tipo (inclusi magnetici e ottici), di riproduzione e di adattamento totale o parziale con qualsiasi mezzo (compresi i microfilm e le copie fotostatiche), i diritti di noleggio, di prestito e di traduzione sono riservati per tutti i paesi. L'acquisto della presente copia dell'opera non implica il trasferimento dei suddetti diritti né li esaurisce.

Le fotocopie per uso personale del lettore possono essere effettuate nei limiti del 15% di ciascun volume dietro pagamento alla SIAE del compenso previsto dall'art. 68, commi 4 e 5, della legge 22 aprile 1941 n. 633.

Le fotocopie effettuate per finalità di carattere professionale, economico o commerciale o comunque per uso diverso da quello personale possono essere effettuate a seguito di specifica autorizzazione rilasciata da:

CLEAREdi, Centro Licenze e Autorizzazioni per le Riproduzioni Editoriali, Corso di Porta Romana 108, 20122 Milano

e-mail *autorizzazioni@clearedi.org* e sito web *www.clearedi.org*.

L'editore, per quanto di propria spettanza, considera rare le opere fuori dal proprio catalogo editoriale. La fotocopia dei soli esemplari esistenti nelle biblioteche di tali opere è consentita, non essendo concorrenziale all'opera. Non possono considerarsi rare le opere di cui esiste, nel catalogo dell'editore, una successiva edizione, le opere presenti in cataloghi di altri editori o le opere antologiche.

Nel contratto di cessione è esclusa, per biblioteche, istituti di istruzione, musei ed archivi, la facoltà di cui all'art. 71 - ter legge diritto d'autore.

Maggiori informazioni sul nostro sito: *www.loescher.it*

Ristampe

| 6 | 5 | 4 | 3 | 2 | 1 | N |
|---|---|---|---|---|---|---|
| 2027 | 2026 | 2025 | 2024 | 2023 | 2022 | 2021 |

ISBN 9788858339169

---

*In alcune immagini di questo volume potrebbero essere visibili i nomi di prodotti commerciali e dei relativi marchi delle case produttrici. La presenza di tali illustrazioni risponde a un'esigenza didattica e non è, in nessun caso, da interpretarsi come una scelta di merito della Casa editrice né, tantomeno, come un invito al consumo di determinati prodotti. I marchi registrati in copertina sono segni distintivi registrati, anche quando non sono seguiti dal simbolo ®.*

*Nonostante la passione e la competenza delle persone coinvolte nella realizzazione di quest'opera, è possibile che in essa siano riscontrabili errori o imprecisioni.*
*Ce ne scusiamo fin d'ora con i lettori e ringraziamo coloro che, contribuendo al miglioramento dell'opera stessa, vorranno segnalarceli al seguente indirizzo:*

Loescher Editore
Sede operativa - Via Vittorio Amedeo II, 18
10121 Torino - Fax 011 5654200 - clienti@loescher.it

Loescher Editore Divisione di Zanichelli editore S.p.a. opera con Sistema Qualità certificato secondo la norma UNI EN ISO 9001. Per i riferimenti consultare www.loescher.it

---

*Coordinamento editoriale*: Chiara Romerio, Marilina Pecchillo Cimmino
*Realizzazione editoriale e tecnica*: ALTER EDOM srl, Padova
*Ricerca iconografica*: Giorgio Evangelisti
*Consulenza didattica*: Antonella Daniela Motti
*Progetto grafico*: Francesca Massai e Simona Tonna per Tuna bites - Bologna
*Cartografia*: Studio Aguilar, Milano
*Copertina*: Emanuela Mazzucchetti, Davide Cucini
*Fotolito*: Walter Bassani - Bascapè (PV)
*Disegni*: Rino Zanchetta
*Preparazione e montaggio video*: ZENIT Arti Audiovisive SCRL, Martin Seiffarth
*Preparazione e montaggio audio*: Networks srl
*Stampa*: Vincenzo Bona S.p.A. - Strada Settimo 370/30 - Torino

---

**Referenze fotografiche:**

(ove non diversamente indicato, le referenze sono indicate dall'alto verso il basso, da sinistra a destra, in senso orario. a= alto; b=basso; c=centro; dx= destra; s=sinistra)

**© by SIAE 2020**
p.66 (fig.1):© Carlo Carrà, by SIAE 2020;
p.87 (fig.3) e p.88 (fig.1):© Ettore Sottsass, by SIAE 2020;
p.97 (fig.6):© Óscar Tusquets Blanca, by SIAE 2020.

p.4:© R.Zocchi/Shutterstock;p.6 (ad):© M.Perbellini/Shutterstock;(cs):© EM_prize/Depositphotos;p.8 (as):© L.Rigolli/iStock;(cs):© V_E/Shutterstock;p.9 (as):© L.Andronov/iStock;(ad):© fotosaga/Shutterstock;(bd):© mistervlad/Depositphotos;p.10 8ad): Albertus49, 8 maggio 2007/Flickr;(foto 1):© Guido Alberto Rossi/Tips Images;(foto 2):© C.Jurca/iStock;(foto 3):© Realityimages/Shutterstock;(foto 4):© A.Trejo/Shutterstock;(foto 5):© A.Masnovo/iStock;(foto 6):© CAHKT/iStock;(foto 7):© N.Forenza/iStock;p.11 (ad):© tunart/iStock;(cs):© S.Senise/Alamy/IPA;(cc):© MaraZe/Shutterstock;(cd):© O.hoffmann/Shutterstock;(b da sx):© bonchan/Shutterstock;cookist.it;www.lericettedistef.it;© R.Mackenzie/Shutterstock;p.12 (as):© marcobrivio.photo/Shutterstock;(cd):© V.Lopatin/Shutterstock;p,13 (as):© saiko3p/Shutterstock;(ad):© M.Falzone/Getty Images/Boeri Studio;(bd):© V.Lopatin/Shutterstock;p.14 (a da sx):© AS Food studio/Shutterstock;© anna.q/Shutterstock;© Kuvona/Shutterstock;grandichef.com;(c):www.atm.it;p.15 (b da sx):© DRONEPASSIONBG/Shutterstock;© S.Locatelli/Alamy/IPA;© S.Termanini/Shutterstock;© canadastock/Shutterstock;p.16 (as):© LUke1138/iStock;(cd):© Pecold/Shutterstock;(bd):© kavalenkau/Shutterstock;p.17 (as):© Maugli/Depositphotos;(ad):© TomasSereda/iStock;(cd):© lapas77/Shutterstock;(bd):© Philip Bird LRPS CPAGB/Shutterstock;p.18(a):© bukki88/Depositphotos;(ad):Londra, British Museum;(cd):© Maugli/Depositphotos;(bd):© EmmePi Travel/Alamy/IPA;p.19 (as):www.visitabanomontegrotto.com;(ad):© nimu1956/iStock;(cd):© Blom UK/Getty Images;p.20 (cd):© tokar/Shutterstock;(cd):© Mikadun/Shutterstock;(bd):© N.Lukiyanova/Shutterstock;p.21 (as):© Nicola Lorusso, per Alinari, 1990/Archivi Alinari, Firenze/Per concessione del Ministero per i Beni e le Attività Culturali;(ad):© clearlens/Shutterstock;(b):© muratart/Shutterstock;p.22 (cs):© leonori/Shutterstock;(cd):© Eileen_10/iStock;(bs):© bhofack2/Thinkstock;p.23 (as):© canadastock/Shutterstock;(ad):© Loop Images Ltd/Alamy;(cd):© M.Rohana/Shutterstock;p.24 (as):© O.Kosynska/Depositphotos;(cd):© saiko3p/Depositphotos;p.25 (as):© Xantana/iStock;(ad):© dav76/iStock;(cd):© rparys/iStock;(bd):www.dulcefina.com;p.26 (as):© SlavkoSereda/iStock;(cd):© anatema/Depositphotos;p.27 (as):© xtoforens/Shutterstock;(d dall'alto):© pirtuss/Shutterstock;© Cenz07/Shutterstock;© Angelafoto/iStock;© pirtuss/Shutterstock; www.meteoweek.com;costadoro.it;p.28 (as):© Vlada Photo/Shutterstock;(cd):© faabi/Depositphotos.com;p.29 (as):© emicristea/Depositphotos;(ad):© Pramen/Shutterstock;(cd):© Italian Food Production/Shutterstock;p.30 (as):© 123RF/(cd):© A.Lazarolu/Shutterstock;(ad):© JeniFoto/Shutterstock;p.31 (as):© Icponline;(ad):© xtoforens/Shutterstock;(cs):© stefyMorelli/iStock;(cd):© Trazos sobre Papel/Shutterstock;p.32 (as):© GoneWithTheWindStock/iStock;(aas):© S.Politi Markovina/Alamy/IPA;(ad):© R.Pyshchyk/Shutterstock;(cd):© RealyEasyStar/S.Santioli/Alamy/IPA;(bd):© K.Brown/Shutterstock;p.33 (as):© Crisferra/Depositphotos;(cs):© MNStudio/Shutterstock;(cd):© kpoppie/iStock;(bd):© Zigres/Shutterstock;p.34 (as):©C.Galbiati/www.sxc.hu;(ad):© A.Berg/Shutterstock;(cd):© elesi/Depositphotos;(cd):© S-F/Shutterstock;p.35 (in senso orario da dx):© bepsy/Shutterstock;© O.Berezko/Shutterstock;© R.Hartmann/Shutterstock;© M.Rubino/Shutterstock;© StevanZZ/Shutterstock;(b):© A.Berg/Shutterstock;(bd):© Agenzia Viaggi LTC;p.36 (ad):© D.Surkov/Shutterstock;(bs):© V.Arcomano/Alamy/IPA;p.37 (as):© Sky_Blue/iStock;(cd):© R.Balasko/Shutterstock;(bd):© P-Stellan/Shutterstock;p.38 (Sara):© CREATISTA/Shutterstock;(cs):© A.Marcelo/Shutterstock;(cc):© leoks/Shutterstock;(cd):© S.Guidi/Shutterstock;p.39 (ad):© quidainoiblog.it;(ad):© leoks/Shutterstock;p.40 (as):© ragemax/123RF;(cs):© leoks/Shutterstock;(cd):© P.Novello/Shutterstock;p.41 (as):© vaklav/Shutterstock;(cd):© Zigres/Shutterstock;(bs):© A.Pinto/Shutterstock;p.42 (cs):© C.Wojtkowski/iStock;(foto 1):www.ilfattonisseno.it;(foto 2):© anmbph/123RF;(foto 3):© M.Ossino/Shutterstock;(foto 4):© claudiocaridi.libero.it2/Depositphotos;(foto 5):© A.Fedorova/Shutterstock;(foto 6):© M.Ursi/Shutterstock;(foto 7):© Katrinshine/Shutterstock;(foto 8):© WIES?AW JAREK/123RF;p.43 (ad):© lucamatto/iStock;(bd):© J.Sopotnicki/iStock;p.44 (a da sx):© M.Ossino/Shutterstock;© A.Ferodova/Shutterstock;© A.Perer/Alamy/IPA;(bs):© m.Ponzio/Shutterstock;(bd):© vvoennyy/Depositphotos;p.45 (ad):© elesi/Depositphotos;(cd):© barmalini/Shutterstock;p.46 (a):© loren62/123RF;(cs):© lucafabbian/iStock;(cca):© F.Quilici/Alinari;(ccb):© Kartouchken/Depositphotos;(cda):© Teh World Traveller/Shutterstock;(cdb):© Kartouchken/Depositphotos;p.47 (as):© G.Masci/Alamy/IPA;(cd):seapassion.it;(bs):© A.Orru/Shutterstock;p.48 (ad):© GocmenStudio/Shutterstock;(cd):© pawel.gaui/iStock;(bs):© pio3/Shutterstock;p.49 (ad):© monticello/Depositphotos;(cd):© D-VISIONS/Shutterstock;(bs):© leoks/Shutterstock;p.50 (dall'alto):© L.Lorenzelli/Shutterstock;© S.Parente/Shutterstock;© Miti74/Shutterstock;© Mayo04/Shutterstock;p.51 (ad):© V.Picciuca/Shutterstock;(ad):© S.Ricci/Shutterstock;(cd):© A.Querciolii/Alamy/IPA;p.52 (ad):© AdryPhoto/Depositphotos;(cs):© jakubbednarek/Depositphotos;(bd):© V.Lavra/Shutterstock;p.53 (as):© jorisvo/iStock;(cd):© KURLIN_CAfE/Shutterstock;(bs):© Brian Logan Photography/Shutterstock;p.54 (bs):© BAMSphoto/Scala, Firenze;(bd):D.Descouens/Wikipedia Pubblico Dominio/Gallerie dell'Accademia, Venezia;p.55 (as):© EmmePi Travel/Alamy/IPA;(cd):© C.Belova/Shutterstock;(cd):www.linkiesta.it/Pinacoteca di Brera, Milano;p.56 (as):Nicola Lorusso, per Alinari, 1990/Archivi Alinari, Firenze/Per concessione del Ministero per i Beni e le Attività Culturali;(ad):© Foto Scala, Firenze – su concessione Ministero Beni e Attività Culturali e del Turismo/Galleria degli Uffizi, Firenze;(bd):© Foto Scala, Firenze – su concessione Ministero Beni e Attività Culturali e del Turismo;p.57 (ad):© ermess/Shutterstock;(bd):© I.Baksheev/Shutterstock;p.58:© White Images/Scala, Firenze;p.59 (ac):www.margutte.com;(ad):Eloquence, 2005/Wikipedia Pubblico Dominio;

*(Segue a p. 176)*

# Indice

## L'ITALIA

| | |
|---|---|
| Conosciamo l'Italia | 4 |

## LE CITTÀ

| | |
|---|---|
| Roma | 8 |
| Milano | 12 |
| Venezia | 16 |
| Firenze e la Toscana | 20 |
| Torino | 24 |
| Napoli | 26 |
| Palermo | 28 |
| *Test* | 30 |

## LE REGIONI

| | |
|---|---|
| Le Dolomiti | 32 |
| I laghi | 34 |
| Pompei | 36 |
| I sassi di Matera | 37 |
| La costiera amalfitana | 38 |
| La Puglia | 40 |
| La Sicilia | 44 |
| La Sardegna | 46 |
| I borghi più belli d'Italia | 48 |
| *Test* | 52 |

## IERI E OGGI

| | |
|---|---|
| Il Rinascimento | 54 |
| Il Risorgimento e l'unità d'Italia | 58 |
| L'Ottocento | 60 |
| Dal fascismo al secondo dopoguerra | 62 |
| Il primo Novecento | 66 |
| Dagli anni Ottanta a oggi | 68 |
| Autori italiani contemporanei | 70 |
| *Test* | 72 |

## VIVA L'ITALIA

| | |
|---|---|
| Italiani! | 74 |
| La famiglia | 76 |
| Mangiare in Italia | 78 |
| Shopping e moda | 84 |
| Il design | 86 |
| Le archistar | 90 |
| La tecnologia in Italia | 94 |
| Lo sport nazionale: il calcio | 98 |
| L'opera | 102 |
| *Test* | 106 |

## L'ITALIA E GLI ITALIANI

| | |
|---|---|
| L'inquinamento | 108 |
| La Repubblica italiana | 112 |
| Studiare… | 116 |
| … e lavorare in Italia | 118 |
| Immigrati… | 120 |
| … ed emigranti | 122 |
| Le feste | 124 |
| La canzone italiana | 128 |
| Italiani in vacanza | 132 |
| *Test* | 134 |

## I GRANDI PERSONAGGI

| | |
|---|---|
| Dante Alighieri | 136 |
| Leonardo da Vinci | 138 |
| Giuseppe Garibaldi | 140 |
| Donne e uomini famosi | 142 |
| I Nobel italiani | 146 |
| Le grandi sportive | 150 |
| *Test* | 154 |

## APPENDICI

| | |
|---|---|
| Tavole lessicali | 156 |
| Schede video | 165 |

# Conosciamo l'Italia

**1. GUARDA IL VIDEO** e rispondi alle domande.
1. Dove si trova la montagna più alta d'Europa? Qual è il suo nome?
2. Quali sono le altre montagne famose?
3. Dove si trovano le ville stupende delle celebrità?
4. Come si chiama il più grande lago di origine vulcanica in Europa?
5. Di quale isola italiana si parla nella parte finale del video?
6. Dove si trova la costa amalfitana?

## L'ITALIA FISICA

L'Italia è una **penisola** che ha la forma di uno stivale e ha due importanti catene montuose: le **Alpi** nel Nord e gli **Appennini** dal Centro a Sud. Le montagne più alte sono il monte Bianco (4810 m) e il monte Rosa (4634 m). Numerose sono le isole che circondano la terraferma; le più grandi sono la **Sicilia** e la **Sardegna**.
Solo un quarto del territorio è piano. Le pianure più importanti sono la **pianura Padana** nel Nord, il **Tavoliere delle Puglie** e la **pianura Salentina** nel Sud.
Il resto del territorio è circondato dal **mar Mediterraneo** che a **Ovest** prende il nome di **Tirreno**, a Est di **Adriatico** e a Sud di **Ionio**. L'Italia è ricca di corsi d'acqua. Il fiume più lungo è il **Po** (652 km).
Il territorio italiano è spesso soggetto a terremoti e ha numerosi vulcani: i più famosi sono il **Vesuvio**, ancora attivo, l'**Etna**, il più alto d'Europa, con 3323 m di altezza, e lo **Stromboli**, anch'esso attivo.

### LO SAPEVI CHE...?

**Le carte geografiche**
Possono essere:
- carte **fisiche**, quando rappresentano la geografia di un territorio ☞ p. 5;
- carte **politiche**, quando rappresentano i confini politici di un territorio ☞ p. 7.

**2. SCRIVERE** Completa i dati sull'Italia.
Le catene montuose sono due: Alpi e ¹............................... . I monti più alti sono il monte Bianco e il ²............................... . Le pianure più importanti sono la pianura ³..............................., il Tavoliere delle Puglie e la pianura Salentina. Il fiume più lungo è il ⁴............................... .

**3. COMPRENSIONE** Ci sono diverse isole al largo della terra ferma. Osserva la carta fisica dell'Italia a pagina seguente. Quali sono le due isole più grandi?

**4. COMPRENSIONE** I laghi più grandi sono nel Nord. Quali sono? Osserva ancora la carta a pagina seguente. Quali sono i loro nomi?

L'ITALIA

### Fatti e Numeri

- **Abitanti:** 60 244 000
- **Nome degli abitanti:** italiani
- **Capitale:** Roma
- **Lingua ufficiale:** italiano
- **Patrono:** san Francesco d'Assisi
- **Inno nazionale:** *Inno di Mameli* o *Fratelli d'Italia*

CONOSCIAMO L'ITALIA | 5

# L'ITALIA DELLE CITTÀ E DELLE REGIONI

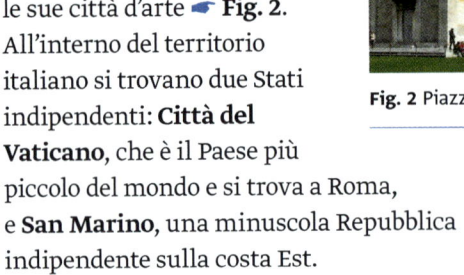

**Fig. 2** Piazza dei Miracoli a Pisa

L'Italia ha più di 60 milioni di abitanti. La popolazione è concentrata in alcune grandi città:
- **Roma**, la capitale e la città più grande d'Italia;
- **Milano**, capitale economica del Paese;
- **Napoli**, capitale storica del Sud;
- **Torino**, grande città del Nord-Est.

Come vedi nella cartina a pagina seguente, l'Italia è divisa in **venti regioni**. Le regioni più grandi sono la Sicilia nel Sud e il Piemonte nel Nord, ma le più popolose sono la Lombardia e il Lazio. Le regioni più ricche si trovano nel Nord.

La regione più visitata è il Veneto  **Fig. 1**, ma la regione più famosa è la Toscana per le sue città d'arte  **Fig. 2**. All'interno del territorio italiano si trovano due Stati indipendenti: **Città del Vaticano**, che è il Paese più piccolo del mondo e si trova a Roma, e **San Marino**, una minuscola Repubblica indipendente sulla costa Est.

### ■ LE LINGUE

La lingua ufficiale parlata in Italia è l'**italiano**; si parlano anche lingue minori, come il francese in Valle d'Aosta, il tedesco e il ladino in Alto Adige e lo sloveno nelle province di Trieste, Gorizia e Udine.

### ■ IL TURISMO

L'Italia è visitata ogni anno da milioni di persone da tutto il mondo: per la sua **storia**, la sua **cucina**, la **natura** e soprattutto per la sua **arte**. L'Italia infatti è, con la Cina, il Paese al mondo con più siti Unesco, ben 55! L'Italia attira tanti turisti anche per il bel **clima**, soprattutto nella parte meridionale del Paese.

**Fig. 1** Burano, l'isola arcobaleno del capoluogo veneto

---

**5. COMPRENSIONE** L'Italia si trova nell'Europa meridionale. Osserva la carta politica dell'Italia a pagina seguente. Con quali nazioni confina?

**6. COMPRENSIONE** Verifica la tua conoscenza e indica l'alternativa corretta.

1. ... è la città più grande d'Italia.
   - A Roma
   - B Milano
   - C Napoli

2. L'Italia è divisa in ... regioni.
   - A diciotto
   - B venti
   - C venticinque

3. Le regioni più grandi sono...
   - A la Lombardia e il Veneto.
   - B la Toscana e l'Emilia-Romagna.
   - C la Sicilia e il Piemonte.

4. La regione più visitata è...
   - A il Veneto.
   - B la Toscana.
   - C la Lombardia.

5. All'interno del territorio italiano...
   - A c'è uno Stato indipendente.
   - B ci sono due Stati indipendenti.
   - C ci sono tre Stati indipendenti.

6. In Italia ci sono ... siti Unesco.
   - A 30
   - B 40
   - C 55

CONOSCIAMO L'ITALIA

# Roma

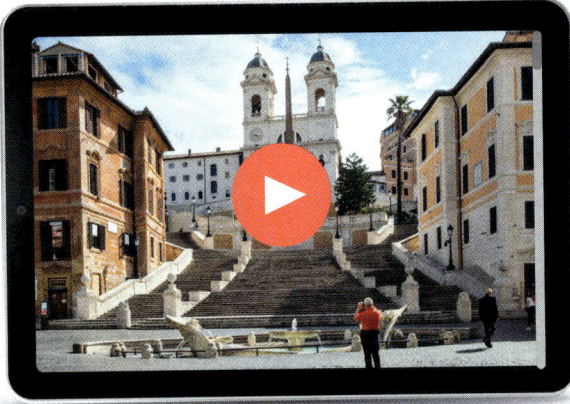

**1. GUARDA IL VIDEO** su Roma e ascolta con attenzione. Poi rispondi alle domande.

1. Per che cosa viene usata la scalinata di Trinità dei Monti?
2. Quale fontana è un famoso simbolo di Roma?
3. Che cos'era piazza Navona nell'antica Roma?
4. Che cosa c'è oggi in piazza Campo de' Fiori?
5. Che cosa si trova in piazza del Campidoglio?
6. Qual è il più famoso monumento della Roma Antica?

## ROMA CAPITALE

Roma è la capitale d'Italia. Si trova nella regione Lazio ed è la città più popolosa del Paese. È chiamata la "città eterna" per la sua lunghissima storia, infatti è fondata nel 753 a.C.

Roma è anche la capitale della cristianità cattolica: **Città del Vaticano** è uno Stato indipendente che si trova all'interno di Roma. Qui vive il papa.
A Roma ci sono importanti università, come la **Sapienza**, le sedi di molti quotidiani nazionali, la sede della RAI,

### Fatti e Numeri
- **Abitanti:** 4 333 274
- **Nome antico:** Roma (lat.)
- **Nome degli abitanti:** romani
- **Patroni:** santi Pietro e Paolo

**Fig. 1** Palazzo Montecitorio, dove ha sede la Camera dei deputati

**2. T02 ASCOLTARE** Vuoi saperne di più? Ascolta con attenzione la professoressa Guidi che racconta la storia di Roma, poi indica vero o falso.

1. Romolo è probabilmente una leggenda. V F
2. Roma è fondata su un colle. V F
3. I re di Roma sono sei. V F
4. Per un lungo periodo Roma è una repubblica. V F
5. Giulio Cesare conquista il Nord Africa. V F
6. Giulio Cesare diventa un principe. V F
7. Bruto uccide Giulio Cesare. V F
8. Nel 400 d.C. circa l'Impero romano viene diviso in due parti. V F
9. Roma è conquistata dal re barbaro Odoacre. V F

LE CITTÀ

Fig. 2 Basilica di Santa Maria Maggiore

Fig. 3 Piazza San Pietro a Città del Vaticano

cioè la radiotelevisione pubblica nazionale, e naturalmente i luoghi principali della politica. Tra questi: Palazzo del Quirinale, sede del **Presidente della Repubblica**, Palazzo Madama, sede del **Senato** della Repubblica e Palazzo Montecitorio ← Fig. 1.

### ■ LE CHIESE DI ROMA

Roma è la città che ha più chiese al mondo, più di 900. Ricordiamo: la Basilica barocca di San Giovanni in Laterano, considerata la più importante del mondo cattolico, la Basilica di Santa Maria Maggiore ← Fig. 2 che ha il più alto campanile di Roma e la Basilica di Santa Maria del Popolo. Qui si possono ammirare capolavori dell'architetto e scultore **Gian Lorenzo Bernini** e di **Caravaggio**.

### ■ CITTÀ DEL VATICANO

A Città del Vaticano, nel cuore di Roma, si trova **piazza San Pietro** ← Fig. 3, una delle piazze più grandi d'Italia. Opera di Gian Lorenzo Bernini, piazza San Pietro è il centro delle attività religiose più importanti e punto d'incontro tra il papa e i fedeli. L'interno della **Basilica di San Pietro**, la chiesa più grande d'Italia e tra le più grandi del mondo, è molto ricco e sontuoso[1]. Nel corso dei secoli molti artisti e architetti, come Bramante, Raffaello, Michelangelo e Bernini, hanno lavorato alla basilica. Infatti, vi si possono ammirare opere d'arte famosissime come la *Pietà* di Michelangelo.

### ■ I MUSEI VATICANI

I Musei Vaticani, costituiti da più di mille stanze, sono i più visitati d'Italia: qui vi si trovano tra gli altri il Museo Gregoriano Egizio, il Museo Gregoriano Etrusco e la sala degli arazzi. Nei Musei Vaticani, c'è una delle opere pittoriche più belle e importanti del mondo: la **Cappella Sistina** ← Fig. 4, dipinta da Michelangelo.

*Glossario*

**1 sontuoso:** grandioso

Fig. 4 Cappella Sistina

**3. COMPRENSIONE** Rispondi alle domande.

1. Dove si trova Roma?
2. Com'è chiamata? Perché?
3. Qual è lo Stato che si trova dentro alla città di Roma? Chi vive qui?
4. Che cos'è la RAI?
5. È una delle piazze più grandi d'Italia e si trova in Città del Vaticano. Qual è?
6. Che cosa si può ammirare nella Basilica di San Pietro?
7. Qual è l'opera più importante nei Musei Vaticani?

# LE CITTÀ

**4.** 🎧 **T03 ASCOLTARE** Ascolta questa guida turistica.
Poi indica vero o falso.

1 Ci sono diversi siti di catacombe a Roma. V F
2 Le catacombe sono costruite su più livelli. V F
3 Nelle catacombe ci sono milioni di tombe. V F
4 Sono definite "cimiteri collettivi". V F
5 Non ci sono papi sepolti qui. V F
6 Nel Museo dell'Ara Pacis è custodita la statua di Augusto. V F
7 I Musei Capitolini sono poco visitati. V F
8 Nei Musei Capitolini si può vedere la statua della lupa. V F
9 Nella Galleria Borghese ci sono opere contemporanee. V F
10 A Roma si può fare shopping anche nei mercatini. V F

**5. COMPRENSIONE** Leggi le descrizioni della guida turistica e abbina ciascun paragrafo (A-G) all'immagine corrispondente (1-7).

1 Il Colosseo
2 La Fontana di Trevi
3 Il Pantheon
4 L'Arco di Costantino
5 Piazza di Spagna
6 Piazza del Campidoglio
7 Piazza Navona

1

2

3

4

5

6

7

**A** ...5... È una piazza nel centro di Roma con una fontana, la Barcaccia, di Pietro Bernini. Si chiama così perché ha la forma di una barca. Su un lato si trova la scalinata di Trinità dei Monti che porta alla chiesa con lo stesso nome.

**B** .......... Costruito nel 72 d.C. sotto l'imperatore Vespasiano, è il monumento più famoso di Roma e anche il suo simbolo. Un tempo si chiamava Anfiteatro Flavio e vi trovavano posto 70 000 spettatori. Infatti, i Romani del tempo venivano qui per assistere alle lotte dei gladiatori e agli spettacoli con gli animali feroci.

**C** .......... È un tempio (costruito tra il 25 e il 27 a.C.) con un'enorme cupola. È dedicato a tutte le divinità ed è l'opera più imitata della storia.

**D** .......... Celebra la vittoria dell'Imperatore Costantino contro Massenzio nel 321 d.C.

**E** .......... È la fontana più famosa di Roma in uno stile tra il neoclassicismo e il barocco. Il suo tema centrale è il mare. È stata il set di un film famoso: *La dolce vita* del regista italiano Federico Fellini.

**F** .......... Questa famosa piazza del Seicento ha la forma di un antico stadio. Qui si trova la Fontana dei Quattro Fiumi di Gian Lorenzo Bernini, un famoso architetto italiano.

**G** .......... Michelangelo Buonarroti ha progettato questa piazza sul colle del Campidoglio, uno dei sette colli di Roma.

## ■ VIVERE LA CITTÀ

C'è una grande varietà di negozi a Roma. Il quartiere di shopping più famoso è probabilmente la zona intorno a **piazza di Spagna** dove si possono trovare negozi, boutique e showroom degli stilisti più famosi.

Altre zone di shopping sono quelle di **Trastevere** ← Fig. 5 o dell'**Eur**, la parte più moderna della città.

A Roma, come in tutte le città italiane, ci sono anche i mercati all'aria aperta come il mercato di **Porta Portese** ← Fig. 6, a Trastevere, dove si possono comprare cibi e vestiti, ma anche oggetti di antiquariato[2].

Se si vuole mangiar bene, a Roma c'è solo l'imbarazzo della scelta[3]. Buoni ristoranti si trovano in tutta la città e offrono specialità romane, per esempio la **pasta alla carbonara** e la **pasta cacio[4] e pepe**.

**Fig. 5** Il quartiere Trastevere

Come piatto principale potrete assaggiare i **saltimbocca**, un piatto semplice ma gustoso che consiste in carne di vitello avvolta in prosciutto e salvia[5]. Altri famosi piatti sono la **coda alla vaccinara** (un piatto particolare, ma non per tutti) e i **carciofi alla giudia**, una delle creazioni della cucina romana-ebraica. E come dessert: i **maritozzi**, riempiti con panna montata[6].

**Fig. 6** Il mercato di Porta Portese

### Glossario

2 **antiquariato:** raccolta di antichità
3 **c'è l'imbarazzo della scelta:** ci sono tante possibilità
4 **cacio:** un tipo di formaggio
5 **salvia**
6 **panna montata**

---

**6. COMPRENSIONE** Abbina i nomi dei piatti (a-d) con le immagini corrispondenti (1-4).

a carciofi alla giudia
b pasta alla carbonara
c saltimbocca
d maritozzi

1 ☐   2 ☐   3 ☐   4 ☐

**7. COMPRENSIONE** Scrivi in quali zone di Roma si può fare shopping.

1 ..................................   2 ..................................   3 ..................................

ROMA 11

## LE CITTÀ

# Milano

**1. GUARDA IL VIDEO** su Milano e rispondi alle domande.

1. Qual è il simbolo di Milano?
2. Che cosa collega piazza del Duomo a piazza della Scala?
3. Cosa si trova in piazza della Scala?
4. Da chi prende il nome il Castello Sforzesco?
5. Quali sono le zone più moderne di Milano?
6. Quali sono le zone della *movida* milanese?

### Fatti e Numeri
- **Abitanti:** 3 279 000
- **Nome antico:** Mediolanum (lat.)
- **Nome degli abitanti:** milanesi
- **Patrono:** sant'Ambrogio

## UN GRANDE CENTRO

Milano è un grande centro che si trova nel nord del Paese nella regione Lombardia. È la seconda città più grande d'Italia dopo Roma ed è considerata la città industriale italiana più importante. Ma Milano non è solo una città che produce, è anche una città da visitare.

**Fig. 1** La Madonnina, un altro simbolo di Milano, si trova sulla guglia più alta del Duomo

### ■ CHE COSA VEDERE
**Il vecchio**
Il **Duomo** è il simbolo della città. La sua costruzione comincia nel 1387 e continua per secoli. Per questo mescola[1] diversi stili. La famosa statua dorata della **Madonnina**  **Fig. 1**, un altro simbolo di Milano, si trova sulla guglia[2] più alta. Dall'alto della cattedrale si ha una vista meravigliosa su tutta la città.
La **Galleria Vittorio Emanuele II** collega[3] piazza del Duomo a piazza della Scala. Costruita nella seconda metà dell'Ottocento, è chiamata il "salotto di Milano". Qui si trovano eleganti negozi, caffè e ristoranti.

In piazza della Scala il **Teatro alla Scala**, reso celebre[4] da Giuseppe Verdi, mette in scena opere, concerti e balletti.
Un altro monumento famoso è il **Castello Sforzesco** **Fig. 2**, costruito nella seconda metà del Trecento per ordine dei signori della città, i Visconti. Al suo interno si trovano diversi musei e la *Pietà Rondanini* di Michelangelo Buonarroti. I più importanti musei della città sono la **Pinacoteca di Brera** e il **Museo del**

### LO SAPEVI CHE...?
**Vittorio Emanuele II**
Era re d'Italia nel 1861 (anno dell'unità d'Italia). L'Italia resta fino al 1922 una monarchia sotto la dinastia dei Savoia.

12 LE CITTÀ

Fig. 2 Castello Sforzesco

Fig. 3 Bosco Verticale, progetto di "Boeri Studio"

Novecento. Nel refettorio[5] della chiesa di Santa Maria delle Grazie si trova l'*Ultima cena* (o *Cenacolo*) di **Leonardo da Vinci**.

### Il nuovo

Ma a Milano non c'è soltanto "il vecchio". "Il nuovo" è ben rappresentato da due grandi aree della città: l'area di **Porta Nuova** e quella di **CityLife** dove ci sono grattacieli[6] di grande bellezza, come l'**UniCredit Tower** (231 metri), il più alto d'Italia. E c'è anche un grattacielo "verde", il famoso **Bosco Verticale** Fig. 3 a Porta Nuova, vincitore di un premio di architettura.

### ■ VIVERE LA CITTÀ

Con Parigi, Londra e New York, Milano è conosciuta in tutto il mondo come capitale della moda. Nel centro della città si trova il **Quadrilatero della moda**, che comprende via Monte Napoleone, via della Spiga, via Manzoni e corso Venezia. Qui si trovano eleganti negozi e boutique. Due volte all'anno a Milano si svolge la famosa settimana internazionale della moda che attira turisti da tutto il mondo. In parti diverse della città, ogni giorno, ci sono anche mercati rionali, cioè di quartiere. Specialità della cucina milanese sono: i **mondeghili**, polpettine fritte, il **risotto giallo allo zafferano**, o **alla milanese**, la **cotoletta alla milanese**, la **polenta** (a base di farina di mais) con la **cassoeula** (preparato con carne e verze) e il dolce di Natale: il **panettone**.

*Glossario*

1 **mescolare:** mischiare
2 **guglia**
3 **collegare:** portare da una parte all'altra
4 **celebre:** famoso
5 **refettorio:** dove mangiano i monaci
6 **grattacielo:** palazzo molto alto

**2. COMPRENSIONE** Rispondi alle domande.
1 Dove si trova Milano?
2 Quali sono i simboli della città?
3 Quando comincia la costruzione del Duomo?

**3. COMPRENSIONE** Vero o falso?
1 La Galleria Vittorio Emanuele II si trova vicino a piazza del Duomo. V F
2 Nel Castello Sforzesco risiedevano i signori di Milano. V F
3 Il *Cenacolo* si trova nel refettorio di una chiesa famosa. V F

**4. COMPRENSIONE** Completa con le parole mancanti.

Milano è considerata una città importante nell'ambito della [1].................................. . Le specialità milanesi sono [2].................................................................................................................................................... .

Il dolce di Natale tipico di Milano è [3].................................. .

**5. COMPRENSIONE** Abbina i nomi dei piatti (a-d) con le immagini corrispondenti (1-4).

a   risotto alla milanese
b   cotoletta alla milanese
c   polenta
d   panettone

 1
 2
 3
 4

**6. PARLARE** Chiedi e comprendi le indicazioni sui mezzi di trasporto. Queste linee guida e la Tavola lessicale ☛ p. 164 ti possono essere utili:

• Mi scusi, come arrivo alla stazione? • Quali mezzi devo prendere per arrivare in… ? • Quanto tempo si impiega per andare a/in… biblioteca?

**7. PARLARE** Questa è la mappa della metropolitana milanese. Quante linee ci sono? Passano tutte nel centro della città?

*Espressioni utili*

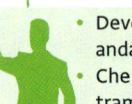
- Devo andare a…
- Che autobus/tram/linea devo prendere?
- Quante fermate mancano fino a… ?
- Dove devo scendere per andare a… ?

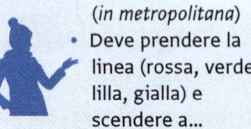
(in metropolitana)
- Deve prendere la linea (rossa, verde, lilla, gialla) e scendere a…
- Prenda la linea rossa fino a… e qui deve cambiare e prendere la linea verde a… e scende a…

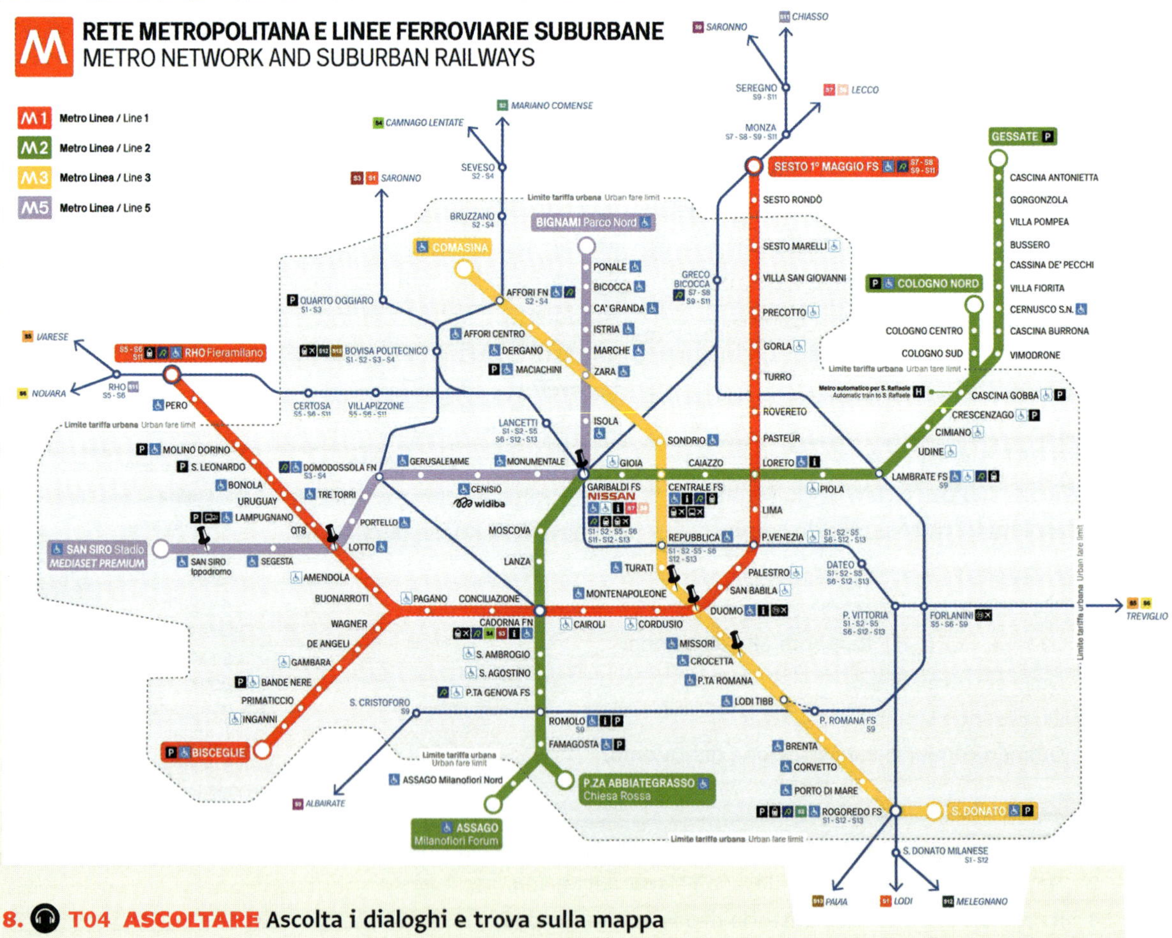

**8. T04 ASCOLTARE** Ascolta i dialoghi e trova sulla mappa della metropolitana da dove ognuno parte e dove arriva.

**9. PARLARE** Inscena queste situazioni con un/a tuo/a compagno/a. Usa le "espressioni utili".

**Passeggero 1** Si trova a Crocetta e deve andare allo stadio San Siro.
**Passeggero 2** Si trova alla stazione Porta Garibaldi e deve andare in piazza del Duomo.
**Passeggero 3** Si trova in piazzale Lotto e deve andare in via Montenapoleone.

# IN LOMBARDIA

La regione di Milano è la Lombardia, la più popolosa d'Italia. Qui si trovano paesi e città che meritano di essere visitati.

**10.** T05 **ASCOLTARE** Ascolta Giorgio, che ha visitato questi luoghi con la sua famiglia, e completa le descrizioni di ogni immagine.

- **Bergamo** ← Fig. 1 si trova a circa 50 km da Milano. Bergamo Alta si chiama così perché è situata nella parte alta della città, in un grande e bellissimo parco, il Parco dei Colli. Io ho visitato ¹................................. e palazzi, ma è anche bello semplicemente passeggiare per le vie e i ²................................. di questa città. Si ha come l'impressione di tornare indietro nel tempo.

- **Vigevano** ← Fig. 2 si trova a ³................................. da Milano e ha una delle piazze più belle d'Italia. È piazza Ducale, voluta da ⁴................................. il Moro alla fine del Quattrocento. Da vedere anche la chiesa e il ⁵................................. , antichi e bellissimi.

- Il lago più ⁶................................. e forse più famoso d'Italia è il **lago di Garda** ← Fig. 3, meta turistica internazionale. Su questo lago si trovano ville e parchi e il ⁷................................. Gardaland, con attrazioni di ogni genere.

- **Mantova** ← Fig. 4 è forse la città che mi è piaciuta di più. Ha ⁸................................. particolare per le sue grandi piazze, i palazzi antichi, le sue viette. Un'atmosfera un po' decadente e malinconica, ma così affascinante... Ho visitato Palazzo ⁹................................. , che è una delle regge più grandi d'Italia. Pensate che vi sono racchiuse ben cinquecento stanze e ¹⁰................................. .

1  2  3  4

**11. COMPRENSIONE** Ci sono tante espressioni e modi di dire con i nomi di mezzi di trasporto. Verifica se li conosci. Leggi e indica l'alternativa corretta.

1 Hai perso il treno.
   - A Hai perso l'occasione giusta.
   - B Non sei mai in orario.

2 Attaccati al tram!
   - A Va' più veloce!
   - B Arrangiati!

3 Sei l'ultima ruota del carro.
   - A Sei una persona che non conta.
   - B Sei una persona ricca.

4 Siamo tutti sulla stessa barca.
   - A Siamo tutti nella stessa situazione (*negativa*).
   - B Siamo tutti nella stessa situazione (*positiva*).

## LE CITTÀ

# Venezia

▶ **1. GUARDA IL VIDEO** su Venezia e rispondi alle domande.

1. Qual è il simbolo di Venezia?
2. Che cosa si trova nel palazzo dove risiedeva il Doge?
3. Qual è il nome di un famoso locale di Venezia?
4. Qual è il mezzo classico per vedere Venezia dall'acqua?
5. Che cos'è l'Arsenale?
6. Che cosa costituisce una grave minaccia per Venezia?

## UNA CITTÀ SULL'ACQUA

*Fatti e Numeri*
- **Abitanti:** 853 338
- **Nome antico:** Venetiarium Civitas (lat.)
- **Nome degli abitanti:** veneziani
- **Patrono:** san Marco

**Venezia è una città unica al mondo, quasi interamente sull'acqua: è costruita su oltre cento isole della laguna[1]. È il capoluogo della regione Veneto, nel Nord Italia. A Venezia ci sono 177 canali e 401 ponti.**

I due canali più importanti della città sono il **Canal Grande** e il **Canale della Giudecca**. Lungo il Canal Grande si possono vedere circa duecento palazzi, alcuni molto famosi, come **Palazzo Grassi**, **Ca' Foscari**, **Ca' Rezzonico** e **Ca' d'Oro**. La gran parte di questi è del periodo tra il Quattrocento e il Settecento e sono palazzi "patrizi" dove risiedevano[2] i nobili di un tempo. Tra i ponti più famosi ci sono il **Ponte di Rialto** ☞ Fig. 1 e il **Ponte dei Sospiri** ☞ Fig. 2.

### ■ CHE COSA VEDERE
Il punto centrale della città è **piazza San Marco** con la **Basilica di San Marco**,

**Fig. 1** Il Ponte di Rialto sul Canal Grande

una delle chiese più belle d'Italia. All'interno si possono ammirare splendidi mosaici dorati. Sempre in piazza San Marco si trovano il **Palazzo Ducale** ☞ Fig. 3, il **Campanile di San Marco** e il **Museo Correr**. Qui si possono ammirare i famosi dipinti dei pittori attivi a Venezia nel Rinascimento come **Tintoretto**, **Tiziano** e **Veronese**.

**Fig. 2** Ponte dei Sospiri

**Fig. 3** Palazzo Ducale

A Venezia ci sono altri importanti musei come le **Gallerie dell'Accademia**, una collezione di dipinti di artisti veneti dal XIV al XVIII secolo, **Ca' Pesaro** con grandi artisti dell'Ottocento e del Novecento, e la **Collezione Peggy Guggenheim**, uno dei più importanti musei italiani di arte contemporanea.

### ■ SPOSTARSI A VENEZIA

La città si può visitare a piedi o con il **vaporetto**[3] che è un mezzo pubblico, come l'autobus in altre città.
Altri mezzi di trasporto tipici di Venezia sono le **gondole** e i **motoscafi**.
Bellissimo, sì, ma non senza problemi! L'alta marea spesso inonda[4] la città e provoca il fenomeno dell'**acqua alta**. Spostarsi a Venezia con l'acqua alta diventa molto difficile.

### ■ VENEZIA DA VIVERE

Per chi è stanco di girare in città e vuole un po' di relax, c'è il **Lido**, con la sua bella spiaggia. Il Lido è una sottile isola che si sviluppa per circa 12 km tra la **laguna di Venezia** e il **mare Adriatico**: agli inizi del Novecento era una delle stazioni balneari[5] più famose e cosmopolite[6].
Un pranzo tipico veneziano? Si comincia con un aperitivo accompagnato da uno "stuzzichino", detto **"cicchetto"**. Il primo piatto può essere **risi e bisi**, cioè un risotto con pancetta e piselli, oppure un **risotto di pesce**. Venezia è una città di mare e il pesce è un ingrediente importante nella sua cucina.

### ■ LE MANIFESTAZIONI

La **Mostra del cinema di Venezia** ha luogo ogni anno ed è il festival del cinema più antico del mondo (dal 1932). Si svolge all'interno della **Biennale di Venezia**, una serie di eventi culturali che includono un'esposizione di arte contemporanea. Il premio è il **Leone d'oro**.

### LO SAPEVI CHE...?

- Il **Ponte dei Sospiri** ☛ Fig. 2 si chiama così perché di lì passavano, "sospirando", i prigionieri condannati a morte.
- A **Palazzo Ducale** ☛ Fig. 3, in piazza San Marco, ai tempi della Serenissima risiedeva il Doge di Venezia.
- Il **Carnevale di Venezia** ☛ Fig. 4 è uno dei più famosi del mondo.

**Fig. 4** Maschere del Carnevale di Venezia

### Glossario

1 **laguna:** spazio d'acqua poco profondo, separato dal mare da una striscia di terra
2 **risiedere:** abitare
3 **vaporetto**
4 **inondare:** bagnare abbondantemente
5 **balneare:** di mare
6 **cosmopolita:** frequentato da persone di ogni nazione

---

**2. COMPRENSIONE** Vero o falso?

1 Venezia è una città costruita su un migliaio di isole.  V F
2 Venezia si trova nella regione Veneto.  V F
3 A Venezia ci sono due canali.  V F
4 A Venezia non ci sono solo musei di arte moderna.  V F

**3. COMPRENSIONE** Rispondi alle domande.

1 Quali sono i canali più importanti a Venezia?
2 Quanti ponti ci sono a Venezia? Quali sono i più famosi?
3 Qual è il punto centrale della città?
4 Qual è la chiesa principale della città?
5 Qual è il premio del festival del cinema?

## LE CITTÀ

### ■ INTORNO A VENEZIA

Da Venezia si può prendere il vaporetto per visitare le isole che si trovano nella laguna veneta, la più grande laguna d'Italia.
Le isole più belle sono Burano ← **Fig. 5** e Murano.
**Murano** si trova a circa un chilometro a nord di Venezia. L'attività principale degli abitanti è la produzione del vetro artistico. Infatti, Murano è chiamata anche "isola del vetro" ← **Fig. 6**.
È costruita su canali come Venezia e vi si possono ammirare i bei palazzi della nobiltà di un tempo e le pittoresche case dei lavoratori del vetro. Si possono anche visitare le vetrerie, per vedere come si lavora il vetro ancora oggi.
Interessante è anche l'isola di **Burano**, famosa per le sue case colorate.

Fig. 5 Le caratteristiche case colorate dell'isola di Burano

Fig. 6 Un bicchiere in vetro di Murano

---

**4. COMPRENSIONE** Completa il brano con le parole mancanti.

Murano e Burano sono due isole che si trovano nella ¹.............................. veneta.

Murano è costruita sull' ².............................. come Venezia. Gli abitanti di Murano lavorano soprattutto nella produzione artistica del ³.............................. . Vi si possono visitare anche le ⁴.............................. .

L'altra isola importante è Burano, famosa per le sue case ⁵.............................. .

**5. ASCOLTARE** 🎧 **T06** Ascolta l'intervista a un gondoliere ← **Fig. 7**. Poi indica l'alternativa corretta.

1 Marietto ha fatto il gondoliere perché...
  A gli piaceva la professione.
  B è il "lavoro di famiglia".
  C è il lavoro che fanno tutti a Venezia.

2 Che cosa gli piace della sua professione?
  A Stare sull'acqua e parlare lingue diverse con la gente.
  B Andare nei posti più particolari e nascosti della sua città.
  C Stare all'aria aperta e a contatto con la gente.

3 Da dove vengono i suoi clienti?
  A Sono soprattutto veneziani.
  B Sono soprattutto italiani ed europei.
  C Sono soprattutto orientali.

4 Di che cosa parla con i turisti?
  A Del tempo.
  B Del loro Paese.
  C Della città.

Fig. 7 Un gondoliere

---

## ALTRE CITTÀ DEL VENETO

Il Veneto è una delle regioni più visitate d'Italia non solo per Venezia, ma anche per altre città e luoghi celebri in tutto il mondo.

### ■ VERONA

La città di Verona è famosa per la storia d'amore di Romeo e Giulietta e per la sua **Arena** ← **Fig. 8**, un anfiteatro dei tempi dell'Impero romano. Qui oggi hanno luogo spettacoli di musica lirica come l'*Aida* e il *Nabucco* di Giuseppe Verdi o la *Turandot* di Puccini.

Fig. 8 Un'opera lirica in scena all'Arena di Verona

Fig. 9 Cappella degli Scrovegni a Padova

Fig. 10 Basilica Palladiana a Vicenza

Il centro di Verona è ricco di storia e di monumenti tra cui il balcone della casa di Giulietta.

### ■ PADOVA

È conosciuta come la "città di sant'Antonio" perché questo santo è vissuto qui per diversi anni. I suoi resti sono conservati nella **Basilica di Sant'Antonio**. Inoltre, Padova è la sede di una delle università più importanti d'Italia del XIII secolo. A Padova sono da vedere monumenti ed edifici del Medioevo e del Rinascimento, come la **Cappella degli Scrovegni** ← Fig. 9 affrescata[7] da **Giotto** all'inizio del Trecento.

### ■ VICENZA

A Vicenza ci sono chiese e palazzi antichi e bellissimi: è **Palladio** (1508-1580), uno dei più famosi architetti di tutti i tempi, che ne progetta e realizza una parte. Corso Palladio è infatti la via più importante di Vicenza. Passeggiando lungo il corso si possono ammirare molti palazzi signorili. La **Basilica Palladiana** ← Fig. 10 è l'edificio più importante della città.

### ■ TREVISO

È una bellissima cittadina, spesso è paragonata a Venezia perché, come il capoluogo veneto, è attraversata dall'acqua. Tra le vie d'acqua c'è il **canale dei Buranelli**, che attraversa il centro della città e che molti pittori hanno ritratto.

*Glossario*

**7 affrescare:** dipingere su una parete ancora umida

Fig. 11 Veduta dall'alto del centro di Treviso

---

**6. COMPRENSIONE** Rispondi alle domande.

1. Che cosa si può vedere all'Arena di Verona?
2. Com'è anche chiamata Padova?
3. Da chi è affrescata la Cappella degli Scrovegni?
4. Chi è l'architetto attivo a Vicenza nel Cinquecento?
5. Qual è l'edificio più importante di Vicenza?
6. Con quale città viene paragonata Treviso?

**7. SCRIVERE** L'Italia è, con la Cina, il Paese al mondo con più siti Unesco. Come hai letto a ← p. 6, nella lista del 2020 ci sono infatti ben 55 siti! Venezia è forse il più famoso di questi siti.

Palazzo reale di Caserta • Villa Adriana (Tivoli) • Villa d'Este (Tivoli) • Ferrara • Mausoleo di Teodorico (Ravenna) • le Necropoli Etrusche (Cerveteri) • Porto Venere • Crespi d'Adda • Sabbioneta • Castello del Valentino (Torino) • Castel del Monte (Andria) • città del Val di Noto • Monte Etna

Qui sopra trovi elencati 12 siti Unesco italiani molto famosi. Di alcuni trovi la descrizione in questo libro. Scegline uno e approfondisci la tua conoscenza con informazioni da internet. Poi scrivi una breve presentazione (circa 40-50 parole) e condividila con i tuoi compagni di classe. Se vuoi, puoi anche lavorare in coppia con un/a tuo/a compagno/a.

# Firenze e la Toscana

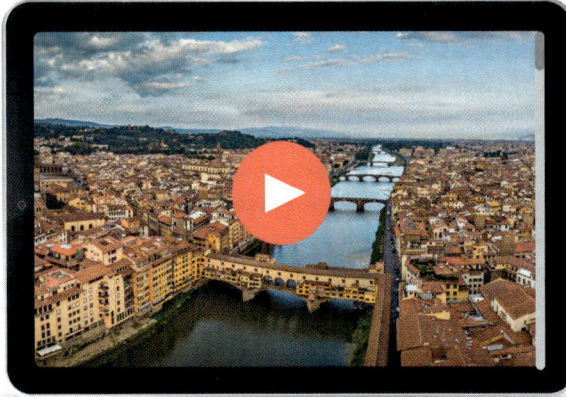

▶ **1. GUARDA IL VIDEO** su Firenze e rispondi alle domande.

1. Quale fiume attraversa Firenze?
2. Qual è il ponte più famoso di Firenze?
3. In che materiale è costruita la cattedrale in piazza del Duomo?
4. Quali attrazioni si trovano in piazza della Signoria?
5. Chi è il personaggio più famoso della città?
6. Che cosa si può visitare all'interno di Palazzo Pitti?

## FIRENZE, CENTRO DEL RINASCIMENTO

### Fatti e Numeri
- **Abitanti**: 1 011 349
- **Nome antico**: Florentia (lat.)
- **Nome degli abitanti**: fiorentini
- **Patrono**: san Giovanni Battista

Firenze è una delle città più visitate del mondo. Molti dei suoi palazzi e monumenti risalgono al Rinascimento, il periodo che va dal Quattrocento al Cinquecento.

■ **CHE COSA VEDERE**

Grande esempio di arte rinascimentale è la **Basilica di Santa Maria Novella** che si trova nel centro della città. La facciata è realizzata dall'architetto Leon Battista Alberti; lo stile è un misto di elementi gotici e rinascimentali. All'interno vi sono opere rinascimentali come gli affreschi del Ghirlandaio, di Filippo Lippi e di Paolo Uccello.
Rinascimentale è anche il **Duomo di Firenze**, o Cattedrale di Santa Maria del Fiore, una delle chiese più grandi del mondo. La grande cupola ☛ **Fig. 1** progettata e costruita da Filippo Brunelleschi nel Quattrocento, all'interno è affrescata per circa 3600 metri quadrati; è il più grande affresco mai dipinto.

Fig. 1 La grande cupola del Duomo, progettata e costruita da Brunelleschi nel Quattrocento

In piazza del Duomo si trova anche il **Campanile** di Giotto, costruito nel Trecento, e il **Battistero**, con le sue bellissime porte. Del periodo medievale è il **Palazzo Vecchio**, in piazza della Signoria, la sede tradizionale del governo fiorentino. Proprio davanti al palazzo si possono ammirare delle sculture, tra cui la copia del *David* di Michelangelo Buonarroti ☛ **Fig. 2** e il *Perseo* di Benvenuto Cellini.

Fig. 2 *David* di Michelangelo

**Fig. 3** *Nascita di Venere* di Botticelli

**Fig. 4** Giardino di Boboli

Una delle chiese più antiche della città è la **Basilica di San Lorenzo**, consacrata nel 393 d.C. Qui si possono vedere le sculture di Michelangelo per le tombe di Lorenzo e Giuliano de' Medici e per la Biblioteca Laurenziana.
Firenze ha uno dei musei più grandi e più famosi del mondo: la **Galleria degli Uffizi** che custodisce[1] opere di pittori italiani e stranieri dal XII al XVII secolo.
I dipinti più famosi sono la *Nascita di Venere* di Botticelli ← **Fig. 3** e la *Venere d'Urbino* di Tiziano Vecellio. Altri musei importanti sono quelli all'interno di Palazzo Pitti e la Galleria dell'Accademia, dove si possono ammirare le opere di artisti del Rinascimento.
Il **Giardino di Boboli** ← **Fig. 4**, che appartiene a Palazzo Pitti, è uno dei più belli d'Italia. Questo famoso esempio di giardino all'italiana è pieno di statue e sculture che il visitatore può ammirare passeggiando.
Sul punto più stretto del fiume Arno c'è il **Ponte Vecchio** ← **Fig. 5**, il ponte più antico della città: qui, fin dal Medioevo, si trovano negozi e botteghe[2] che si tramandano di padre in figlio da generazioni. L'atmosfera su questo ponte è davvero unica.

### ■ FIRENZE DA VIVERE

Il centro storico di Firenze è ricco di negozi non solo moderni ed eleganti, ma anche di antica tradizione come quelli sul Ponte Vecchio. Qui potete trovare gioielli di pregio[3], sete e foulard. Nelle vie dello shopping più ricercate[4] si possono invece acquistare ceramiche, fazzoletti, camicie e borse di pelle.
A Firenze si trovano molti ristoranti e trattorie che offrono specialità fiorentine. I quattro ingredienti base della cucina fiorentina (e toscana) sono: pane, olio extra vergine d'oliva, carne e fagioli.
Tra i piatti tipici ci sono: i **crostini**, un antipasto presente in ogni ristorante di Firenze. Sono sottili fette o dadi di pane scaldato al forno, arrostito o fritto. Sono

### Glossario

1 **custodire:** conservare
2 **botteghe:** negozi
3 **di pregio:** prezioso
4 **ricercate:** eleganti, raffinate

**Fig. 5** Ponte Vecchio

FIRENZE E LA TOSCANA

serviti insieme a salse a base di formaggio, carne o verdure. La **pappa al pomodoro** e la **ribollita** ☛ **Fig. 6** sono due zuppe calde, anche queste tipiche della Toscana. La **bistecca alla fiorentina** ☛ **Fig. 7** è fatta con carne di manzo di alta qualità, cotta sulla brace e condita con sale, pepe e un filo d'olio. I **cantuccini**, deliziosi biscottini alle mandorle, sono serviti a fine pasto.

### ■ I DINTORNI DI FIRENZE

Anche i dintorni di Firenze meritano una visita. Tra i posti da vedere **Fiesole** ☛ **Fig. 8**, a nord di Firenze, è forse il più interessante. Offre un paesaggio straordinariamente bello e rappresenta un importante patrimonio storico e culturale. Da vedere la cattedrale e l'area archeologica con le mura etrusche; le terme romane, il tempio, il teatro e anche una necropoli[4] longobarda. A Fiesole ha luogo ogni anno un festival chiamato **Estate Fiesolana**. Durante questo festival si può assistere a concerti e spettacoli teatrali che si svolgono nel Teatro Romano.

*Glossario*

[4] **necropoli**: luogo con sepolcri sotterranei

**2. COMPRENSIONE** Rispondi alle domande.

1 Quali sono le due chiese rinascimentali nel centro di Firenze?
2 Da chi è scolpito il *David*?
3 Che cosa custodisce la Galleria degli Uffizi?
4 Che cosa può vedere il visitatore nel Giardino di Boboli?
5 Quali prodotti si possono acquistare a Firenze?
6 Quali sono i piatti tipici di Firenze?
7 Che cosa si può vedere nei dintorni di Firenze?

**Fig. 6** La ribollita

**Fig. 7** La bistecca alla fiorentina

**Fig. 8** Fiesole

# LA TOSCANA

**San Gimignano** ☛ **Fig. 9** si trova a circa 40 km da Firenze. Con le sue antiche mura, il suo bellissimo Duomo romanico e le sue 15 torri di pietra (che un tempo erano 27) è riconosciuta come una delle città culturali più rinomate della Toscana. La città di **Pisa** è famosa in tutto il mondo per la sua piazza centrale: **piazza dei Miracoli**. Questa piazza era il centro della vita religiosa e artistica della città medievale e oggi si presenta come era un tempo con il **Duomo**, la **Torre**, il **Battistero** e il **Camposanto**. La costruzione più famosa della città è la **Torre pendente**, cioè inclinata rispetto all'asse verticale. Nel Seicento **Galileo Galilei** vive e lavora a

**Fig. 9** San Gimignano

**Fig. 10** Piazza del Campo a Siena

Pisa e usa la torre per i suoi esperimenti sulla gravità.

Il centro storico di **Lucca** è una specie di museo a cielo aperto: rimasto uguale nel tempo, è caratterizzato da torri, palazzi rinascimentali e molte chiese (per questo Lucca è soprannominata la "città dalle cento chiese"). È circondato da **mura** lunghe circa quattro chilometri che risalgono al XVI-XVII secolo. La **piazza dell'Anfiteatro**, che è nata sulle rovine dell'antico anfiteatro romano, è il luogo di ritrovo della città.

La piazza centrale di **Siena** ☞ Fig. 10, **piazza del Campo**, è a forma di conchiglia. Costruita nel Trecento, con il **Palazzo Pubblico**, il **Teatro dei Rinnovati** e altri monumenti, è una delle piazze più belle d'Italia. Anche il **Duomo**, in stile romanico-gotico, risale al Medioevo. Siena è inoltre molto famosa per il **Palio** ☞ Fig. 11, una gara di cavalli che si svolge proprio in piazza del Campo.

### ■ LE BELLEZZE NATURALI

La Toscana non è solo ricca di tesori d'arte medievale e rinascimentale, ma anche di bellezze naturali come le **colline del Chianti** e le **Alpi Apuane**.
Le Colline del Chianti si trovano tra Firenze e Siena e si estendono per 20 chilometri. È una zona ricca di storia, natura e arte. Bellissime sono anche la costa della **Maremma** e le isole dell'arcipelago sul Tirreno, tra cui l'**isola d'Elba** e l'**isola del Giglio**.

**Fig. 11** Il Palio di Siena

---

**3. COMPRENSIONE** Scrivi il nome della città.

1 La sua piazza centrale è a forma di conchiglia. ..................................................

2 Qui ci sono molte torri. ..................

3 Qui ha lavorato Galileo Galilei. ..................

4 Il suo Duomo è in stile romanico-gotico. ..................

**4. SCRIVERE** Ripassa le "parole della città" (☞ Tavola lessicale p. 156). Usa le parole per descrivere il tuo quartiere/la tua città.

**5. PARLARE** Descrivi il tuo quartiere/la tua città. Queste linee guida ti possono essere utili:
- Il quartiere/La città dove abito si chiama…
- Si trova/È situato/a in/nel/nella… a…
- È circondato/a da… • È famoso/a per… • Qui nacque…
- Nel quartiere/nella città si può/possono visitare…
- Le attrazioni sono… • Anche… merita/no una visita.
- Le vie dello shopping sono…
- Se vuoi fare shopping puoi andare in negozi eleganti/ al grande magazzino/al mercato…
- Tra le specialità culinarie c'è/ci sono…

# Torino

▶ **1. GUARDA IL VIDEO** su Torino e rispondi alle domande.

1. Torino è cambiata soprattutto a partire dal 2006. Che cosa è avvenuto in questa data?
2. Qual è il suo monumento simbolo?
3. Come si chiama il fiume che attraversa la città?
4. Quale residenza sabauda si trova nel centro di Torino?
5. Qual è la piazza considerata il salotto di Torino?
6. Qual è la piazza più grande e multiculturale della città?

## DA CAPITALE POLITICA A CITTÀ INDUSTRIALE

*Fatti e Numeri*
- **Abitanti:** 2 259 523
- **Nome antico:** Taurasia, Julia Augusta Taurinorum (lat.)
- **Nome degli abitanti:** torinesi
- **Patrono:** san Giovanni Battista

Torino è un'importante città che si trova nella regione Piemonte, nel nord-ovest d'Italia. Dal Cinquecento è stata la capitale del Ducato di Savoia e dal 1861 al 1864 del Regno d'Italia.

Oggi è uno dei maggiori centri universitari, culturali e scientifici del Paese, in particolare dell'editoria[1], delle telecomunicazioni, del cinema e dello sport.
Dagli anni Cinquanta agli anni Settanta è stata il simbolo della straordinaria crescita economica italiana: il boom economico (☞ p. 64). Per anni, centinaia di migliaia di uomini e donne sono emigrati qui dal sud del Paese per lavorare come operai negli stabilimenti[2] meccanici. Torino è anche la sede di molte industrie: la più importante è l'industria automobilistica **FIAT** che fabbrica auto e aerei.

**Fig. 1** Mole Antonelliana

### ■ CHE COSA VEDERE

Il simbolo della città è la **Mole Antonelliana** ☞ **Fig. 1**. Alta 167 metri, è un monumento dalla forma allungata che domina la città. Qui si trova anche il **Museo Nazionale del Cinema**.
Altro monumento simbolo è il **"Caval 'd brons"** dedicato a Emanuele Filiberto.

**Fig. 2** Duomo di Torino

**Fig. 3** Palazzo Reale

Si trova in **piazza San Carlo** (ex piazza d'Armi), dotata di eleganti portici[3] che costituiscono una caratteristica della città. I portici infatti si estendono per oltre 16 km e molti sono collegati tra loro.
Il **Duomo di Torino** ← Fig. 2, o Cattedrale di San Giovanni Battista, è un importante esempio di architettura rinascimentale, celebre perché al suo interno si trova la Sacra Sindone. Si pensa che il corpo di Gesù Cristo fosse avvolto in questo lenzuolo[4].
La dimora[5] dei re di Casa Savoia era il **Palazzo Reale** ← Fig. 3. Nelle sue ampie sale si possono ammirare decorazioni e arredi, opera di artisti del periodo tra Seicento e Ottocento. Le sale più importanti sono il Salone degli Svizzeri, la Sala del Trono, il Gabinetto Cinese, la Galleria del Daniel e l'Armeria Reale.
La **Galleria Sabauda** conserva una raccolta di dipinti di pittori italiani e fiamminghi[6] dal XIV al XVI secolo. Nello stesso palazzo è ospitato il **Museo Egizio**, il secondo più importante al mondo dopo quello del Cairo.

■ **VIVERE LA CITTÀ**
Torino ha un'atmosfera particolare, un qualcosa di nobile e di antico. Questa atmosfera si rivive appieno quando si passeggia e ci si siede per un caffè o un aperitivo in uno dei suoi caffè storici. Torino è la patria dell'aperitivo: il vermouth è stato inventato qui nel 1786.
Un primo piatto famoso della cucina torinese, e più in generale piemontese, sono gli **agnolotti**, un tipo di pasta ripiena.
Un secondo molto amato è il **bollito misto**, fatto di carne lessata, che può essere servito con salse tipiche. Famosi sono anche i piatti a base di **tartufo**, un particolare tipo di fungo, molto profumato.
Infine, Torino è un importante centro europeo per la produzione del cioccolato. Tipico cioccolatino simbolo della città è il **gianduiotto**.

### Glossario

1 **editoria:** industria che si occupa della pubblicazione e distribuzione di libri e periodici
2 **stabilimento:** fabbrica, azienda
3 **portici**
4 **lenzuolo:** telo per il letto
5 **dimora:** casa
6 **fiammingo:** della regione belga delle Fiandre

**2. COMPRENSIONE** Completa il brano con le parole mancanti.

Torino si trova nella regione [1].................. . Dal Cinquecento è stata la capitale del [2].................. e nel 1860, per quattro anni, del Regno d'Italia. È conosciuta soprattutto come la capitale italiana dell'industria [3].................. . Nella Mole Antonelliana si trova il Museo Nazionale del [4].................. . Il "Caval 'd brons" è dedicato a [5].................. . Piazza San Carlo ha eleganti [6].................. . Il Duomo di Torino è celebre perché espone al suo interno la [7].................. . Nella Galleria Sabauda si trova il famoso Museo [8].................. .

**3. LESSICO** Ripassa i vocaboli degli ambiti dell'economia (← Tavola lessicale p. 161) e descrivi l'economia del tuo Paese.

Avvio: *L'economia del mio Paese si basa...*

TORINO | 25

# Napoli

▶ **1. GUARDA IL VIDEO** su Napoli e rispondi alle domande.

1. Come recita la frase di Goethe?
2. Quali sono i due castelli simbolo della città?
3. Come si chiama la Galleria della città?
4. Scrivi il nome di almeno due personaggi simbolo di Napoli citati nel video.
5. Il sangue di quale santo è custodito nel Duomo di Napoli?
6. Quali sono i quartieri, un tempo malfamati, adesso luoghi turistici?

## UNA CITTÀ UNICA

**Napoli è la terza città più popolosa in Italia, dopo Roma e Milano. Si trova nel Sud Italia, nella regione Campania. La sua posizione geografica la rende una città unica.**

### ■ IL CENTRO DI NAPOLI È UN SITO UNESCO

La città di Napoli si trova tra il golfo[1], il Vesuvio (un vulcano attivo) e le montagne dell'Appennino. Ma non sono solo le sue bellezze naturali che attraggono i turisti: la città è anche ricca di monumenti e di luoghi di interesse storico e artistico. È attraversata, in un certo senso "spaccata" in due, da una strada, conosciuta come Spaccanapoli, che corre parallelamente al mare. Il centro di Napoli racchiude ben 27 secoli di storia ed è un sito Unesco.
Ha famose attrazioni legate alla sua lunga storia che include la dominazione bizantina, francese, spagnola e austriaca. Ognuna di queste ha lasciato tracce.

### Fatti e Numeri
- **Abitanti:** 3 084 890
- **Nome antico:** Neapolis (lat.)
- **Nome degli abitanti:** napoletani
- **Patrono:** san Gennaro

**Fig. 1** Castel Nuovo, chiamato anche Maschio Angioino

### ■ CHE COSA VEDERE

Il **Maschio Angioino** o **Castel Nuovo**
☞ **Fig. 1** è un castello medievale e rinascimentale e si trova in piazza del Municipio, nella parte di città vicino al golfo. Nel castello ci sono la Cappella Palatina del Trecento con un affresco di Giotto e dei suoi allievi, la Sala dei Baroni e la Sala dell'Armeria.
Il **Castel dell'Ovo** è situato sull'isolotto di Megaride ed è uno dei simboli della città.

*Glossario*
1 golfo

LE CITTÀ

**Fig. 2** Piazza del Plebiscito

In **piazza del Plebiscito** ☞ **Fig. 2**, dove hanno luogo importanti manifestazioni culturali e musicali, si trova il **Palazzo Reale**, del Seicento, una reggia dei Borbone: sulla facciata si possono vedere le otto statue (ognuna scolpita da un artista diverso) che raffigurano otto re di Napoli. In questa piazza c'è anche il **Teatro San Carlo**, costruito nel 1737, che è uno dei più grandi e famosi teatri lirici del mondo. Nel **Museo archeologico** si può vedere una delle più famose raccolte di antichità, molte delle quali ricavate da Pompei. La **Certosa di San Martino** è uno splendido monastero ed è collocato in uno dei punti più alti della città. All'interno della Certosa si può visitare il Museo di San Martino dove sono raccolti, tra l'altro, sculture e quadri napoletani del Quattrocento.

Il **Museo di Capodimonte** è situato all'interno del Palazzo Reale di Capodimonte, costruito nel Settecento in un vasto parco, e che si estende su quattro piani. Vi si trovano diverse e ricche collezioni storiche e artistiche.

### ■ NAPOLI DA VIVERE

Napoli è una città caotica, ma molto particolare e di straordinaria vivacità. È anche una delle città italiane più legate alla propria tradizione.
Tra le specialità napoletane vi sono la **pizza**, speciale perché è morbida e sottile; altri prodotti tipici sono la mozzarella e in particolare la **mozzarella** di bufala, la **pastiera**, un dolce tipico, e il **caffè**. A proposito di caffè, Napoli ha anche la sua caffettiera tipica ☞ **Fig. 4**. Altri dolci tipici sono le **sfogliatelle** e il **babà**.

### LE ICONE DI NAPOLI

- Il corno portafortuna che deve essere "tuosto, stuorto e cu 'a ponta" (rigido, storto e con la punta).

- La statuina del presepio.

- Pulcinella, una maschera del Carnevale.

- Il mandolino, strumento musicale.

- La tombola, tipico gioco natalizio.

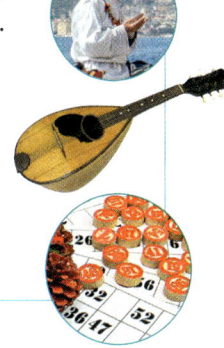

---

**2. COMPRENSIONE** Vero o falso?

1 Napoli è la città più popolosa d'Italia.  V F
2 Napoli si trova vicino a un vulcano.  V F
3 Il centro di Napoli è un sito Unesco.  V F
4 A Napoli si sono succedute dominazioni di diversi popoli.  V F

**3. COMPRENSIONE** Scrivi i nomi dei luoghi più importanti di Napoli.

1 È un castello medievale e rinascimentale. ................................
2 Ha otto statue sulla facciata. ................................
3 Qui hanno luogo feste ed eventi. ................................
4 È il teatro di Napoli. ................................

**4. COMPRENSIONE** Rispondi alle seguenti domande.
Che cosa si può vedere… ?
1 nel Museo Archeologico.
2 nella Certosa di San Martino.
3 nel Museo di Capodimonte.

**Fig. 4** La caffettiera "napoletana"

**5. COMPRENSIONE** Quali sono le specialità culinarie di Napoli? Quali vorresti assaggiare?

# Palermo

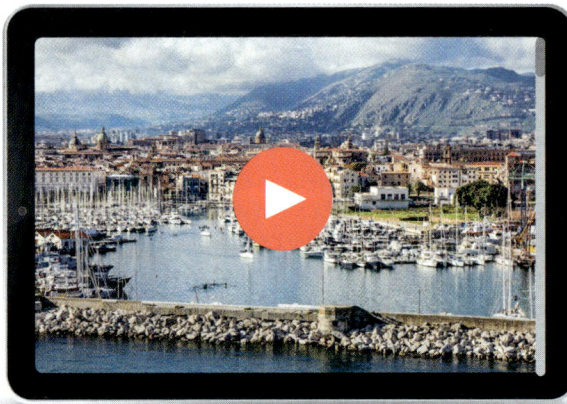

▶ **1. GUARDA IL VIDEO** su Palermo e rispondi alle domande.

1. Che cosa si trova al centro di piazza Pretoria?
2. Che cos'era un tempo la Cattedrale di Palermo?
3. Che cos'è stato per molti secoli il Palazzo dei Normanni?
4. Come si chiama il teatro più grande di Palermo?
5. Qual è il nome del mercato?
6. Dove si trova Palermo?

### Fatti e Numeri
- **Abitanti:** 1 252 588
- **Nome antico:** Ziz (fenicio), Panormus (lat.)
- **Nome degli abitanti:** palermitani
- **Patrona:** santa Rosalia

## PALERMO, PERLA DEL SUD

**Palermo è la città più grande e importante della Sicilia. Si trova nella pianura della Conca d'Oro, dal colore degli agrumi che vi crescono.**

### ■ CHE COSA VEDERE

Palermo è una città caotica che mantiene il fascino di una città mediterranea grazie ai suoi mercati storici e ai suoi palazzi meravigliosi. E da non dimenticare che è una città di mare, con bellissime spiagge a poca distanza dalla città. Palermo è fondata dai fenici nel 734 a.C. ed è segnata da diverse dominazioni e culture, come tante altre città d'Italia. Per questo è ricca di un notevole patrimonio artistico: dalle mura puniche alle residenze in stile arabo-normanno, dalle chiese barocche ai teatri neoclassici. Il monumento simbolo della città è il **Palazzo dei Normanni** ☞ **Fig. 1** che integra lo stile arabo-bizantino e quello

**Fig. 1** Palazzo dei Normanni

normanno-romanico. Qui si trova la Cappella Palatina con splendidi mosaici e decorazioni.
La **Cattedrale** ☞ **Fig. 2** di Palermo, in stile bizantino, nel IX secolo viene trasformata dai saraceni in una moschea, ma con la conquista da parte dei normanni ritorna a essere una chiesa cristiana. Un'altra chiesa famosa è il Santuario di Santa Rosalia, che è la patrona della città.

**Fig. 2** Cattedrale di Palermo

**Fig. 3** Il mercato della Vuccirìa

Il santuario si trova sul monte Pellegrino e per raggiungerlo bisogna salire per ben quattro chilometri.
E infine, fuori dalla città, ci sono le **Catacombe** di Palermo. Qui sono conservati i corpi di frati e di personaggi comuni e famosi.

### ■ PALERMO DA VIVERE

Assolutamente da vedere sono i mercati storici. Qui Palermo svela il suo aspetto più tipicamente mediterraneo e folcloristico. Tra i mercati il più importante è la **Vuccirìa** ☞ **Fig. 3**, vicino al porto cittadino.

Il nome deriva dal francese *boucherie* (macelleria). Il mercato infatti nasce come macello e vendita di carne.
Adesso vi ci si può comprare una grande varietà di cibi e soprattutto, tra odori e mille colori, si possono trovare tutti gli ingredienti della cucina siciliana ☞ **Fig. 4**.
Da Palermo si possono raggiungere bellissime spiagge. Le più famose sono quelle di **Mondello**, di **Cefalù** e dell'**isola delle Femmine**. Qui troverete lunghe spiagge di sabbia dorata e bellissimi paesaggi naturali.

**Fig. 4** I cannoli, tipico dolce siciliano a base di ricotta

### 2. COMPRENSIONE Rispondi alle domande.

1 Dove si trova Palermo? ..................................................................
2 Quando e da chi viene fondata? ..................................................................
3 Qual è il monumento simbolo della città? ..................................................................

### 3. COMPRENSIONE Scrivi il nome del luogo di Palermo che corrisponde alla definizione.

1 Qui si possono comprare cibi di ogni tipo.
....................................................................

2 Qui si trova la Cappella Palatina.
....................................................................

3 Qui si trovano i corpi di frati e di personaggi famosi.
....................................................................

4 Un tempo è stata una moschea.
....................................................................

### 4. PARLARE Parla di una città partendo da una tabella.

Completa la tabella con le informazioni su una città che hai visitato o che vorresti visitare. Può essere una città italiana o del tuo Paese. Se non hai le informazioni necessarie fa' una ricerca. Sul web trovi sicuramente informazioni. Poi leggi la tabella in classe, ma non dire di quale città stai parlando. I tuoi compagni di classe devono indovinarne il nome.

| Regione/Nazione: |
|---|
| Clima: |
| Lingua parlata: |
| Panorama: |
| Monumento simbolo: |

# LE CITTÀ — Test

1. **Roma è...**
   - A la capitale della cristianità cattolica e la sede dei luoghi della politica.
   - B il centro dell'attività economica in Italia e la capitale dell'editoria.
   - C il centro dell'industria automobilistica del Paese.

2. **Roma è la città che ha più ... al mondo.**
   - A musei
   - B monumenti
   - C chiese

3. **Nei Musei Vaticani si trova...**
   - A la *Primavera* di Botticelli.
   - B la scultura del *David* di Michelangelo.
   - C la Cappella Sistina.

4. **Le fontane famose di Roma sono...**
   - A la Fontana dell'Orologio e della Barca.
   - B la Fontana Vortici e la Fontana Arcobaleno.
   - C la Barcaccia e la Fontana di Trevi.

5. **Milano è la città ... del Paese.**
   - A più turistica
   - B più industriale
   - C più grande

6. **Il simbolo di Milano è...**
   - A il Duomo.
   - B il Palazzo Reale.
   - C la torre della città.

7. **A Milano c'è un'area moderna con...**
   - A grattacieli.
   - B musei d'arte.
   - C alte torri.

8. **Venezia è costruita ... sull'acqua.**
   - A interamente
   - B quasi interamente
   - C solo in piccola parte

9. **Il canale più importante di Venezia è...**
   - A il Canal Grande.
   - B il Canal Stretto.
   - C il Canal Largo.

10. **I ponti più famosi di Venezia sono...**
    - A il Ponte Foscari e Ca' d'Oro.
    - B il Ponte di Rialto e il Ponte dei Sospiri.
    - C il Ponte Vecchio e il Ponte di San Marco.

11. **Il punto centrale di Venezia è...**
    - A la Basilica di San Marco.
    - B la Basilica di San Pietro.
    - C la Cattedrale di Santa Maria delle Grazie.

12. **A Firenze molti palazzi e monumenti risalgono all'epoca...**
    - A del Rinascimento.
    - B del Barocco.
    - C del Settecento.

13. **In piazza del Duomo a Firenze si trovano...**
    - A il municipio e la cattedrale.
    - B la Torre pendente e il Palazzo della Ragione.
    - C il Duomo, il Campanile e il Battistero.

14. **Il museo più famoso di Firenze è quello...**
    - A degli Uffizi.
    - B di Boboli.
    - C dell'Accademia.

30  LE CITTÀ

**15.** Il ponte più famoso di Firenze è...
- A il Ponte Nuovo.
- B il Ponte Vecchio.
- C il Ponte Curvo.

**16.** San Gimignano è famosa per...
- A le sue torri.
- B le sue fontane.
- C le sue chiese.

**17.** Pisa è celebre per la sua piazza chiamata...
- A piazza Grande.
- B piazza Vecchia.
- C piazza dei Miracoli.

**18.** Torino è stata...
- A il simbolo della crescita economica.
- B la capitale del Regno d'Italia.
- C il centro dell'industria alimentare italiana.

**19.** Il simbolo di Torino è...
- A il Duomo.
- B il Palazzo della Ragione.
- C la Mole Antonelliana.

**20.** Si pensa che la Sacra Sindone sia...
- A la veste che indossava la Madonna.
- B il lenzuolo in cui il corpo di Gesù Cristo era avvolto.
- C la coppa da cui ha bevuto Gesù Cristo.

**21.** La dimora dei re di Casa Savoia è...
- A la Galleria Sabauda.
- B il Palazzo Ducale.
- C il Palazzo Reale.

**22.** Il museo più famoso di Torino è...
- A il Museo Archeologico della città.
- B il Museo Egizio.
- C il Museo delle Ceramiche.

**23.** Napoli si trova...
- A tra il mare e un vulcano.
- B tra il mare e una pianura.
- C tra il mare e un'altra grande città.

**24.** A Napoli si trovano due...
- A castelli.
- B palazzi reali.
- C musei d'arte moderna.

**25.** Napoli viene definita una città...
- A vivace e caotica.
- B tranquilla e ordinata.
- C fortemente industrializzata.

**26.** Il teatro più famoso di Napoli è...
- A il San Carlo.
- B la Scala.
- C la Fenice.

**27.** Palermo è la città ... della Sicilia.
- A più grande
- B più antica
- C più moderna

**28.** Palermo ha...
- A chiese medievali e grandi parchi.
- B palazzi antichi e belle spiagge.
- C moderni grattacieli e locali alla moda.

**29.** Il monumento simbolo di Palermo è...
- A il Palazzo Reale.
- B il Palazzo dei Normanni.
- C il Duomo.

**30.** Il mercato storico di Palermo si chiama...
- A Vuccirìa.
- B Porta Portese.
- C Mercato di Mezzo.

# Le Dolomiti

**Prima della lettura**
- Nel tuo Paese ci sono le montagne?
- Ti piace andare in montagna?
- Quali sono le attività che si praticano in montagna? Discutine in classe o scrivi un breve testo. Se vuoi puoi ripetere le attività che puoi praticare in montagna (☞ Tavola lessicale p. 157).

## ORTISEI

Cara Tina,
come stai? Io sono a Ortisei ☞ **Fig. 1**. Ortisei è una cittadina che si trova in Val Gardena nelle Dolomiti ed è... bellissima!
Ieri abbiamo fatto un'escursione sull'Alpe di Siusi. Abbiamo camminato per quattro ore e alla fine ero stanca morta. Qui ci sono molte montagne e alcune sono davvero elevate.
Alloggiamo in un piccolo albergo vicino a un bosco. Il paese è comunque a cinque minuti a piedi. Sai che qui parlano tre lingue? L'italiano, il tedesco e il ladino. Il tedesco è parlato in tutto l'Alto Adige, invece il ladino soltanto qui in Val Gardena e in qualche altra valle. Oggi andiamo in piscina nel centro sportivo di Ortisei, che è molto bello. La mamma vuole fare la sauna, io nuoto con papà. La zia invece va in paese a fare shopping. Sai che lei ha la mania dello shopping! Vorrebbe comprare una scultura in legno. Qui ci sono molte botteghe artigianali in cui lavorano scultori che fanno sculture di ogni genere e forma ☞ **Fig. 2**. La zia le trova "adorabili". Vorremmo comprare un regalo anche per te, un prodotto tipico di qui, un orologio a cucù ☞ **Fig. 3**.
Il papà mi ha chiesto di domandarti se ti può piacere. Alla mamma piace un sacco! Però devi dirmi tu.
Noi torniamo la prossima settimana. Intanto... un bacione.
Giorgia

**Fig. 2** Un artigiano del legno

**Fig. 3** Orologio a cucù

**1. COMPRENSIONE** Leggi la e-mail di Giorgia e completa le frasi.

1. Ortisei si trova in ............................ .
2. Giorgia ha fatto una gita sull' ............................ .
3. A Ortisei si parlano tre lingue: italiano, ............................ e ............................ .
4. Ortisei è famosa per le botteghe ............................ .
5. A Tina vogliono comprare un orologio ............................ .

# I "MONTI PALLIDI"

Le Dolomiti, dette anche i "monti pallidi", sono una catena montuosa che l'Unesco ha dichiarato Patrimonio dell'Umanità. Fiabesche, modellate come pezzi architettonici, sono famose in tutto il mondo.
Sono comprese tra le regioni Veneto e Trentino-Alto Adige.
Le cime spesso superano i 3000 m di altezza. La cima più alta è quella della **Marmolada** che arriva a 3400 m.

Sono famose anche le **Tre Cime di Lavaredo** ☞ **Fig. 4**. In molte zone delle Dolomiti si può entrare in contatto con una natura ancora selvaggia; vi si può fare trekking ☞ **Fig. 5**, andare in bicicletta o semplicemente passeggiare godendosi l'aria pura e i meravigliosi panorami.

**Fig. 4** Le Tre Cime di Lavaredo

**Fig. 5** Trekking sulle Dolomiti

**Fig. 6** Piazza Walther, nel centro di Bolzano

**2. COMPRENSIONE** Rispondi alle domande.
1 Perché le Dolomiti sono famose in tutto il mondo?
2 In quali regioni si trovano le Dolomiti?
3 Qual è la cima più alta?
4 Che cosa si può fare nelle Dolomiti?

**3.** 🎧 **T07 ASCOLTARE** Ascolta Giorgia che parla delle sue visite nel Trentino-Alto Adige e nel Veneto e completa le descrizioni.

Bolzano ☞ **Fig. 6** ha un centro storico delizioso e molta gente va in [1]................................. .
Oetzi ☞ **Fig. 7** è anche chiamato "l'uomo che viene dal [2].................................". Il suo corpo è stato conservato per più di [3]................................. anni. Le Tre Cime di Lavaredo sono considerate tra le [4]................................. naturali più famose delle [5]................................. .
Cortina d'Ampezzo è una località [6]................................. ed è frequentata soprattutto dai [7]................................. .

**Fig. 7** Oetzi

**4. PARLARE** Lavora con un/a compagno/a. Spiega quali posti ti piacerebbe visitare in Italia o in altri Paesi.

**Studente 1** Quali posti vorresti/ti piacerebbe vedere/visitare?
**Studente 2** Vorrei/Mi piacerebbe...
**Studente 1** Perché? Come mai?
**Studente 2** Perché mi interessa/mi piace...

LE DOLOMITI

# I laghi

▶ **1. GUARDA IL VIDEO** e rispondi alle domande.
1. Come si chiamava un tempo il lago di Garda?
2. Quale poeta parla del lago di Garda?
3. Che tipo di clima ha il lago Maggiore?
4. Qual è l'isola famosa nel lago di Como?
5. Scrivi il nome di almeno una villa che si trova sul lago di Como.
6. Quale romanzo è ambientato sul lago di Como?

**Fig. 1** Il lago di Garda

## I LAGHI NEL NORD ITALIA

**Il lago di Garda, il lago Maggiore e il lago di Como sono mete turistiche molto popolari.**

Il **lago di Garda** 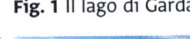 **Fig. 1** è il più grande dei laghi italiani e si trova fra tre regioni: Lombardia, Veneto e Trentino-Alto Adige. La florida[1] vegetazione e gli splendidi paesaggi rendono questo lago uno dei più affascinanti d'Europa. In questa zona si trova la Via del Vino che passa attraverso 16 comuni. Qui si può assaggiare e comprare vino sia rosso che bianco. E per grandi e piccoli c'è Gardaland, uno dei più grandi parchi dei divertimenti del mondo!
Il **lago Maggiore** **Fig. 2** si trova tra Lombardia e Piemonte e la sua parte nord è in Svizzera. Ha un clima molto mite[2] tutto l'anno. Assolutamente da vedere: le isole Borromee con i loro splendidi palazzi.
Il **lago di Como** **Fig. 3**, che si trova in Lombardia, un tempo si chiamava Lario. Qui diversi milionari e celebrità hanno la

**Fig. 2** Il lago Maggiore

**Fig. 3** Il lago di Como

loro residenza estiva. Che cosa rende il lago così attraente? Le ville meravigliose come Villa Carlotta e Villa Monastero sulla riva del lago stesso, le alte montagne e i paesi pittoreschi. Molto famoso, tra gli altri, è Bellagio, popolare in tutte le stagioni.

*Glossario*
1 **florido**: ricco
2 **mite**: dolce, piacevole

**2. COMPRENSIONE** Scrivi dove si trovano.
1 Lago di Garda   2 Lago Maggiore   3 Lago di Como

**3. COMPRENSIONE** Rispondi alle domande.
1. Qual è il più grande dei laghi italiani?
2. Come si chiama la via che passa per 16 comuni?
3. Che cosa c'è da vedere in particolare sul lago Maggiore?
4. Che cosa rende il lago di Como attraente per i turisti?
5. Quale località sul lago di Como è molto famosa?

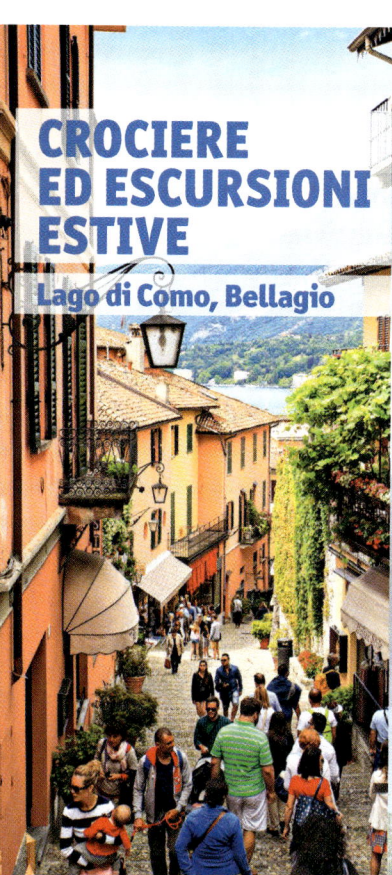

# CROCIERE ED ESCURSIONI ESTIVE
## Lago di Como, Bellagio

Raggiungiamo Bellagio da Como in battello. Questa celebre cittadina si trova proprio in mezzo al lago. È un paese di grande fascino che offre tranquillità e pace. Passeggiamo per le sue viuzze, scalinate e piazzette. In passato grandi poeti e musicisti sono stati in questi luoghi e li hanno ricordati nelle loro opere.

Da visitare a Bellagio:
- Villa Melzi d'Eril, residenza in stile neoclassico circondata da un giardino botanico affacciato sul lago;

- Villa Serbelloni, anche questa circondata da un ampio giardino, oggi è diventata un elegante hotel.

**4. COMPRENSIONE** Completa la tabella su Bellagio.

| Posizione: | |
|---|---|
| Breve descrizione: | |
| Attrazioni principali: | |

**5.** 🎧 **T08 ASCOLTARE** Leggi adesso questa pubblicità su Gardaland e completa con le parole mancanti. Poi ascolta per verificare la correttezza delle tue risposte.

ambienti delle favole • gli animali feroci • intrattenimento • la giostra dei cavalli
• le montagne russe • parco dei divertimenti

## GARDALAND

Gardaland è un grande [1].................................... ed è situato a Castelnuovo del Garda, sul lago di Garda. Si estende su una superficie di 250 000 m².
Il visitatore può scegliere tra differenti aree di [2].................................... .
Le attrazioni sono suddivise in tre grandi gruppi: Avventura, Energia e Fantasia.
In **Avventura** si rivive l'antico Egitto, la savana africana con [3].................................... e il viaggio nella macchina del tempo.
**Energia** ha [4].................................... e le rapide.
**Fantasia**, per i più piccoli, presenta [5].................................... . Qui, per esempio, ci sono il castello di Mago Merlino, il trenino del vecchio West e [6].................................... .

I LAGHI | 35

# Pompei

> **Prima della lettura**
> - Sei interessato ai siti o parchi archeologici?
> - Perché sì? Perché no?
> - Ce ne sono nel tuo Paese? Quali? Discutine in classe con un/a compagno/a o scrivi un breve testo.
>
> ......................................................
> ......................................................

**Archeologia**

## Pompei: parla un esperto di antichità

**Intervistatore (I):** Lei è un grande esperto di antichità e in particolare di Pompei, dove ha lavorato per diversi anni.

**Esperto (E):** Proprio così, ho effettuato scavi[1] in diversi siti, ma a Pompei ho dedicato diversi anni della mia vita.

**I: Vuole raccontarci di questa città incredibile?**

**E:** Sì, innanzitutto un po' di storia. Pompei è una città dell'Impero romano. Quando avviene l'eruzione, nel I secolo d.C., è un ricco centro di circa 25000 abitanti. Nell'estate del 79 d.C. la città viene sommersa da una pioggia di cenere e lapilli, a causa di un'eruzione del vulcano Vesuvio. L'eruzione è improvvisa e molti abitanti non riescono a scappare. Rimangono così sepolti sotto una pioggia di cenere. Questa è stata una sfortuna per loro, ma una fortuna per noi. Perché adesso possiamo vedere quel mondo così com'era.

**Fig. 2** Il Tempio di Apollo a Pompei

**I: Per questo Pompei è definita un museo a cielo aperto?**

**E:** Proprio così. Il turista che cammina per le vie ha l'impressione di attraversare una città magica, congelata, che sembra sul punto di risvegliarsi all'improvviso.

**I: Quindi si può anche vedere come la gente viveva a quei tempi?**

**E:** Certamente. Il sito archeologico offre una testimonianza completa della vita quotidiana di una città dell'Impero romano nel 79 d.C. E questo è un fatto unico. Infatti il sito è stato riconosciuto dall'Unesco Patrimonio dell'Umanità.

**I: Quali posti in particolare consiglia di visitare a Pompei?**

**E:** A Pompei ci sono tante case e posti da visitare. Forse tra i più belli c'è la Villa dei Misteri. Si chiama così perché gli affreschi al suo interno rappresentano dei riti misterici. Molto interessante è anche la casa di Giocondo dove sono stati trovati libri e tavolette. E ancora la villa di Giulia Felice, una delle più grandi ed eleganti della città, e la Casa dei Vettii ☞ **Fig. 1**, famosa per le sue bellissime decorazioni a parete.

**I: Queste sono tutte case private. Ci sono anche edifici pubblici da visitare?**

**E:** Sì, e molti anche. Per esempio, il Tempio di Apollo ☞ **Fig. 2** che è uno dei più antichi luoghi di culto di Pompei con le statue di Apollo e di Diana.

**Fig. 1** Affreschi all'interno della Casa dei Vettii

### 1. COMPRENSIONE Rispondi alle domande.

1. Di quale impero fa parte Pompei?
2. In quale anno avviene l'eruzione?
3. Perché l'eruzione ha reso la città immortale, come se fosse congelata?
4. Di che cosa è testimonianza Pompei?
5. Quali sono i luoghi da visitare a Pompei?

> **Glossario**
>
> [1] **scavo:** rimozione di terreno per riportare alla luce oggetti e opere di architettura

# I sassi di Matera

**1. GUARDA IL VIDEO** e rispondi alle domande.

1. In quale regione si trova Matera?
2. Da che cosa sono tagliati a metà i rioni?
3. I Sassi erano la parte più povera o più ricca della città?
4. Quale regista ha girato qui un suo famoso film?
5. Quanta gente viveva negli anni Cinquanta nei Sassi?
6. Quando è stato completato il restauro della città?

Caro diario
Questa settimana sono stata con i miei genitori a visitare un posto molto particolare, Matera ☛ **Fig. 1**. La parte più interessante è quella dei Sassi, due quartieri nel centro storico, il Sasso Barisano e il Sasso Caveoso, di origine antichissima e scavati nella roccia. La roccia si chiama tufo e le case sono costruite tutte lungo i pendii di un profondo vallone che si chiama Gravina di Matera. In origine erano un insieme di grotte poste una sull'altra.
Abbiamo visto alcune delle case, molto belle ed eleganti, e le chiese (ce ne sono ben 130!). Ci sono anche stradine labirintiche sotterranee e caverne oscure.
La guida ci ha detto che Matera è una delle città più antiche del mondo. Infatti i primi insediamenti risalgono al Paleolitico, circa 10 000 anni fa.
Visitandoli in estate, i Sassi avevano un colore giallo sabbia, ma ci hanno detto che in autunno e in inverno cambiano colore: diventano di un grigio scuro che si confonde con il cielo.
Forse la parte che mi è piaciuta di più è quella del Sasso Barisano con tutte le sue case, chiese ed ex conventi. Si può visitare pure un antico quartiere sotterraneo addirittura precedente ai Sassi. Qui la gente abitava nelle caverne dove aveva case, botteghe e cisterne. Mio padre si è fermato a guardare il sistema di raccolta e distribuzione dell'acqua. Ha detto che per quei tempi era un sistema eccezionale.
Questa è la foto di una caverna ☛ **Fig. 2**. Forte, vero?
Silvia

**Fig. 1** La città di Matera è stata capitale europea della cultura nel 2019

**2. COMPRENSIONE** Vero o falso?
1. La città di Matera è completamente scavata nella roccia.   V  F
2. La roccia è soprattutto marmo.   V  F
3. In origine i Sassi di Matera erano delle grotte una sopra l'altra.   V  F
4. A Matera ci sono molte chiese, stradine labirintiche e caverne.   V  F

**Fig. 2** Una caverna

I SASSI DI MATERA — 37

## LE REGIONI

# La costiera amalfitana

### Prima della lettura

- Nel tuo Paese ci sono luoghi conosciuti per le loro bellezze naturalistiche? Discutine in classe con un/a compagno/a o scrivi un breve testo.

..................................................................
..................................................................

Ciao ragazzi,
ad agosto sono andata sulla costiera amalfitana, dal 1997 uno dei tanti luoghi in Italia dichiarati Patrimonio dell'Umanità. La costiera è famosa per le sue bellezze naturalistiche e per le sue città turistiche a picco[1] sul mare. Per vederla meglio ho deciso di andarci in macchina con il mio fidanzato Carlo. Abbiamo preso la strada che corre lungo la costa.

---

**Sara** Follower: 1 mln — Visualizza profilo

Visualizza altri contenuti

Mi piace: 20,956

Qui sono in un tratto di strada che sembra sospeso[2] tra il mare blu e i monti Lattari (i monti che stanno immediatamente dietro la costa).

Aggiungi un commento...

---

**Sara** Follower: 1 mln — Visualizza profilo

Visualizza altri contenuti

Mi piace: 36,817

La prima cittadina che ho incontrato arrivando da Napoli è Positano. Mi sono fermata con Carlo in una spiaggia del paese. Era un po' troppo piena di turisti per i miei gusti, ma il mare era veramente stupendo.

Aggiungi un commento...

---

**Sara** Follower: 1 mln — Visualizza profilo

Visualizza altri contenuti

Mi piace: 18,321

Ho parlato con questo signore del posto che mi ha raccontato la storia della città. Pensate un po'... mi ha detto che Positano è stato un luogo di vacanza fin dall'epoca dell'Impero romano! La sera ho girato per le vie piene di botteghe dove si può comprare di tutto, dai prodotti più kitsch[3] a quelli tipici dell'artigianato locale.

Aggiungi un commento...

---

**1. SCRIVERE** Scrivi che cosa rende particolare la costiera amalfitana.

..................................................................

**2. COMPRENSIONE** Rispondi alle domande.
1. In che anno la costiera amalfitana è stata dichiarata Patrimonio dell'Umanità dall'Unesco?
2. Quale città della costiera è luogo di vacanza fin dall'epoca dell'Impero romano?
3. Qual è la città principale della costiera?
4. Che cosa c'è da vedere in particolare ad Amalfi?

### Glossario

**1 a picco:** scosceso, ripido, non pianeggiante
**2 sospeso:** essere sopra qualcosa ma non appoggiati su di esso
**3 kitsch:** di cattivo gusto

Il primo giorno ad Amalfi non avevo tanta voglia di andare al mare. Quindi ho visitato il Duomo di Amalfi che è in stile arabo-normanno ed è dedicato a sant'Andrea, il patrono della città.
A mezzogiorno siamo andati a mangiare gli "scialatielli all'amalfitana", un piatto tipico del posto a base di pasta e frutti di mare.
La settimana al mare sulla costiera amalfitana è stata tutta a base di mare e sole. Mi sono veramente rilassata, soprattutto quando abbiamo fatto la gita in barca a Capri, famosa isola di fronte al golfo di Napoli.
Solo il pomeriggio del sabato, siccome c'era brutto tempo, abbiamo deciso di andare a Ravello.
È un paese all'interno della costa, a circa 7 km da Amalfi, che si trova a 350 m di quota. È uno dei gioielli della costiera per l'eleganza delle sue ville e i giardini.
Purtroppo domenica siamo dovuti rientrare a Napoli. La vacanza è finita. Peccato! Anche se un po' la mia casetta mi mancava, come si dice... "casa dolce casa".

*Sara*

**Sara**
Follower: 1 mln

Visualizza profilo

Visualizza altri contenuti

Mi piace: 67,228

A mezzanotte ero stanca morta. Ho fatto almeno dieci volte le "scalinate" che dal paese arrivano fino alle spiagge. Il giorno dopo abbiamo pranzato a Praiano e nel pomeriggio siamo arrivati ad Amalfi, la città principale della costiera.

Aggiungi un commento...

### 3. COMPRENSIONE Completa la tabella su Ravello.

| Posizione: | |
|---|---|
| Altitudine: | |
| Attrazioni principali: | |

### 4. SCRIVERE Presenta un luogo in PowerPoint.

Prepara una presentazione della tua regione rivolta ai turisti italiani. Può essere un depliant o anche una presentazione in PowerPoint. Deve includere: Dove si trova/Com'è/Che cosa c'è da vedere/Com'è il clima/Che cosa fare/Che cosa mangiare. Se lo sviluppi su un PowerPoint puoi seguire questi punti per le tue slide:

**Slide 1**

TITOLO
(e foto significativa)

**Slide 2**

Posizione nel territorio

**Slide 3/4/5**

Attrazioni turistiche
(descrizione dettagliata di ogni attrazione)

**Slide 6/7**

Intrattenimenti culturali

**Slide 8/9**

Specialità culinarie

# La Puglia

**LE REGIONI**

▶ **1. GUARDA IL VIDEO** e rispondi alle domande.

1. Qual è il soprannome della Puglia?
2. Quanti abitanti ha Otranto?
3. Quanti chilometri di coste ha la Puglia?
4. Per quale stile artistico è famosa la Puglia?
5. Qual è il capoluogo del Salento?
6. Quali sono le abitazioni caratteristiche di Alberobello?

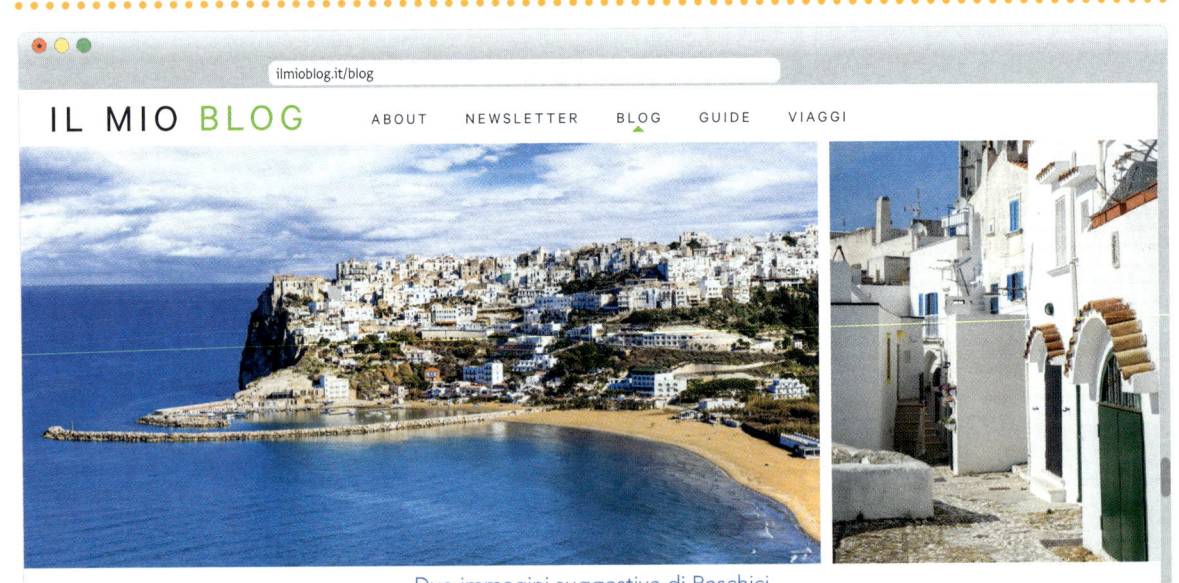

IL MIO BLOG   ABOUT   NEWSLETTER   BLOG   GUIDE   VIAGGI

Due immagini suggestive di Peschici

### UNA VACANZA IN PUGLIA

Quest'anno sono stato in Puglia, il cosiddetto "tacco[1] dello stivale italiano" bagnato da due mari, il mare Adriatico e il mar Ionio. Pensate che è una delle regioni italiane con più sviluppo costiero (circa 865 km)! Qui si trovano spiagge per tutti i gusti.
In tutta la Puglia il clima è mediterraneo, quindi in estate fa caldo e in inverno non fa mai tanto freddo. È l'ideale per chi ama viaggiare 365 giorni all'anno.

#### Come organizzare il viaggio

Si può arrivare in Puglia usando la macchina, specialmente se si arriva come me dal Centro Italia, in treno, oppure arrivando con l'aereo (atterrando per esempio a Bari o a Brindisi). Però, in questo caso, è necessario noleggiare[2] una macchina per girare le città.
Io ho suddiviso il viaggio in tre parti, anche se è stato un *tour de force*[3] visitare tutto in sole due settimane.

## Il Gargano e le isole Tremiti

Il mio giro turistico è iniziato dal Gargano, un promontorio[4] montuoso che si trova nella parte nord della Puglia.
Qui la natura regna sovrana[5]. Da un lato c'è la costa con spiagge dorate, mare cristallino, cioè trasparente, e grotte spettacolari; dall'altro ci sono i boschi e le foreste del Parco Nazionale del Gargano.
Le principali cittadine sulla costa (Peschici, Vieste, Manfredonia e Mattinata) sono vecchi borghi con le strade in pietra, bellissime chiese e piccole botteghe artigiane. Al largo del Gargano ci sono le isole Tremiti, un arcipelago[6] pieno di meravigliose spiagge.

*Le isole Tremiti*

## Bari e Alberobello

La seconda tappa del mio viaggio è stata Bari, la città più grande della Puglia con circa 320 000 abitanti.
Per gli amanti dell'arte suggerisco di visitare nella città vecchia la basilica del patrono san Nicola (1087-1197), simbolo della città, e la Cattedrale di San Sabino (1100-1200).
Io sono un turista che vuole conoscere veramente la città. Perciò, consiglio di passeggiare sul lungomare e nei vicoli, lungo le piccole stradine della città vecchia, in mezzo ai mercati all'aperto.
Solo così si riesce a capire la vera Bari.
Sono andata poi ad Alberobello. La cittadina si trova all'interno ed è famosa per le sue abitazioni caratteristiche, piccole case chiamate "trulli". Sono fatte di pietra con il tetto a forma di cono. Queste costruzioni dal 1996 sono tutelate dall'Unesco quale Patrimonio dell'Umanità.

*Alberobello con i suoi tipici "trulli"*

## Lecce e il Salento

L'ultima tappa del mio viaggio è stata Lecce, chiamata la "Firenze del Sud" per gli edifici e i monumenti in stile barocco. La città si trova al centro del Salento, la zona più a sud della Puglia ed è l'ideale come base di partenza per le spiagge più belle della zona.
Anche qui ho passato il primo giorno visitando i monumenti principali, come la Cattedrale di Santa Maria Assunta, la Colonna di Sant'Oronzo, di epoca romana, e la Basilica di Santa Croce, il più importante esempio del barocco leccese.
Come forse già sapete, il Salento è famoso per le sue spiagge dal mare caraibico.
Nell'ultimo decennio è diventato una delle mete estive, cioè uno dei luoghi estivi, più frequentate dagli italiani.

*La Cattedrale di Lecce*

### Glossario

1 **tacco:** parte della scarpa o dello stivale

2 **noleggiare:** prendere in affitto a pagamento

3 **tour de force:** sforzo intenso e prolungato

4 **promontorio:** montagna direttamente sul mare

5 **regna sovrana:** è molto presente

6 **arcipelago:** gruppo di isole

LA PUGLIA | 41

Gallipoli in estate è uno dei principali centri di divertimento per i giovani, qui la *movida* notturna è veramente fantastica.
Sono andato sulle spiagge più famose della zona. La mia preferita è la spiaggia di Torre dell'Orso. Niente da invidiare alla Sardegna o ai Caraibi!

### Curiosità: i trabucchi

Sul mare si possono trovare strani edifici di legno che stanno sospesi sull'acqua, i "trabucchi". Sono casette sul mare simili a palafitte[7] che tanto tempo fa venivano utilizzate per pescare. Oggi sono per la maggior parte ristoranti sul mare.

La spiaggia di Torre dell'Orso

Un trabucco

### Sapori e tradizioni

La Puglia è una terra ricca di prodotti tipici. Tra i prodotti principali sono da ricordare: la burrata, un formaggio fresco dal cuore morbido, di aspetto simile alla mozzarella; il capocollo, un prosciutto tradizionale prodotto con carne di maiale; il pane di Altamura, prodotto con semola di grano duro coltivato solo nella Murgia; l'olio extravergine di oliva, prodotto degli olivi della Puglia; vini molto importanti, soprattutto rossi e forti.

### Glossario

[7] **palafitta:** casa costruita sull'acqua

**2. COMPRENSIONE** Rispondi alle domande.

1. Come viene definita la Puglia?
2. Quali mari bagnano la regione?
3. Com'è il clima in Puglia?
4. Dove si trova il Gargano?
5. Come sono le principali cittadine sulla costa?
6. Dove si trovano le isole Tremiti?

**3. COMPRENSIONE** Completa il brano con le parole mancanti.

Bari è la città più [1]........................... della Puglia. Il patrono di Bari è [2]........................... . Alberobello è la città dei [3]........................... . Lo stile prevalente dei monumenti di Lecce è il [4]........................... . La città della *movida* nel Salento è [5]........................... .

**4. COMPRENSIONE** Abbina i prodotti tipici pugliesi (a-f) con le immagini corrispondenti (1-6).

a  capocollo
b  pane di Altamura
c  olio extravergine d'oliva
d  vino
e  olive
f  agrumi

[1]  [2]  [3]
[4]  [5]  [6]

**5.** 🎧 **T09 ASCOLTARE** Roberta (R) parla della sua vacanza in Puglia con la sua amica Chiara (C). Ascolta e completa con le parole mancanti.

**R:** Ciao Chiara, quest'estate sono andata in vacanza con Giulio.

**C:** Dove sei andata in vacanza?

**R:** In Puglia. Abbiamo fatto un *tour* della regione in macchina.

**C:** Quando siete partiti?

**R:** Siamo partiti da Roma il 20 luglio di prima mattina e siamo andati a Vieste sul [1]............................ . Lì abbiamo passato una settimana splendida a base di sole e mare.

**Fig. 1** La spiaggia di Pizzomunno a Vieste

**C:** Sei uscita la sera?

**R:** Una sera sono andata a mangiare su un [2]............................ , una specie di palafitta sospesa sul mare. Un tempo queste costruzioni in legno venivano usate per [3]............................ dai pescatori locali, che dopo rivendevano tutto il pescato al paese vicino.

**C:** Avete impiegato tanto tempo ad arrivare? Che città avete visitato?

**R:** Dopo la prima settimana siamo andati a sud e dopo circa tre ore siamo arrivati a [4]............................ , la città di san Nicola, dove siamo stati per circa tre giorni. Sai che sono appassionata di storia dell'arte e quindi ho trascinato il mio fidanzato a visitare i principali monumenti della città, la Cattedrale di San [5]............................ e la Basilica di San [6]............................ .

**C:** Sei andata al ristorante "da Gigi", quello che ti avevo consigliato?

**R:** Sì. Abbiamo mangiato benissimo. Dopo un primo a base di pesce e buon vino locale abbiamo assaggiato anche la [7]............................ , un formaggio fresco che si scioglie in bocca.

**C:** Non sei andata nel Salento?

**R:** Sì, il giorno dopo siamo ripartiti verso la zona più a sud della Puglia, il [8]............................ . Abbiamo fatto una breve tappa di un paio di giorni soltanto a [9]............................ , la "Firenze del Sud", dove ho potuto ammirare i monumenti [10]............................ di cui è piena la città. Infine siamo ripartiti per [11]............................ , una città perfetta per noi giovani, divertimento la notte e mare splendido di giorno. Lì abbiamo passato un'altra settimana di svago totale.

**6. LESSICO** Ripassa il lessico del mare (☞ Tavola lessicale p. 159). Poi parla delle tue vacanze con un/a tuo/a compagno/a. Queste sono le domande che puoi porre e alle quali puoi rispondere:

- Dove vai di solito in vacanza?
- Preferisci il mare, la montagna, le città d'arte oppure la campagna?
- Hai mai fatto un *tour* culinario, cioè un giro per città per assaggiare vini e cibi prima sconosciuti?
- Quando vai in vacanza preferisci la comodità o l'avventura?
- Tra hotel, campeggio, villaggio vacanze e casa, che cosa sceglieresti?
- Qual è la prossima vacanza che intendi programmare?
- Dove hai intenzione di andare?

**Fig. 2** Otranto

LA PUGLIA | 43

# La Sicilia

### Prima della lettura

Che cosa sai della Sicilia? Prova a indicare vero o falso e controlla poi le tue risposte sul fondo pagina.

1. È l'isola più grande del mar Mediterraneo. V F
2. Ha un clima mite. V F
3. Ha delle città grandi, con più di un milione di abitanti. V F
4. Ci sono diversi vulcani. V F
5. È collegata con l'Italia da un ponte. V F

**Fig. 1** L'oasi faunistica di Vendicari, Siracusa

## LA PIÙ GRANDE ISOLA ITALIANA

**La Sicilia è la più grande isola italiana ed è ricca di numerose attrattive: dal turismo culturale e artistico a quello balneare, grazie anche al suo clima molto mite.**

### ■ SIRACUSA

Un importante sito culturale siciliano è Siracusa ☞ **Fig. 1**, dichiarata Patrimonio dell'Umanità. Fondata dagli antichi greci, la città si sviluppa in parte sull'isola di Ortigia e in parte sulla terraferma ☞ **Fig. 2**. Di questo periodo conserva importanti rovine nel Parco Archeologico della Neapolis, ai confini della città. Inoltre qui si possono visitare il Teatro Greco, l'Anfiteatro Romano, l'Ara di Gerone, l'Orecchio di Dionisio e la Grotta dei Cordari. Nella città ci sono anche alcune chiese (come la chiesa di Santa Lucia alla Badia ☞ **Fig. 3** e il Duomo) e palazzi storici (Bellomo e Beneventano) di grande bellezza.

**Fig. 2** Siracusa

**Fig. 3** Chiesa di Santa Lucia alla Badia

**Soluzioni:** 1V; 2V; 3F (la città più grande, Palermo, ha circa 500 000 abitanti); 4V; 5F.

**44** LE REGIONI

## LA VALLE DEI TEMPLI

La Valle dei Templi ☛ **Fig. 4**, anch'essa dichiarata Patrimonio dell'Umanità, è tra le maggiori attrattive di tipo culturale. È un sito archeologico che testimonia la presenza dell'antica civiltà greca in Sicilia. Si trova vicino alla città di Agrigento e ospita i ruderi[1] di templi dedicati a diverse divinità greche. Sono costruzioni grandi e imponenti risalenti al V secolo a.C.

## IL MARE DELLA SICILIA

In Sicilia ci sono famose stazioni balneari. Tra le più belle e "storiche" c'è Taormina. Meravigliose sono anche le coste di Panarea, la più esclusiva e selvaggia tra le isole Eolie. Di questo arcipelago sono molto suggestive anche Stromboli, Lipari e Vulcano. Non vanno poi dimenticate l'Oasi di Vendicari (ricchissima di flora[2] e fauna[3] protetta) e la Riserva Naturale Orientata Zingaro ☛ **Fig. 5** con i suoi 7 km di costa incontaminata.

**Fig. 4** La Valle dei Templi, in provincia di Agrigento

**Fig. 5** La Riserva Naturale Orientata dello Zingaro

### Glossario

**1 rudere:** resto di una costruzione antica
**2 flora:** insieme delle specie vegetali di un territorio
**3 fauna:** insieme delle specie animali di un territorio

**1. COMPRENSIONE** Vero o falso?

1. La Sicilia è la più grande isola italiana.  V F
2. La Sicilia ha un clima molto mite.  V F
3. Siracusa è fondata dai romani.  V F
4. Vicino a Siracusa ci sono importanti siti archeologici.  V F
5. La Valle dei Templi si trova ai piedi di un vulcano.  V F
6. I templi della Valle dei Templi risalgono tutti al I secolo a.C.  V F
7. Una delle più "storiche" stazioni balneari siciliane è Taormina.  V F
8. In Sicilia ci sono diverse oasi naturali.  V F

**2.** 🎧 **T10 ASCOLTARE** Queste sono frasi pronunciate da alcuni ascoltatori di un programma trasmesso alla radio dal titolo "Italia Geo". Hanno tutti risposto alla domanda: «Perché ami la Sicilia?». Ascolta e completa con le parole mancanti.

- Sono Gennaro e abito a Catania. Io amo la Sicilia per il suo [1]........................., il mare, le [2]......................... e le isole fantastiche, come le isole Eolie e le isole Egadi.

- Mi chiamo Assunta, sono nata in Sicilia, ma abito a [3]......................... . Però torno in Sicilia ogni estate. A me piace la Sicilia soprattutto per le sue città. La mia città natale è Palermo. Palermo è ricca di [4]......................... e bei palazzi, ma ci sono altri posti fantastici sull'isola. Per esempio: [5]......................... , Siracusa e Catania.

- Ciao, sono Marco. Io non sono siciliano, però anche a me piace molto la Sicilia. Ci vado quasi ogni anno in vacanza. E sapete quello che mi piace di più di questa regione? [6]......................... . Io sono golosissimo. So che può sembrare assurdo, ma io amo la Sicilia soprattutto per la sua cucina: gli arancini di riso, i cannoli, [7]......................... ...

- Neppure io sono siciliano, ma adoro la Sicilia. Quello che amo di più è [8]......................... della gente. Anche se non sono siciliano, quando sono in quella regione mi sento a casa!

**3. PARLARE** Insieme a un/a compagno/a parla di un luogo che ami più di ogni altro. Dite che cosa vi piace in modo particolare e se vorreste abitarvi.

*Avvio: La più grande isola italiana, la Sicilia, è ricca di numerose attrattive: le città, il mare e il bel clima.*

LA SICILIA | 45

## LE REGIONI

# La Sardegna

### Prima della lettura

Molti dicono che il mare della Sardegna sia il più bello d'Italia e tra i più belli del mondo. A te piace il mare? Trascorri al mare le tue vacanze? Se sì, quali attività svolgi? Discutine in classe o scrivi un breve testo. Se vuoi puoi ripassare le parole riferite alle attività in vacanza (☞ Tavole lessicali pp. 158-159).

---

piuviaggipiuvivi.it/blog

**Più Viaggi Vivi**

Viaggi   Storie   Lifestyle   Food   Contatti
Condividi il tuo viaggio

---

**Siete stati in Sardegna? Cosa ne pensate? Condividete le vostre esperienze e opinioni con i nostri lettori.**

*James, Stati Uniti*
Vivo in Italia da cinque anni, ma sono stato in Sardegna solo l'anno scorso. La Sardegna è la seconda isola più grande del mar Mediterraneo. Si trova piuttosto lontana dalle coste italiane e ciò ha portato a un certo isolamento. Per questo, forse più di ogni altro luogo in Italia, è riuscita a conservare un ambiente incontaminato e puro fino ai giorni nostri. Per chi ama la natura è il luogo ideale!
Io ho passato qualche giorno al mare, ma poi sono andato a visitare diversi posti. Mi è piaciuto tanto il nuraghe di Barumini, uno dei più importanti e meglio conservati tra i circa 7000 presenti sull'isola.

### LO SAPEVI CHE...?

**I nuraghi**
Sono monumenti conici di origine preistorica fatti di pietra; la loro funzione è ancora oggetto di discussione tra gli archeologi: c'è chi ritiene che fossero templi religiosi, chi abitazioni, chi fortezze, chi sepolcri.

LE REGIONI

### Vanessa, Roma
Sono anni che passo le mie vacanze in Sardegna. I miei genitori hanno comprato una casa qui nei primi anni Settanta. Ma io non mi stanco mai di questa isola fantastica. Amo soprattutto il mare meraviglioso e la costa, ma ho fatto anche delle visite all'interno. Perché per tutti la Sardegna è mare e solo mare, ma in realtà la maggior parte del territorio è fatto di monti e colline. Questa è la casa di Karim Aga Kahn IV, il principe che ha comprato la villa negli anni Settanta e ha contribuito a lanciare la Costa Smeralda come posto superesclusivo.

La villa dell'Aga Kahn in Costa Smeralda

### Maria, Trento
Io amo il mare e perciò amo tutta la Sardegna, ma il mio posto preferito si trova a nord dell'isola ed è l'arcipelago della Maddalena. È composto da sette isole maggiori con spiagge che si chiamano "calette" e che io trovo fantastiche, immerse come sono nella natura selvaggia. L'acqua poi è bellissima, pazzesca…

### Pedro, Spagna
Di solito non si parla delle città della Sardegna, che a me piacciono molto e consiglio a tutti di visitare. Per esempio Alghero, sulla costa a Nord-Ovest è davvero una città affascinante. Nella parte vecchia si possono vedere ancora tracce del suo passato catalano. Tra l'altro la città è circondata da spiagge meravigliose. Io sono stato sulla Riviera del Corallo, che è davvero bellissima. Ho anche visitato le Grotte di Nettuno. Si possono raggiungere con il traghetto o con una scalinata di circa 600 gradini che offre una vista spettacolare sul mare.

L'arcipelago della Maddalena

### Riccardo lo chef
Io sono sardo, ma non vivo in Sardegna. Abito in una città del Nord Italia dove ho un ristorante. Visto che questa pagina è dedicata alla Sardegna vorrei spendere una parola per la sua cucina. Forse non è così famosa come la cucina siciliana o emiliana, ma vi assicuro che ci sono specialità eccezionali.
Io nel mio ristorante faccio primi piatti gustosi come i malloreddus, pasta a forma di conchiglia condita con salsiccia e pecorino, e i culurgiones, pasta ripiena di patate, menta e pecorino. Un secondo piatto molto amato è l'arrosto di maialino e tra i dolci preparo le casadinas, dischi di pasta morbida farcita con ricotta o pecorino, e le pabassinas, biscottini di noci, mandorle e uva passa. Sul tavolo non manca mai il pane carasau, sottilissimo e croccante.

Culurgiones

## 1. COMPRENSIONE Vero o falso?
1 La Sardegna è l'isola più grande del mar Mediterraneo. V F
2 Tra le cose da visitare in Sardegna ci sono i nuraghi, di origine preistorica. V F
3 L'arcipelago della Maddalena si trova a sud della Sardegna. V F
4 L'arcipelago della Maddalena è composto da 17 isole maggiori. V F
5 Tra le specialità sarde ci sono pasta con salsiccia e pasta ripiena di patate, menta e formaggio. V F
6 Tra le specialità sarde non ci sono dolci. V F

LA SARDEGNA 47

# I borghi più belli d'Italia

L'Italia ha una storia millenaria e per questo motivo è ricca di monumenti e opere d'arte. Queste bellezze si trovano sparse ovunque nella penisola e molte di esse si trovano nei piccoli borghi, cioè nelle piccole cittadine con meno di 10 000 abitanti. Hanno tutte una caratteristica in comune: fanno innamorare i turisti che le visitano!

## AL NORD

### Bellagio

Bellagio ← **Fig. 1** è un comune di circa 4000 abitanti situato nel punto in cui si dividono i due rami del lago di Como in Lombardia.
È famoso per le stradine caratteristiche, le belle ville e il Parco di Villa Serbelloni, un giardino con terrazza del 1700. Da qui si può ammirare il lago di Como. Per la sua bellezza viene chiamato "la perla del lago di Como".

### Venzone

Venzone ← **Fig. 2** in Friuli-Venezia Giulia è un meraviglioso borgo di circa 2000 abitanti.
È stato quasi interamente ricostruito dopo il terremoto del 1976.
Il Duomo è il monumento principale di questa cittadina, ancora oggi unico esempio friulano delle antiche cittadelle fortificate[1] trecentesche.

## Portofino

Portofino ← **Fig. 3** è un antico borgo di pescatori di circa 400 abitanti che si trova in Liguria, vicino a Genova. La sua bellezza risiede[2] nei suoi caratteristici edifici colorati, ma anche nella modernità dei negozi e dei ristoranti esclusivi.

Dalla piazzetta centrale del paese si può arrivare al Castello Brown, una splendida fortezza cinquecentesca, cioè un castello fortificato. Da qui si può ammirare la cittadina e il mar Ligure.

# AL CENTRO

## Bobbio

Bobbio ← **Fig. 4** è un comune in Emilia-Romagna, con 3500 abitanti, che affascina per il suo aspetto medievale. Tra le architetture che lo rendono magico bisogna ricordare il Duomo in stile romanico e il ponte romano a 11 arcate noto come "Ponte del Diavolo". Secondo un'antica leggenda[3], fu progettato con questa forma dal diavolo in persona, perché voleva impedire ai monaci di attraversare il fiume Trebbia.

## San Gimignano

San Gimignano ← **Fig. 5** è una piccola cittadina di circa 7000 abitanti che si trova tra Siena e Firenze.

Per la caratteristica architettura medievale del suo centro storico è stato dichiarato dall'Unesco Patrimonio dell'Umanità. Il centro è piazza della Cisterna, una piazza triangolare tra case medievali. Nel paese ci sono diverse torri medievali tra cui spicca la Torre Grossa interamente costruita in pietra.

Il Duomo di San Gimignano è una chiesa del 1100 in cui si possono vedere gli affreschi del Ghirlandaio.

### Glossario

[1] **fortificato**: circondato da mura di difesa
[2] **risiede**: si trova
[3] **leggenda**: storia, mito

I BORGHI PIÙ BELLI D'ITALIA

## Gradara

Gradara ☞ **Fig. 6** è un paese con meno di 5000 abitanti che si trova nelle Marche. Viene nominato da Dante nella *Divina Commedia* nel canto dedicato a Paolo e Francesca. È un vero gioiello della provincia di Pesaro e Urbino. È conosciuto soprattutto per la sua storica "Rocca[4] Malatestiana" che, assieme al borgo circondato da mura, rappresenta un caratteristico esempio di architettura medievale.

## Peschici

Peschici ☞ **Fig. 7** è un borgo di circa 4000 abitanti situato nel Gargano, in Puglia. Si trova su un promontorio su cui sono state costruite le abitazioni di colore bianco. Oltre a essere spettacolare dal punto di vista naturalistico, il paese ha anche monumenti molto interessanti. Il castello bizantino, situato sul promontorio più alto, è stato costruito nel 970 d.C. Distrutto e ricostruito nel 1200, ha protetto la cittadina dalle invasioni turche nel 1500.

## Pisciotta

Pisciotta ☞ **Fig. 8** è un piccolo comune di circa 2500 abitanti che si trova a sud di Salerno,

# AL SUD

in Campania, nel Parco Nazionale del Cilento. È un borgo medievale fatto di casette in pietra e stretti vicoli, costruito sopra una collina da cui si vede il mare. Percorrendo l'itinerario "La Chiusa", una ripida discesa, si raggiungono meravigliose spiagge e un mare cristallino.

## Monte Sant'Angelo

Monte Sant'Angelo ☞ **Fig. 9** è un paese medievale in provincia di Foggia, in Puglia, con circa 12 000 abitanti. È una cittadina fatta di case bianche caratteristiche del Sud Italia, costruite intorno al castello di Monte Sant'Angelo. Il paese è famoso per il Santuario di San Michele Arcangelo, luogo di pellegrinaggio[5] per i fedeli cristiani sin dal Cinquecento. È famoso anche per la leggenda secondo la quale l'arcangelo Michele è apparso qui in una grotta e ha parlato agli abitanti.

## Petralia Soprana

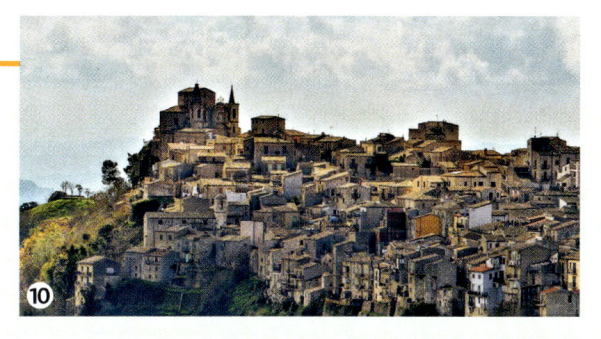

Petralia Soprana ☞ **Fig. 10** è un piccolo paese di circa 3000 abitanti. È il comune più alto delle Madonie, una catena montuosa che si trova in Sicilia, da cui si può ammirare tutto il territorio circostante. È noto per l'architettura normanna e in particolare per la chiesa dei Santi Pietro e Paolo e per la chiesa di Santa Maria di Loreto. Era abitato dai Sicani, un popolo che nell'antichità viveva in Sicilia. Questi chiamavano la cittadina Petra.

## Sambuca

Sambuca ☞ **Fig. 11** è una piccola cittadina siciliana di circa 5000 abitanti che si trova su una collina. Il paesino è stato costruito dall'emiro arabo da cui prende il nome ed è caratterizzato da una parte centrale che lo fa sembrare una cittadina araba, piena di piccole strade e piazze. All'esterno delle mura medievali, invece, sembra una cittadina del Settecento. Ha una particolare caratteristica: l'odore di sambuco è presente ovunque.

## Posada

Posada ☞ **Fig. 12** è un piccolo borgo che si trova in Sardegna, nella parte orientale dell'isola. Originariamente era una colonia cartaginese[6], ma progressivamente si è trasformato in un borgo dall'aspetto medievale. La cittadina è situata su una collina in cima alla quale si trova l'antico Castello della Fava da cui si possono ammirare le acque cristalline del mare sardo.

### Glossario

**4 rocca:** castello fortificato, fortezza
**5 luogo di pellegrinaggio:** luogo sacro dove ci si reca per motivi religiosi
**6 cartaginesi:** antico popolo che viveva in Nord Africa

---

**1. COMPRENSIONE** Rispondi alle domande.

1 Che cosa possiede l'Italia grazie alla sua storia millenaria?
2 Dove si trova il paese di Bellagio?
3 Che cosa è successo a Venzone dopo il 1976?
4 Qual è il castello che si trova sopra la cittadina di Portofino?
5 Come si chiama il ponte romano che si trova a Bobbio? Perché viene chiamato in questo modo?
6 Perché San Gimignano è stato dichiarato dall'Unesco Patrimonio dell'Umanità?
7 Chi ha reso famoso il paese di Gradara?
8 A che cosa serviva il castello bizantino di Peschici nel Medioevo?
9 In quale parco nazionale si trova Pisciotta?
10 Per che cosa è famoso il paese di Monte Sant'Angelo?
11 Da chi era abitato nell'antichità Petralia Soprana?
12 Qual è la caratteristica del borgo Sambuca?
13 Che cosa era originariamente il paese di Posada?

**2. SCRIVERE** Hai letto in queste pagine la descrizione di alcuni dei luoghi più belli d'Italia. Quali vorresti vedere? Perché? Parlane con un/a compagno/a o scrivi un breve testo.

# LE REGIONI — Test

1. **Le Dolomiti si trovano … del Paese.**
   - A nel nord
   - B nel sud
   - C nel centro

2. **La cima più alta delle Dolomiti supera…**
   - A i 2000 metri.
   - B i 3000 metri.
   - C i 4000 metri.

3. **Le Dolomiti si trovano tra le regioni…**
   - A Trentino-Alto Adige e Veneto.
   - B Lombardia e Piemonte.
   - C Friuli-Venezia Giulia ed Emilia-Romagna.

4. **Il lago di Garda…**
   - A è il più grande dei laghi italiani.
   - B si trova in Piemonte.
   - C è il più piccolo dei laghi del Nord.

5. **Il lago Maggiore vanta tra le sue più famose attrazioni…**
   - A Villa Carlotta.
   - B le isole Borromee.
   - C l'isola Comacina.

6. **Alcuni milionari hanno le loro ville sul…**
   - A lago di Garda.
   - B lago Maggiore.
   - C lago di Como.

7. **Bellagio si trova…**
   - A sul lago di Garda.
   - B sul lago di Como.
   - C sul mare Adriatico.

8. **Pompei è una città…**
   - A degli antichi romani.
   - B degli antichi greci.
   - C degli etruschi.

9. **Pompei è un sito archeologico in cui si possono vedere…**
   - A i resti di una città.
   - B testimonianze di una città intera così com'era un tempo.
   - C dei bei musei.

10. **I Sassi di Matera sono…**
    - A antiche stalle per animali.
    - B grotte che adesso ospitano solo musei.
    - C grotte che adesso sono trasformate in case e chiese.

11. **Matera è probabilmente una delle città dell'antichità … del mondo.**
    - A più grandi
    - B più turistiche
    - C più antiche

12. **Alle spalle della costiera amalfitana ci sono…**
    - A monti.
    - B colline.
    - C grandi città.

13. **Sulla costiera amalfitana si trovano…**
    - A Noto e Palermo.
    - B Ischia e Capri.
    - C Amalfi e Ravello.

14. **Positano è stata a lungo…**
    - A una cittadina turistica.
    - B una città di artisti.
    - C un villaggio di contadini.

15. **Sul Gargano ci sono…**
    - A spiagge di sassi, zone desertiche e piccole città.
    - B spiagge dorate, boschi e vecchi borghi.
    - C spiagge di sassi, foreste e stazioni balneari.

**16.** I trulli sono...
- A pasticcini di zucchero.
- B costruzioni con il tetto conico.
- C borghi dell'interno della regione.

**17.** Le costruzioni di Lecce sono caratterizzate dallo stile...
- A romanico.
- B rinascimentale.
- C barocco.

**18.** Le principali città della Puglia sono...
- A Napoli e Salerno.
- B Bari e Lecce.
- C Palermo e Catania.

**19.** Le isole al largo della Puglia sono...
- A le Tremiti.
- B le Eolie.
- C l'isola d'Elba e l'isola del Giglio.

**20.** La Sicilia è...
- A l'isola più grande d'Italia.
- B la seconda isola più grande del mar Mediterraneo.
- C la seconda isola più grande del mar Mediterraneo.

**21.** Un importante parco archeologico siciliano si trova a...
- A Palermo.
- B Siracusa.
- C Ragusa.

**22.** La Valle dei Templi testimonia la presenza dell'antica civiltà...
- A etrusca.
- B latina.
- C greca.

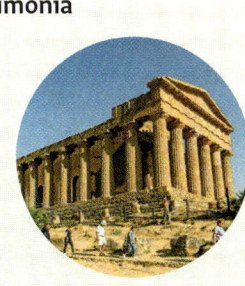

**23.** In Sardegna ci sono...
- A le palafitte.
- B i nuraghi.
- C i siti archeologici greci.

**24.** L'arcipelago della Maddalena si trova a ... della Sardegna.
- A nord
- B sud
- C ovest

**25.** Il pane tipico della Sardegna si chiama...
- A pane carasau.
- B tigella.
- C pitta.

**26.** Portofino è un antico borgo...
- A su un grande lago.
- B su un fiume.
- C sul mare.

**27.** Bobbio è un borgo dell'epoca...
- A romana.
- B medievale.
- C rinascimentale.

**28.** San Gimignano è famoso...
- A per le sue torri.
- B per le sue sculture.
- C per i suoi dolci.

**29.** Peschici si trova...
- A in Lombardia.
- B in Puglia.
- C in Sicilia.

**30.** Sambuca sembra una cittadina...
- A longobarda.
- B romana.
- C araba.

# Il Rinascimento

## L'ITALIA NEL RINASCIMENTO

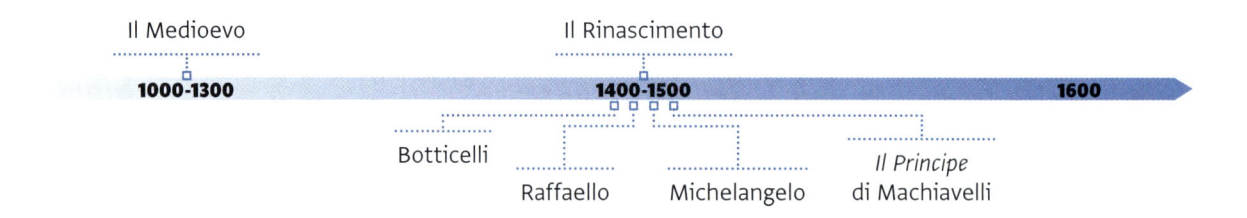

| Il Medioevo | Il Rinascimento | |
|---|---|---|
| 1000-1300 | 1400-1500 | 1600 |

Botticelli – Raffaello – Michelangelo – *Il Principe* di Machiavelli

**Nel Quattrocento l'Italia è divisa in tanti Stati diversi. I più grandi sono: il Ducato di Milano e la Repubblica di Venezia al Nord, la Signoria di Firenze e lo Stato della Chiesa al Centro, il Regno di Napoli al Sud.**

### ■ IL DUCATO DI MILANO

Il Ducato di Milano passa dal governo della famiglia Visconti a quello degli Sforza ☛ **Fig. 1**, e infine a **Ludovico**, detto "**il Moro**". In questi secoli Milano è una città fiorente[1]. Le famiglie che la governano la arricchiscono[2] di grandi opere. L'artista più famoso, che opera a Milano nella seconda parte del Quattrocento, è Leonardo da Vinci. (Se vuoi sapere di più su Leonardo da Vinci, ☛ p. 138.)

### ■ LA REPUBBLICA DI VENEZIA

La Repubblica di Venezia resta uno Stato molto potente fino al Settecento ☛ **Fig. 2**. È una Repubblica con a capo il **doge**, il più alto magistrato. Venezia si arricchisce grazie ai commerci con l'Oriente e alla sua flotta[3] di navi che è tra le più potenti in Europa. Anche qui sono attivi famosi artisti come Giorgione e Tiziano.

### ■ FIRENZE

Firenze è governata dalla famiglia de' Medici che la rende il centro più importante del Rinascimento. **Lorenzo de' Medici**, detto "**il Magnifico**", è la figura più rappresentativa del periodo perché lui stesso è poeta e mecenate[4]. A Firenze sono attivi grandi artisti e architetti tra cui Botticelli, Raffaello e Michelangelo.

### LO SAPEVI CHE...?

**Il Rinascimento**
Il termine *Rinascimento* deriva da "rinascita". È chiamato così il periodo che comincia alla fine del Trecento e prosegue fino al Cinquecento. Infatti, in questi anni rinascono la civiltà, l'arte e le lettere, che conoscono un'epoca di grande splendore.

**Fig. 1** Il Castello Sforzesco, edificato da Francesco Sforza nel xv secolo a Milano

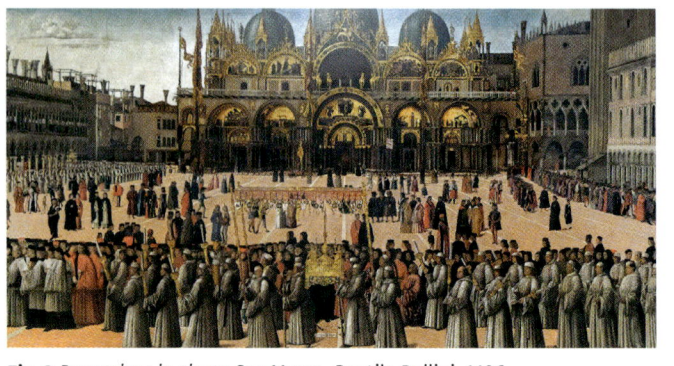

**Fig. 2** *Processione in piazza San Marco*, Gentile Bellini, 1496

**Fig. 3** La volta della Cappella Sistina

**Fig. 4** Il Castello Estense, edificato da Nicolò II d'Este nel 1385 a Ferrara

### ■ LO STATO DELLA CHIESA

Nel Rinascimento lo Stato della Chiesa è molto più grande di adesso. È governato dal papa che è il capo della cristianità e funge anche da capo di Stato. Il papa chiama a sé artisti da tutta Italia. L'opera più famosa realizzata nello Stato della Chiesa è senz'altro la volta[5] della Cappella Sistina (1508-1512) ☛ **Fig. 3** dipinta da Michelangelo.

### ■ IL REGNO DI NAPOLI

Il Regno di Napoli, a Sud, è lo Stato più grande della penisola, ma non il più potente. Qui infatti il potere è minacciato dalla presenza dei baroni che possiedono[6] latifondi, cioè grandi appezzamenti di terreno agricolo. Nella seconda metà del Quattrocento il Regno di Napoli viene unito al Regno di Sicilia.

### ■ I PICCOLI STATI

Oltre ai grandi Stati ce ne sono anche di piccoli ma potenti. Due esempi sono Mantova, governata dalla famiglia Gonzaga, e Ferrara, dove governano per secoli i signori d'Este ☛ **Fig. 4**. Per cinquant'anni, dal 1454 all'inizio del 1500, questi Stati convivono felicemente uniti nella **Lega italica**. Questi anni di pace hanno contribuito a creare le condizioni ideali per lo sviluppo del Rinascimento.

### ■ L'OCCUPAZIONE

Nel 1494 i **francesi** sono chiamati da Ludovico il Moro ☛ **Fig. 5**, signore di Milano, che sente minacciato il proprio potere. Il re francese **Carlo VIII** risponde all'appello[7]: nel 1499 entra a Milano e la occupa. Continua la sua marcia verso Firenze. Arrivano poi gli **spagnoli**: a metà del Cinquecento Milano e il Regno di Napoli e di Sicilia sono sotto il dominio straniero.

**Fig. 5** Particolare della *Pala Sforzesca*, Ludovico il Moro, 1494-95

### Glossario

1 **fiorente:** florido, prospero
2 **arricchire:** rendere ricco
3 **flotta:** tutte le navi di uno Stato o di una società
4 **mecenate:** chi aiuta gli artisti
5 **volta:** soffitto a superficie curva di un edificio
6 **possedere:** avere
7 **appello:** chiamata

---

**1. COMPRENSIONE** Rispondi alle domande.
1. Quali sono, nel Quattrocento, gli Stati più grandi in Italia?
2. Chi entra a Milano alla fine del Quattrocento? Perché?

**2. COMPRENSIONE** Vero o falso?
1. Nel Rinascimento a Milano operano degli artisti importanti.   V  F
2. Michelangelo vive e lavora a Milano.   V  F
3. La famiglia de' Medici governa Firenze.   V  F
4. Nel Rinascimento lo Stato della Chiesa è molto più grande di oggi.   V  F
5. Michelangelo dipinge la Cappella Sistina nello Stato della Chiesa.   V  F
6. Il Regno di Napoli è il più grande della penisola.   V  F
7. Tra gli Stati più piccoli c'è anche il Piemonte.   V  F

IL RINASCIMENTO | 55

# L'ARTE TOSCANA

**Fig. 6** *Nascita di Venere*, Botticelli, 1485 ca

**Fig. 7** *Madonna con bambino*, Raffaello, 1506

**In Italia durante il Rinascimento la pittura e in generale le arti conoscono un momento di grande splendore.**

Uno dei principali centri di sviluppo della cultura rinascimentale è Firenze (☞ p. 20) e l'artista più noto e rappresentativo di questo periodo è **Leonardo da Vinci** (☞ p. 138).

### ■ LA PITTURA
**Botticelli (1445-1510)**
Il suo vero nome è Alessandro Filipepi. È uno degli artisti preferiti di Lorenzo il Magnifico. I suoi dipinti, la *Nascita di Venere* ☞ **Fig. 6** e la *Primavera*, sono tra le immagini più famose di sempre.

**Raffaello Sanzio (1483-1520)**
Nasce a Urbino, nell'Italia centrale. Sebbene morto a soli 37 anni è molto prolifico. È particolarmente famoso per le sue Madonne "celestiali" ☞ **Fig. 7**, per *Lo sposalizio della Vergine* e *La scuola di Atene*.

**Michelangelo Buonarroti (1475-1564)**
Scultore, architetto e pittore, già in vita è riconosciuto come un artista straordinario. Vive a Firenze e poi lavora a Roma. Tra le sue opere più famose: il *David*, la *Pietà Rondanini* e il ciclo degli affreschi della Cappella Sistina.

### ■ LA SCULTURA
**Benvenuto Cellini (1500-71)**
Un altro personaggio particolare e inquieto è Benvenuto Cellini, scultore e grande orafo del Rinascimento. Tra le sue opere la saliera per il re di Francia Francesco I e il *Perseo* ☞ **Fig. 8**, una statua in bronzo.

**Fig. 8** *Perseo*, Cellini, 1554

---

**3. COMPRENSIONE** Scrivi per ogni opera il nome dell'autore.

1  *La scuola di Atene* ........................................
2  *David* ........................................
3  *Perseo* ........................................
4  *Nascita di Venere* ........................................

## ■ L'ARCHITETTURA

Tra gli architetti ne ricordiamo due che vivono a Firenze e sono tra i più celebri del Rinascimento: Alberti e Brunelleschi.

### Leon Battista Alberti (1404-72)

Architetto, pittore, letterato, filosofo, musicista, fisico, chimico, matematico ed educatore. È un uomo simbolo del Rinascimento per la sua grande cultura e soprattutto per il suo interesse verso tutti i campi del sapere umano. Tra le sue opere ricordiamo **Palazzo Rucellai** e la facciata di **Santa Maria Novella** a Firenze ← **Fig. 9**.

### Filippo Brunelleschi (1377-1446)

Progetta e costruisce la **cupola di Santa Maria del Fiore** a Firenze, famosa in tutto il mondo e capolavoro d'ingegneria. Progetta anche la **chiesa di San Lorenzo** con la Sagrestia Vecchia e la **Cappella Pazzi**.

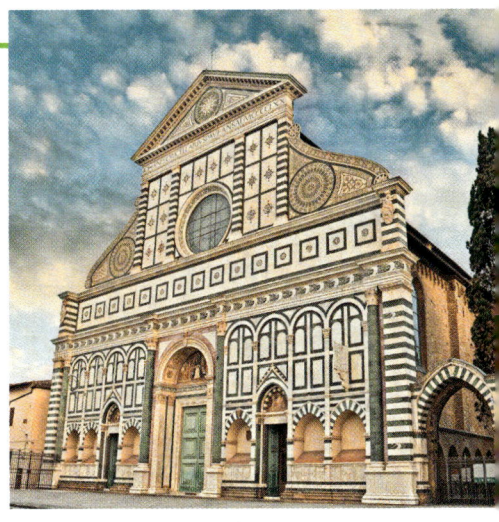

**Fig. 9** Chiesa di Santa Maria Novella a Firenze

# LA LETTERATURA: MACHIAVELLI

**Niccolò Machiavelli** (1469-1527) ← **Fig. 10**, storico e politico, è tra gli scrittori più importanti di tutti i tempi.
Fin da ragazzo si interessa di letteratura, ma entra in politica al servizio della **Repubblica di Firenze**. Come diplomatico[1] frequenta diverse corti in Italia e fuori dall'Italia. In questo modo conosce a fondo la politica del tempo. Nel 1512 i Medici tornano al potere: è la fine della Repubblica e la fine anche della carriera politica di Machiavelli. Nel 1513 scrive la sua opera più famosa, *Il principe*. In essa Machiavelli suggerisce che cosa può portare alla formazione di uno Stato forte ed efficiente[2]. Egli è sempre preciso e oggettivo nell'analisi della realtà politica. Nel suo trattato sostiene che la «ragion di stato», cioè quello che è bene per lo Stato, giustifica l'uso di tutti i mezzi, anche immorali[3].
Queste sono due citazioni tra le più famose di Machiavelli:

> «A uno principe è necessario sapere bene usare la bestia e l'uomo.»
> (da N. Machiavelli, *Il principe*, cap. XVIII)
>
> «Gli uomini dimenticano piuttosto la morte del padre che la perdita del patrimonio.»
> (da N. Machiavelli, *Il principe*, cap. XXII)

### Glossario
1 **diplomatico:** persona che si occupa dei rapporti politici tra nazioni
2 **efficiente:** ben organizzato
3 **immorale:** contrario ai valori della morale

**Fig. 10** Niccolò Machiavelli

---

**4. COMPRENSIONE** Indica l'alternativa corretta.

1 Che cosa intende Machiavelli per «la bestia», nella prima citazione?
   A Un animale fedele come un cane.
   B L'istinto e la violenza che sono parte dell'uomo.
   C La docilità degli uomini.

2 Che cosa suggerisce Machiavelli nella seconda citazione? Qual è la cosa più importante per gli uomini?
   A I soldi.
   B La famiglia.
   C L'amore per gli altri.

**5. PARLARE** Rileggi le citazioni di Machiavelli. Secondo te ha ragione? Discutine in classe.

IL RINASCIMENTO | 57

**IERI E OGGI**

# Il Risorgimento e l'unità d'Italia

▶ **1. GUARDA IL VIDEO** e rispondi alle domande.
1. Quando hanno avuto luogo le Cinque giornate di Milano? Perché?
2. Quale esito hanno avuto le Cinque giornate di Milano?
3. Dove si trova il quartiere Quarto dei Mille? Perché è famoso?
4. Che cosa si trova a Marsala in Sicilia?
5. Dov'è la casa di Garibaldi?

## L'ITALIA DAL 1815 AL 1871

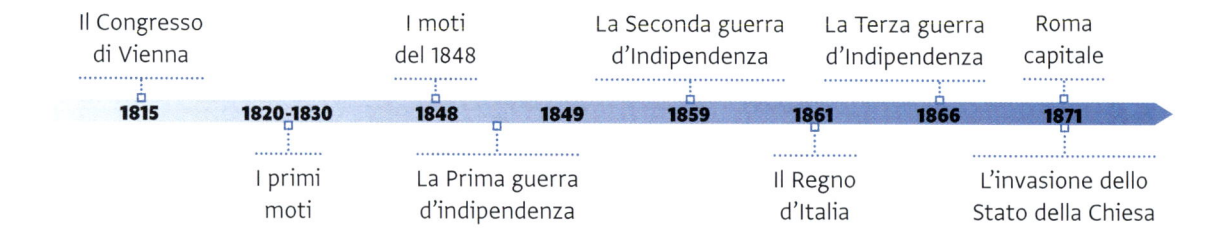

| 1815 | 1820-1830 | 1848 | 1849 | 1859 | 1861 | 1866 | 1871 |
|---|---|---|---|---|---|---|---|
| Il Congresso di Vienna | | I moti del 1848 | | La Seconda guerra d'Indipendenza | | La Terza guerra d'Indipendenza | Roma capitale |
| | I primi moti | | La Prima guerra d'indipendenza | | Il Regno d'Italia | | L'invasione dello Stato della Chiesa |

### ■ DOPO IL CONGRESSO DI VIENNA

Dopo la sconfitta di Napoleone, con il **Congresso di Vienna** (1815), in Italia e negli altri Stati europei si restaura[1] la situazione che c'era prima di Napoleone.
Solo Lombardia e Veneto, prima territori indipendenti, passano ora sotto il controllo dell'Impero austro-ungarico.
Gli Stati vincitori decidono inoltre di mantenere la pace e si promettono aiuto reciproco in caso di disordini interni.

### ■ I PRIMI MOTI DEL 1820 E 1830

Alcuni gruppi di persone non accettano la Restaurazione avvenuta. Si riuniscono in **società segrete** (la principale è la cosiddetta **Carboneria**) nate per rovesciare i vecchi sovrani in tutta Italia. Queste società, composte principalmente da intellettuali e borghesi[2], non riescono però a coinvolgere[3] anche il popolo. Per questo motivo i primi moti[4] carbonari, che avvengono nel 1820 e nel 1830 in tutta Italia, falliscono.

*Glossario*

1 **restaurare:** riportare alla situazione precedente, a come era prima
2 **borghese:** persona appartenente alla classe sociale della borghesia
3 **coinvolgere:** far partecipare, far intervenire
4 **moti:** disordini, insurrezioni, ribellioni, rivolte

58 IERI E OGGI

**Giuseppe Mazzini e il movimento repubblicano mazziniano**

Giuseppe Mazzini è uno dei più importanti rivoluzionari del periodo. Nel 1831 fonda la **Giovine Italia**, un gruppo di persone che vuole creare una Repubblica italiana. Suo obiettivo[5] è coinvolgere il popolo al fine di ottenere l'indipendenza, l'unità d'Italia e la libertà per tutti. Sarà uno dei protagonisti delle insurrezioni del 1848.

**Camillo Benso conte di Cavour**

Cavour è l'artefice, cioè il creatore, della nascita dello Stato italiano. Prepara il **Regno di Sardegna** alla guerra: modernizza l'industria e l'agricoltura, costruisce infrastrutture, cioè strade, ponti e ferrovie. Inoltre, allestisce[8] un grande esercito e grazie alla sua politica di alleanze, con i francesi prima e con i prussiani poi, riesce a unificare l'Italia.

### ■ I MOTI DEL 1848-49

Negli anni 1848-49 scoppiano moti rivoluzionari in tutta Italia e in un primo momento hanno successo. Tutti i regnanti, come Ferdinando II di Borbone, Pio IX e Carlo Alberto di Savoia, per limitare le proteste, concedono la Costituzione[6].
Il Regno di Sardegna, sotto i Savoia, approfitta inoltre della rivolta di Milano (le cosiddette **Cinque giornate**) e combatte contro gli austriaci la **Prima guerra d'indipendenza**, ma perde.
Anche tutti gli altri moti italiani vengono repressi[7] nel giro di due anni con l'aiuto degli Stati che hanno partecipato al Congresso di Vienna.

### ■ INIZIA L'UNIFICAZIONE D'ITALIA

Nel 1849 **Vittorio Emanuele II** sale al trono in Piemonte. Con lui il Regno di Sardegna è l'unico Stato della penisola italiana a mantenere la Costituzione.
Il suo regno si allea con la Francia per combattere la **Seconda guerra d'indipendenza** (1859) e conquista la Lombardia. Annette, cioè conquista, anche alcuni piccoli Stati del Nord e del Centro Italia.

### ■ LA SPEDIZIONE DEI MILLE E LA PROCLAMAZIONE DEL REGNO D'ITALIA

Nel 1860 un migliaio di volontari, al comando di **Giuseppe Garibaldi**, parte nella notte tra il 5 e il 6 maggio da Quarto, vicino a Genova (Regno di Sardegna), verso la Sicilia.
Una volta sbarcati in Sicilia, con l'aiuto del popolo meridionale oppresso, liberano tutto il Sud Italia dai Borbone. Nel 1861 viene proclamato il **Regno d'Italia**.
Nel 1866 il Regno d'Italia si allea con la Prussia contro gli austriaci, combatte la **Terza guerra d'indipendenza**, vince e annette il Veneto. Nel 1870 invade anche lo Stato della Chiesa. Roma diventa capitale d'Italia nel 1871 e papa Pio XI scomunica[9] re Vittorio Emanuele II.

### LO SAPEVI CHE...?

**Il Risorgimento**
È il periodo della storia italiana durante il quale l'Italia ottiene la propria unità e indipendenza.
Il termine storico *Risorgimento* indica la rinascita italiana attraverso il raggiungimento di un'identità politica unitaria.

### Glossario

[5] **obiettivo**: scopo, fine
[6] **Costituzione**: legge principale dello Stato che contiene le principali libertà del cittadino e le regole fondamentali dello Stato
[7] **reprimere**: schiacciare, dominare
[8] **allestire**: preparare, organizzare
[9] **scomunicare**: condannare, allontanare dalla Chiesa

---

**2. COMPRENSIONE** Rispondi alle domande.

1. Quando avvengono i primi moti del Risorgimento?
2. Come si chiama il gruppo rivoluzionario fondato da Mazzini?
3. Qual è l'unico Stato che mantiene la Costituzione dopo il 1848?

**3. COMPRENSIONE** Indica il giusto ordine cronologico (da 1, il più lontano nel tempo, a 7) dei seguenti eventi.

a ☐ Roma diventa capitale d'Italia
b ☐ Terza guerra d'indipendenza
c ☐ Prima guerra d'indipendenza
d ☐ Proclamazione del Regno d'Italia
e ☐ Spedizione dei Mille
f ☐ Seconda guerra d'indipendenza
g ☐ Congresso di Vienna

# L'Ottocento

**Fig. 1** Alessandro Manzoni

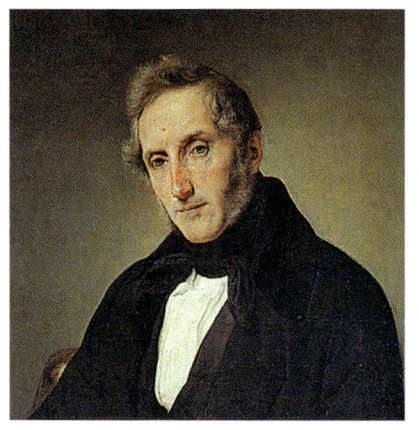

**Fig. 2** Giacomo Leopardi

**Fig. 3** Giovanni Pascoli

## LA LETTERATURA IN ITALIA

**L'Ottocento è un secolo ricco di poeti e scrittori. Nella prima metà del secolo si afferma il Romanticismo con Manzoni e Leopardi. Nella seconda metà del secolo vanno ricordati Pascoli, D'Annunzio e Collodi.**

### ■ ALESSANDRO MANZONI

Manzoni (1785-1873) ☞ **Fig. 1** è considerato lo "scrittore nazionale". Scrive *I promessi sposi* (1842), una lettura obbligata nelle scuole italiane perché considerata opera fondamentale per la nascita della lingua italiana.
È un romanzo a sfondo storico che presenta la società italiana del Seicento. È ambientato nel Nord Italia, tra il lago di Como e Milano, nella prima metà del Seicento durante il periodo dell'occupazione spagnola.

### ■ GIACOMO LEOPARDI

Leopardi (1798-1837) ☞ **Fig. 2**, il principale poeta romantico italiano, nasce a Recanati da famiglia nobile. Nonostante la ricchezza, ha una vita infelice e breve. Infatti la sua opera è caratterizzata da ciò che è stato definito "pessimismo cosmico"[1] per le sue riflessioni sulla condizione umana. Tra le sue poesie più famose: *Il passero solitario*, *A Silvia* e una delle poesie più lette e imparate in Italia, *L'infinito* (1825). Di seguito è riportata la prima parte di questa famosa poesia.

#### L'INFINITO

«Sempre caro mi fu quest'ermo[2] colle,
e questa siepe, che da tanta parte
dell'ultimo orizzonte il guardo esclude.
Ma sedendo e mirando, interminati
spazi di là da quella, e sovrumani
silenzi, e profondissima quiete
io nel pensier mi fingo, ove per poco
il cor non si spaura […]».

(da G. Leopardi, "L'infinito", *Canti*)

### LO SAPEVI CHE…?

***Il bacio* di Hayez**
Del periodo romantico è anche il pittore veneziano Francesco Hayez, con il suo famoso dipinto *Il bacio*, l'immagine di due innamorati.

### Glossario

[1] **pessimismo cosmico:** visione della realtà secondo cui l'infelicità è legata alla vita del genere umano
[2] **ermo:** solitario

### ■ GIOVANNI PASCOLI

La poesia di Pascoli (1855-1912) ← **Fig. 3** è caratterizzata da una visione pessimistica, da un'attenzione alla vita quotidiana e da uno spirito quasi infantile, primitivo. Tra le sue poesie più importanti ricordiamo *La mia sera*, che fa parte dei *Canti di Castelvecchio* (1903).

### ■ GABRIELE D'ANNUNZIO

D'Annunzio (1863-1938) è uno dei poeti italiani più famosi di tutti i tempi. Figura eccentrica[3] e simbolo del Decadentismo[4] italiano, svolge, soprattutto dal 1914 al 1924, un ruolo importante non solo nella letteratura, ma anche nella vita politica del Paese. Nella sua opera esalta la bellezza e l'esperienza estetica[8]. Scrive poesie, romanzi, opere teatrali. Il più famoso tra i suoi romanzi è *Il piacere* (1889).

In basso a sinistra, l'inizio de *La pioggia nel pineto* (1903), poesia rivolta alla donna amata. Il poeta si trova, qui, in un bosco mentre piove. Non è tanto importante capire il significato della poesia, quanto "ascoltare" la musicalità e la bellezza dei versi.

### ■ CARLO COLLODI

Carlo Collodi (1826-1890) pubblica nel 1881 *Le avventure di Pinocchio*. Il libro racconta le avventure di un burattino, Pinocchio ← **Fig. 4**, che possiede una strana caratteristica: il suo naso (di legno) si allunga quando dice bugie. Pinocchio viene creato da Mastro Geppetto, un falegname toscano che il burattino considera come suo padre. Soltanto dopo aver vissuto avventure e disavventure, spesso crudeli, la marionetta riuscirà a realizzare il suo sogno: diventare un bambino in carne e ossa.

---

**LA PIOGGIA NEL PINETO**

«Taci. Su le soglie[5]
del bosco non odo
parole che dici
umane; ma odo
parole più nuove
che parlano gocciole e
foglie lontane.
Ascolta. Piove
dalle nuvole sparse.
Piove su le tamerici[6]
salmastre ed arse[7] [...]

(da G. D'Annunzio, "La pioggia nel pineto", *Alcyone*)

---

*Glossario*

[3] **eccentrico:** bizzarro, stravagante
[4] **Decadentismo:** movimento artistico-letterario che si oppone al razionalismo, con un linguaggio pieno di suggestioni
[5] **soglie:** inizio
[6] **tamerici:** tipo di pianta
[7] **arse:** secche
[8] **esperienza estetica:** capacità di percepire la bellezza e trarne piacere

**Fig. 4** Pinocchio

---

**1. COMPRENSIONE** Scrivi per ogni opera il nome dell'autore.

1 *La pioggia nel pineto* ...............
2 *Le avventure di Pinocchio* ...............
3 *I promessi sposi* ...............
4 *L'infinito* ...............
5 *Canti di Castelvecchio* ...............

**2. COMPRENSIONE** Rispondi alle domande.

1 Chi è l'autore la cui opera è caratterizzata dal pessimismo cosmico?
2 Chi dimostra attenzione alla vita di ogni giorno?
3 Chi scrive la fiaba di Pinocchio?
4 Chi è considerato lo "scrittore nazionale" italiano?
5 Quale scrittore è la figura simbolo del Decadentismo italiano?

**3. SCRIVERE** Prova a scrivere una fiaba in italiano.

- Inizia con la formula classica: *C'era una volta*.
- Scegli il/la protagonista. Può essere una persona (un bambino, una bambina, un principe, una principessa), un animale fantastico o reale, o anche un oggetto (come nel caso di Pinocchio). Se preferisci puoi rendere la fiaba più moderna proponendo personaggi e un'ambientazione attuali.
- Il/La protagonista deve vivere esperienze o superare prove. Inventane almeno due.
- Scrivi la fine utilizzando la classica formula: *E vissero felici e contenti*.

**Attenzione alla lingua!** Di solito nelle fiabe si usa il tempo passato remoto, ma forse non lo hai ancora imparato. Puoi anche usare il presente narrativo.

**IERI E OGGI**

# Dal fascismo al secondo dopoguerra

**▶ 1. GUARDA IL VIDEO** e rispondi alle domande.
1. Quale principio dell'ideologia fascista riflette l'EUR a Roma?
2. Quale costruzione rispecchia l'idea di grandiosità tipica del pensiero di Mussolini?
3. Quale stazione a Milano è costruita secondo i principi architettonici fascisti?
4. Di quale materiale sono in gran parte fatti gli edifici fascisti?
5. Qual è la più grande delle "città fasciste"?
6. Qual è la "città fascista" sul mare?

| Il fascismo | La Repubblica di Salò | Il secondo dopoguerra |
|---|---|---|
| 1922-1943 | 1943-1945 | 1945-1963 |

## ITALIA STATO FASCISTA

### ■ MUSSOLINI E IL PARTITO NAZIONALE FASCISTA

Nel 1914 il giornalista **Benito Mussolini** esce dal partito socialista e fonda il movimento politico Fascio d'azione rivoluzionaria, un gruppo nazionalista che chiede l'intervento dell'Italia nella Prima guerra mondiale.
Dopo la fine della Prima guerra mondiale, nel 1919, Benito Mussolini costituisce a Milano i **Fasci italiani di combattimento**: nel movimento, che poco dopo diventerà **Partito nazionale fascista**, confluiscono[1] reduci della guerra[2], nazionalisti, intellettuali e interventisti[3].

### ■ VERSO IL FASCISMO

La **Rivoluzione russa** del 1917 e le lotte sindacali[4] in Italia del 1919-20, periodo chiamato anche il **Biennio rosso**, impauriscono gli italiani. Anche il popolo è sempre meno contento del governo che non risolve i problemi economici del Paese e non controlla il neonato partito comunista.
I fascisti attirano le simpatie della classe media e dei ceti ricchi, impauriti dagli scontri di piazza[5] che avvengono negli anni 1919-22.

### LO SAPEVI CHE...?

**Il fascismo**
Il fascismo come dottrina è una terza via, alternativo (cioè diverso rispetto) al marxismo, ma anche al capitalismo liberista. Difende la proprietà privata e vuole creare uno Stato più grande e potente. Il fascismo ispira una serie di movimenti e di dittature nazionaliste in tutta Europa, tra cui il nazismo.

62 IERI E OGGI

## ■ IL FASCISMO AL POTERE

Nel 1922 Mussolini prende il potere con quella che è conosciuta come la **Marcia su Roma** ← Fig. 1. Con un gruppo di fascisti (circa 25 000) parte da Milano e si dirige a Roma. Il re non fa intervenire i militari e permette la nascita del primo governo fascista.

Negli anni seguenti il partito fascista abolisce le libertà costituzionali;[6] e usa la violenza per combattere tutti gli oppositori, cioè le persone che non sono d'accordo con la nascita di uno Stato italiano fascista.

Con la propaganda[7], con la forza e con l'aiuto dei poteri forti, cioè dei gruppi potenti nel Paese, modifica le abitudini, la cultura e la vita degli italiani. Durante il fascismo vengono emanate le leggi razziali contro gli ebrei italiani.

> «È tempo che gli italiani si proclamino francamente razzisti. Tutta l'opera che finora ha fatto il Regime d'Italia è in fondo del razzismo.
> [...]
> La concezione del razzismo in Italia deve essere essenzialmente italiana e l'indirizzo ariano-nordico.»
>
> (da *Il fascismo e i problemi della razza*, "Il Giornale d'Italia", 14 luglio 1938)

**Fig. 1** La Marcia su Roma

### Benito Mussolini
Grazie alla propaganda di regime, Mussolini convince gli italiani ad adorare un unico uomo, il duce (il dittatore). Lui solo si propone come capace di risolvere i problemi degli italiani e di mantenere l'ordine nel Paese.

## ■ LA II GUERRA MONDIALE

L'Italia entra in guerra nel 1940 a fianco della Germania nazista, ma non è pronta ad affrontare il conflitto: sia in Europa che in Africa, si appoggia sempre all'aiuto dell'esercito tedesco per vincere le battaglie.

Nel 1943, dopo diverse sconfitte militari, il re non ha più fiducia in Mussolini e in luglio il duce viene destituito[8] e arrestato.

Il re d'Italia si allea con gli anglo-americani e continua la guerra contro i tedeschi.

### Glossario
[1] **confluire:** unirsi
[2] **reduce di guerra:** ex soldato
[3] **interventista:** chi vuole entrare in guerra
[4] **sindacato:** gruppo che rappresenta e difende i lavoratori
[5] **scontri di piazza:** lotte tra gruppi politici in strada
[6] **libertà costituzionali:** principali libertà del cittadino
[7] **propaganda:** pubblicità, notizie diffuse dal governo per avere il favore del popolo
[8] **destituire:** rimuovere, allontanare, togliere dal potere

### 2. COMPRENSIONE Rispondi alle domande.

1 Quando nasce il partito fascista e chi vi aderisce inizialmente?
................................................................................................

2 Quando avviene la Marcia su Roma e che cos'è?
................................................................................................

### 3. COMPRENSIONE Vero o falso?

| | | V | F |
|---|---|---|---|
| 1 | Il movimento fascista comprende comunisti insoddisfatti. | V | F |
| 2 | L'Italia del primo dopoguerra è un Paese tranquillo. | V | F |
| 3 | Il Biennio rosso è nel 1919-20. | V | F |
| 4 | Il partito fascista si ispira al marxismo. | V | F |
| 5 | Il partito fascista vuole mantenere l'ordine nel Paese. | V | F |
| 6 | L'Italia entra in guerra a fianco della Germania nazista nel 1940. | V | F |
| 7 | Dopo il 1943 Mussolini si rifugia in Germania. | V | F |

DAL FASCISMO AL SECONDO DOPOGUERRA

## IERI E OGGI

### ■ LA FINE DEL FASCISMO

L'Italia si spacca in due: a Sud viene governata dal re d'Italia e al Centro-Nord viene occupata dall'esercito tedesco.
Nel settembre del 1943 i nazisti liberano Mussolini. Il duce fa nascere uno Stato fascista nel Centro-Nord Italia che dura fino ai primi mesi del 1945, la **Repubblica di Salò**. Tale Stato resta sempre sotto il controllo dei tedeschi.
A fine aprile 1945 l'esercito americano avanza verso il Nord Italia e l'esercito tedesco si ritira verso la Svizzera. Mussolini cerca di scappare con i tedeschi ma viene catturato dai partigiani e fucilato. Il 25 aprile 1945 è la data che simbolicamente indica la **liberazione** ☛ Fig. 2 dell'Italia dal regime fascista, dall'occupazione nazista e la fine della Seconda guerra mondiale.

**Fig. 2** La liberazione di Roma

# IL SECONDO DOPOGUERRA

### ■ L'ITALIA DOPO LA GUERRA

L'Italia uscita dalla guerra è un Paese distrutto economicamente e moralmente. Con il referendum[1] del 1946 gli italiani votano contro la monarchia e a favore di una repubblica parlamentare. L'Italia diventa così una **Repubblica** ☛ Fig. 3.
Nel 1946 viene anche eletta l'**Assemblea costituente**[2] incaricata di redigere[3] la **Costituzione** che entra in vigore[4] nel 1948. Alle elezioni, tre quarti dei voti vanno ai partiti di massa: Democrazia cristiana, il partito socialista e il partito comunista.

### ■ IL MIRACOLO ECONOMICO ITALIANO

La Democrazia cristiana governa il Paese per circa vent'anni. Grazie alle politiche di aiuto economico degli Stati Uniti previste dal **piano Marshall**, tra il 1952 e il 1962, il Paese attraversa un periodo di forte crescita economica, detto **miracolo italiano**.
L'Italia diventa una delle prime potenze industriali a livello mondiale.
In questo periodo cresce il tasso di occupazione[5] e crescono anche i consumi interni, cioè l'acquisto di prodotti fatti in Italia. Grazie alla stabilità politica, il governo realizza numerose riforme (come quella del fisco, dell'istruzione, agraria e della sanità pubblica) che migliorano la condizione economica degli italiani.
La più alta crescita del sistema economico italiano inizia nel 1958 e finisce nel 1963. Tale crescita si realizza grazie allo spostamento della forza lavoro[6] dal settore agricolo a quello industriale e grazie al passaggio a un'economia legata all'**esportazione**[7] verso gli altri Paesi europei dei propri prodotti.

**Fig. 3** Una giovane donna festeggia la vittoria della repubblica sulla monarchia

### Glossario
[1] **referendum**: votazione per dire sì o no a una legge o a una situazione politica
[2] **Assemblea costituente**: gruppo di persone elette per scrivere le leggi principali dello Stato italiano, la Costituzione
[3] **redigere**: scrivere un documento
[4] **entrare in vigore**: diventare valido, efficace
[5] **tasso di occupazione**: percentuale di persone che lavorano
[6] **forza lavoro**: operai e lavoratori
[7] **esportazione**: vendita all'estero

**Alcide De Gasperi**
È uno dei fondatori della Repubblica italiana ed è considerato uno dei padri dell'Unione Europea. Guida l'Italia fuori dal caos creato dalla caduta della dittatura fascista e dalla sconfitta militare e porta il Paese verso il miracolo economico degli anni Sessanta.

64  IERI E OGGI

**Fig. 4** Fiat 500 a Torino, auto simbolo del boom economico

**Fig. 5** Migranti

L'industria italiana diventa il settore principale dell'economia ← **Fig. 4**, mentre l'agricoltura svolge un ruolo sempre minore.
Questo rapido progresso aumenta le differenze tra Nord e Sud Italia: gli impianti industriali e il settore terziario (dedicato alla produzione di servizi), si sviluppano al Nord, mentre l'economia del Sud Italia rimane legata all'agricoltura.
C'è una forte emigrazione nel Paese: molte persone senza lavoro si spostano dal Sud verso le città industriali del Nord ← **Fig. 5**.

### ■ L'EDILIZIA, SETTORE TRAINANTE DEL DOPOGUERRA

Nel dopoguerra gli italiani hanno bisogno di nuove case ← **Fig. 6** per sostituire quelle distrutte dai bombardamenti della Seconda guerra mondiale.
Nel 1949 il Parlamento italiano approva una legge per aumentare l'occupazione operaia[8]; la legge favorisce[9] la costruzione di nuove case per i lavoratori.
Inizia così un piano per la realizzazione di alloggi economici, il **piano INA-Casa**. Nascono alloggi sani e moderni in nuovi nuclei urbani o quartieri che offrono la possibilità a migliaia di famiglie di migliorare le proprie condizioni economiche.
Il piano viene finanziato[10] attraverso un sistema misto che vede la partecipazione dello Stato, dei datori di lavoro e dei lavoratori dipendenti.

*Glossario*
[8] **occupazione operaia:** numero di persone che lavorano nelle fabbriche
[9] **favorire:** aiutare
[10] **finanziare:** pagare

**Fig. 6** Vecchie e nuove case popolari

---

**4. COMPRENSIONE** Rispondi alle domande.
1 Quando nasce la Repubblica italiana e come?
2 Quali sono i principali partiti di massa della Repubblica italiana?
3 Quando ha luogo il "miracolo italiano" e che cos'è?

# Il primo Novecento

## L'ARTE IN ITALIA

### ■ IL FUTURISMO

Un movimento artistico e letterario molto importante che si sviluppa in Italia nei primi decenni del Novecento è il Futurismo. I principali artisti del movimento sono Carlo Carrà ☛ **Fig. 1** e Carlo Boccioni ☛ **Fig. 2**.
Tra i primi futuristi in letteratura ci sono Aldo Palazzeschi, Giovanni Papini e Ardengo Soffici.

**Fig. 1** *Il Cavaliere Rosso*, Carlo Carrà, 1913

**Fig. 2** *Forme uniche della continuità dello spazio*, Carlo Boccioni, 1913

## LA LETTERATURA IN ITALIA

Al di fuori del Futurismo, tra gli scrittori e poeti più importanti della prima metà del Novecento sono da ricordare Luigi Pirandello, Italo Svevo ed Eugenio Montale.

---

**1. COMPRENSIONE** Leggi il brano sul Futurismo e inserisci le parole mancanti.

borghesia • giornale • manifesto • pericolo • razionale • tradizione

Il Futurismo o "arte del futuro" è un movimento artistico-letterario. È fondato da Filippo Tommaso Marinetti che ne pubblica il programma sul ¹........................ "Le Figaro" nel 1909 a Parigi. A questo primo ²........................ ne seguono altri, negli anni successivi, riguardanti le varie arti. Il Futurismo vuole la rottura completa col passato, spinge alla ribellione e al rifiuto totale della cultura presente e della ³........................ . Al passato contrappone l'innovazione e la modernità. Vengono esaltate l'aggressività, la corsa e la guerra. Essa è considerata come il solo mezzo per liberare il mondo da tante persone considerate inutili. I futuristi usano queste idee contro la ⁴........................ e contro il vecchio gruppo di intellettuali, professori e studiosi.
In letteratura, considera necessario eliminare il latino, lento, ⁵........................ e vecchio; cerca la libertà da tutti gli schemi e da tutte le regole. Secondo i futuristi la poesia deve cantare l'amore per il ⁶........................ , il coraggio, la ribellione, la macchina e la velocità, le città moderne, i treni, gli aeroplani.

Fig. 3 Luigi Pirandello           Fig. 4 Italo Svevo           Fig. 5 Eugenio Montale

### ■ LUIGI PIRANDELLO

Pirandello (1867-1936) ← **Fig. 3**, siciliano, è uno dei più grandi drammaturghi[1] di tutti i tempi. È famoso anche per i suoi romanzi e le sue novelle[2]. Nel 1934 è insignito del premio Nobel per la letteratura. Ricordiamo tra i suoi romanzi *Il fu Mattia Pascal* del 1904 e *Uno, nessuno e centomila* del 1925. Le sue opere teatrali sono ancora molto rappresentate in Italia. Tra le più famose: *Sei personaggi in cerca d'autore* (1921) ed *Enrico IV* (1922). Le tematiche centrali nella sua opera sono il contrasto tra maschera e realtà, l'inquietudine[3] dell'uomo moderno e la pazzia.

### ■ ITALO SVEVO

Il vero nome di Svevo (1861-1928) ← **Fig. 4** è Aron Ettore Schmidt. Nasce a Trieste dove conosce lo scrittore irlandese James Joyce, che ci vive per un periodo. Svevo diventa famoso per i suoi romanzi, soprattutto per *La coscienza di Zeno*, pubblicato nel 1923. Le sue opere sono incentrate su temi come la malattia, l'inettitudine (cioè l'incapacità di vivere dell'uomo moderno) e il fallimento.
Il tono narrativo è spesso ironico e umoristico[4].

### ■ EUGENIO MONTALE

Montale (1896-1981) ← **Fig. 5** è tra i più grandi poeti del Novecento. Nella sua prima raccolta, *Ossi di seppia* (1925), esprime la sua poetica del «male di vivere». Ricerca nel linguaggio una simbologia, portando, per alcuni, alla perfezione lo stile del Novecento. Nel 1975 riceve il premio Nobel per la letteratura.

**Glossario**
[1] **drammaturgo**: scrittore di drammi
[2] **novella**: breve narrazione in prosa
[3] **inquietudine**: sentimento di apprensione, ansia, turbamento
[4] **umoristico**: capace di esprimere il lato curioso e divertente della realtà

---

#### MERIGGIARE PALLIDO E ASSORTO

«*Meriggiare pallido e assorto*
*presso un rovente muro d'orto,*
*ascoltare tra i pruni e gli sterpi*
*schiocchi di merli, frusci di serpi.* [...]»

(da E. Montale, "Meriggiare pallido e assorto", *Ossi di seppia*)

---

**2. COMPRENSIONE** Rispondi alle domande.
1. Da quale regione proviene Luigi Pirandello?
2. In quale anno Pirandello riceve il premio Nobel?
3. Quali sono le opere teatrali più famose di Pirandello?
4. Quali tematiche tratta Pirandello nelle sue opere?
5. Dove nasce Italo Svevo?
6. Qual è l'opera principale di Svevo?
7. Su quali temi sono incentrate le opere di Svevo?
8. Chi è Eugenio Montale?
9. Come viene definita la poetica di Montale?
10. In quale anno Montale è insignito del premio Nobel?

IL PRIMO NOVECENTO

## IERI E OGGI

# Dagli anni Ottanta a oggi

## L'ITALIA CONTEMPORANEA

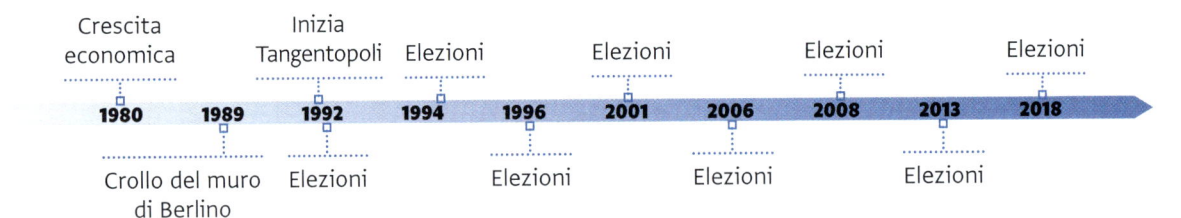

Crescita economica — 1980
Crollo del muro di Berlino — 1989
Inizia Tangentopoli — 1992
Elezioni — 1994
Elezioni — 1996
Elezioni — 2001
Elezioni — 2006
Elezioni — 2008
Elezioni — 2013
Elezioni — 2018

### ■ GLI ANNI OTTANTA

Gli anni Ottanta sono anni di forte crescita per l'Italia, anni in cui l'industrializzazione è al suo apice[1]: in questo periodo diventano sempre più importanti nell'economia italiana le banche, le assicurazioni e i servizi finanziari e della comunicazione.

### ■ IL DECLINO DELL'IDEOLOGIA COMUNISTA

Dopo il crollo del muro di Berlino ☛ **Fig. 1** e la fine della Guerra fredda nel 1989-91, nasce nella società italiana una forte esigenza di rinnovamento[2] del sistema politico.
La sinistra italiana viene colpita dal fallimento dell'ideologia comunista in Unione Sovietica e si avvicina all'area socialista. Nel 1991 il Partito comunista italiano cambia il proprio nome in **Partito democratico della sinistra** e anche il proprio simbolo. Tuttavia, alle elezioni del 1992, ottiene un brutto risultato.

### ■ TANGENTOPOLI

La magistratura inizia una serie di indagini[3] che sono passate alla storia come "operazione Mani pulite". È l'inizio del periodo della Tangentopoli[4] italiana che dura quattro anni, dal 1992 al 1995: nel corso di questa inchiesta i giudici riescono a portare alla luce la corruzione dei politici italiani, che, in cambio di favori alle imprese, ricevono soldi dagli imprenditori.
In pochi anni i principali partiti politici, Democrazia cristiana, il partito socialista e il partito comunista, che hanno governato l'Italia per 40 anni, vengono spazzati via[5].

### Glossario

1 **apice:** punto più alto
2 **rinnovamento:** cambiamento
3 **indagine:** inchiesta, investigazione, ricerca della verità
4 **Tangentopoli:** inchiesta su un sistema diffuso di corruzione politica
5 **spazzare via:** eliminare

Fig. 1 Il crollo del muro di Berlino, 9 novembre 1989

**Fig. 2** Silvio Berlusconi, fondatore di Forza Italia

**Fig. 3** Beppe Grillo, fondatore del Movimento 5 stelle

**Fig. 4** Umberto Bossi, fondatore della Lega

### ■ DAL 1994 AL 2011

Nel 1994 Silvio Berlusconi ☛ **Fig. 2**, che arriva dal mondo imprenditoriale[6], fonda un nuovo partito di centro-destra, **Forza Italia**, che ottiene un grande successo politico. Riesce ad aggregare attorno al suo partito altre due forze di centro-destra: la Lega lombarda e Alleanza nazionale. La coalizione[7] di centro-destra, guidata da Berlusconi, vince le elezioni nel 1994. Negli anni successivi, Forza Italia rimane a capo della coalizione di centro-destra. La sua coalizione governa il Paese in diversi periodi, fino al 2011, alternandosi[8] a governi di centro-sinistra. Purtroppo la grave crisi economica mondiale iniziata nel 2009 porta gravi conseguenze anche nell'economia italiana. Gli anni 2011-13 sono anni di recessione, cioè di crisi per l'economia italiana.

### ■ DAL 2011 AL 2013

In questo periodo l'Italia viene governata da un governo presieduto da Mario Monti. Il governo viene definito "tecnico"[9].

Questo governo prende decisioni molto impopolari, ma utili a sanare, almeno in parte, i conti dello Stato. Nascono, inoltre, nuovi partiti, decisi oppositori dell'Unione Europea e delle decisioni prese in questo periodo.

### ■ DAL 2013 A OGGI

Dal 2013 in poi i nuovi governi diventano sempre più deboli e meno coesi, cioè meno uniti. Diventano più forti, inoltre, alcuni partiti critici nei confronti dell'Unione Europea, come Movimento 5 stelle ☛ **Fig. 3**, nato come libera associazione di cittadini nel 2009, Lega ☛ **Fig. 4** e Fratelli d'Italia. Nei primi mesi del 2020, l'Italia, come il resto del mondo, è colpita dalla pandemia[10] di COVID-19, con gravi conseguenze sanitarie, economiche e sociali.

---

*Glossario*

**6 imprenditore:** industriale
**7 coalizione:** gruppo di partiti uniti
**8 alternare:** dare il cambio, succedersi
**9 governo "tecnico":** governo composto da persone scelte al di fuori degli schieramenti politici
**10 pandemia:** epidemia che si diffonde rapidamente in vastissimi territori e continenti

---

**1. COMPRENSIONE** Rispondi alle domande.
1 Quando inizia Tangentopoli?
2 Quali sono i partiti politici italiani critici nei confronti dell'Unione Europea?

**2. COMPRENSIONE** Abbina la data (1-8) all'avvenimento (a-h) corretto.

| | | | | |
|---|---|---|---|---|
| 1 ☐ Anni Ottanta | | a | Nasce il Partito democratico della sinistra |
| 2 ☐ 1991 | | b | Crescita economica |
| 3 ☐ 1989 | | c | Silvio Berlusconi fonda Forza Italia |
| 4 ☐ 1992-95 | | d | Pandemia di COVID-19 |
| 5 ☐ 1994 | | e | Recessione |
| 6 ☐ 2009 | | f | Tangentopoli |
| 7 ☐ 2011-13 | | g | Nasce il Movimento 5 stelle |
| 8 ☐ 2020 | | h | Crollo del muro di Berlino |

DAGLI ANNI OTTANTA A OGGI

**IERI E OGGI**

# Autori italiani contemporanei

**Tra i maggiori scrittori della seconda metà del Novecento troviamo i seguenti.**

### ■ ALBERTO MORAVIA

Il suo vero nome è Alberto Pincherle (1907-1990) ☞ **Fig. 1**. È autore di circa trenta romanzi; tra questi i più famosi sono è *Gli indifferenti* del 1929 e *La ciociara* del 1957.

**Fig. 1** Alberto Moravia

Tratta di temi come la sessualità moderna, l'alienazione[1] e l'ipocrisia[2]. Ad alcuni suoi romanzi sono ispirati film degli anni Cinquanta e Sessanta. Tra questi il famoso *La ciociara* di Vittorio de Sica (1960). Nel corso della sua vita Moravia ama anche due importanti scrittrici: la prima moglie Elsa Morante (di cui parliamo qui di seguito) e Dacia Maraini.

### ■ PRIMO LEVI

Levi ☞ **Fig. 2** è un chimico (1919-1987) e nel 1943, durante la Seconda guerra mondiale, viene deportato nel campo di concentramento di Auschwitz. Nel suo romanzo *Se questo è un uomo* (1947) racconta con stile realistico ma, nello stesso tempo, toccante e intenso, la sua terribile esperienza nel lager. Nel brano a fianco, tratto dal suo romanzo, Levi racconta come nel campo di concentramento si riesca a distruggere l'essere umano.

**Fig. 2** Primo Levi

### ■ ELSA MORANTE

Elsa Morante (1912-1985) ☞ **Fig. 3** è tra le più importanti scrittrici italiane. Romana, è autrice di romanzi, saggi e poesie. Delle sue opere forse la più famosa è *La storia* del 1974. Il libro è ambientato nella Roma della Seconda guerra mondiale e mostra come gli umili siano vittime inconsapevoli[3] della storia.

### ■ ITALO CALVINO

Calvino (1923-1985) ☞ **Fig. 4** è considerato uno dei più grandi scrittori italiani del Novecento. È un autore di grande originalità, lucido e ironico, che rappresenta la società con le sue contraddizioni[4] e incertezze. Tra le sue opere più importanti: *Il visconte dimezzato* (1952) e *Marcovaldo* (1963).

**Fig. 3** Elsa Morante

**Fig. 4** Italo Calvino

### Glossario

1 **alienazione**: estraniazione dell'uomo dagli oggetti materiali e dai rapporti sociali
2 **ipocrisia**: comportamento che finge buone qualità e sentimenti
3 **inconsapevole**: che non si rende conto di qualcosa
4 **contraddizione**: contrasto tra pensieri, affermazioni, comportamenti

### SE QUESTO È UN UOMO

«Allora per la prima volta ci siamo accorti che la nostra lingua manca di parole per esprimere questa offesa, la demolizione di un uomo. In un attimo, con intuizione quasi profetica, la realtà si è rivelata: siamo arrivati al fondo. Più giù di così non si può andare: condizione umana più misera non c'è, e non è pensabile. Nulla più è nostro: ci hanno tolto gli abiti, le scarpe, anche i capelli; se parleremo, non ci ascolteranno, e se ci ascoltassero, non ci capirebbero. Ci toglieranno anche il nome e se vorremo conservarlo, dovremo trovare in noi la forza di farlo, di fare sì che dietro al nome, qualcosa ancora di noi, di noi quali eravamo, rimanga.»

(da P. Levi, *Se questo è un uomo*)

Tra gli autori contemporanei che hanno avuto grande successo troviamo invece i seguenti.

### ■ UMBERTO ECO

Eco (1932-2016) è uno scrittore e filosofo di fama internazionale, autore del thriller best seller ambientato nel Medioevo, *Il nome della rosa*. Oltre che romanzi, ha scritto saggi di linguistica, filosofia e semiotica[5].

### ■ SUSANNA TAMARO

Nasce a Trieste nel 1957. Diventa famosa con il romanzo *Va' dove ti porta il cuore* che è diventato un best seller internazionale.

### ■ ANDREA CAMILLERI

È il più famoso dei giallisti contemporanei. I suoi romanzi sono stati per parecchi anni nelle classifiche dei best seller. Andrea Camilleri (1925-2019) nasce in Sicilia, in provincia di Agrigento. Formula del suo successo: la trama originale e avvincente dei suoi romanzi e il linguaggio fresco e vivace. Tra i suoi libri più famosi: *La forma dell'acqua* (1994) e *La gita a Tindari* (2000). Qui di fianco riportiamo un brano tratto da *Gli arancini di Montalbano*, una raccolta di racconti. Il linguaggio è molto particolare, un misto di parole italiane e dialettali. Forse un po' difficile da capire, ma molto divertente!

**Fig. 5** I quattro romanzi della serie *L'amica geniale*

### ■ ELENA FERRANTE

È una delle più importanti scrittrici italiane di fama internazionale. Della sua identità si sa pochissimo, infatti è opinione diffusa che il suo nome sia uno pseudonimo. *L'amica geniale* consiste in una serie di quattro libri ☛ **Fig. 5** che racconta la storia di due amiche cresciute a Napoli. Ha avuto un enorme successo non solo in Italia, ma anche all'estero. Il primo volume è pubblicato nel 2011.

#### L'AMICA GENIALE

*«Se non c'è amore, non solo inaridisce la vita delle persone, ma anche quella delle città.*
*[...] Tu sei la mia amica geniale, devi diventare la più brava di tutti, maschi e femmine.»*

(da E. Ferrante, *L'amica geniale*)

#### GLI ARANCINI DI MONTALBANO

*«M'avvicinai alla porta e mi pigliò un colpo. Sopra il letto matrimoniale, vestita di tutto punto, c'era una fimmina morta, un'anziana.»*
*«Come hai fatto a capire ch'era morta?»*
*«Commissà, quella teneva le mani sul petto e le avevano arravugliàto un rosario tra le dita e doppo le avevano messo un fazzoletto annodato sulla testa per tenerle ferma la bocca. Aveva gli occhi chiusi. Ma il meglio deve ancora venire. Ai piedi del letto c'era una seggia e assettato sopra un omo che mi voltava le spalle. Chiangiva, povirazzo. Doveva essere il marito.»*
*«Orà, sei stato scalognato, che ci vuoi fare? Quello stava a vegliare la mogliere morta.»*

(da A. Camilleri, "La prova generale", *Gli arancini di Montalbano*)

---

**1. COMPRENSIONE** Di chi si parla? Scrivi il nome.

Avvio: È anche filosofo. ▶ *Umberto Eco*

1 Nel suo romanzo narra la storia di due amiche. ..................
2 È un famoso autore di romanzi gialli. ..................
3 È molto ironico. ..................
4 È romana e scrive un romanzo a sfondo storico. ..................
5 Descrive la sua atroce esperienza nel campo di concentramento. ..................
6 I temi principali dei suoi romanzi sono l'ipocrisia e l'alienazione. ..................

**2. SCRIVERE** Conosci qualcuno/a degli/delle scrittori/scrittrici qui presentati/e? Hai letto opere scritte da loro? Se sì, ti sono piaciute? Inoltre, hai letto opere di altri autori italiani? Se sì, descrivile in un breve testo e poi esponilo.

*Glossario*

[5] **semiotica**: scienza che studia i segni e i significati della comunicazione

# IERI E OGGI — Test

1. **Nel Quattrocento l'Italia è...**
   - A un Paese unito.
   - B tutta sotto la dominazione straniera.
   - C divisa in tanti Stati.

2. **Nel Quattrocento Firenze è governata dai...**
   - A Visconti.
   - B de' Medici.
   - C signori d'Este.

3. **Alla fine del Quattrocento l'Italia...**
   - A viene unita.
   - B viene invasa dallo straniero.
   - C viene conquistata dai turchi.

4. **Uno dei principali centri di sviluppo della cultura rinascimentale è...**
   - A Milano.
   - B Firenze.
   - C Torino.

5. **Nell'Ottocento una delle più importanti società segrete contro la monarchia è...**
   - A la Carboneria.
   - B la Massoneria.
   - C l'esercito.

6. **Giuseppe Mazzini era uno dei capi...**
   - A dell'esercito.
   - B dei rivoluzionari.
   - C della guardia del re.

7. **L'unificazione d'Italia avviene nel...**
   - A 1850.
   - B 1860.
   - C 1870.

8. **Alessandro Manzoni è...**
   - A l'autore dei *Promessi sposi*.
   - B l'autore di *Pinocchio*.
   - C un pittore famoso.

9. **Il poeta romantico italiano più importante è...**
   - A Giacomo Leopardi.
   - B Gabriele d'Annunzio.
   - C Vincenzo Monti.

10. **Gabriele D'Annunzio...**
    - A scrive poesie e romanzi.
    - B scrive fiabe per bambini.
    - C compone musica.

11. **Carlo Collodi scrive il romanzo...**
    - A *Le avventure di Pinocchio*.
    - B *I racconti di un burattino*.
    - C *Il sogno di una marionetta*.

12. **Mussolini prende il potere in Italia nel...**
    - A 1917.
    - B 1922.
    - C 1932.

13. **Nella Seconda guerra mondiale l'Italia...**
    - A non partecipa.
    - B partecipa insieme agli Alleati.
    - C è alleata della Germania.

14. **Il regime fascista ha termine nel...**
    - A 1938.
    - B 1945.
    - C 1958.

**15.** Il miracolo italiano si riferisce a un periodo di forte crescita...
- A economica.
- B artistica.
- C demografica.

**16.** Il Futurismo è un movimento...
- A solo letterario.
- B essenzialmente musicale.
- C artistico-letterario.

**17.** Luigi Pirandello è autore di...
- A drammi importanti.
- B poesie famose.
- C opere musicali.

**18.** Italo Svevo diventa famoso per il suo romanzo...
- A *Il male di vivere.*
- B *Ossi di seppia.*
- C *La coscienza di Zeno.*

**19.** Eugenio Montale è uno dei più famosi... italiani.
- A scrittori
- B poeti
- C drammaturghi

**20.** Tangentopoli è una serie di indagini sulla corruzione di...
- A politici.
- B avvocati.
- C professori.

**21.** Le inchieste di Tangentopoli hanno luogo negli anni...
- A Settanta.
- B Ottanta.
- C Novanta.

**22.** Nel 1994 sale al governo...
- A Silvio Berlusconi.
- B Alcide de Gasperi.
- C Bettino Craxi.

**23.** Alberto Moravia scrive...
- A *Il visconte dimezzato.*
- B *Gli indifferenti* e *La ciociara.*
- C *Gli arancini di Montalbano.*

**24.** Primo Levi vive la terribile esperienza...
- A della guerra.
- B dei campi di concentramento.
- C della schiavitù.

**25.** Elsa Morante è autrice del romanzo...
- A *Marcovaldo.*
- B *La storia.*
- C *Va dove ti porta il cuore.*

**26.** Andrea Camilleri è un famoso...
- A drammaturgo.
- B poeta.
- C giallista.

# Italiani!

### Prima della lettura

Secondo quest'immagine quali qualità vengono attribuite agli italiani?

- Gli italiani sono:
  *superstiziosi, ...*
  ..................................................

- Gli italiani amano:
  ..................................................
  ..................................................

## STEREOTIPI O VERITÀ?

**Se si chiede a un "italiano medio" quali sono i pregi, cioè le qualità, del popolo italiano, probabilmente risponderà la creatività, la comunicatività e l'allegria.**

E i difetti? Molto probabilmente parlerà della mancanza di fiducia nelle istituzioni, del poco rispetto per le regole, di corruzione e criminalità, e di tasse troppo alte.

### ■ LE SUPERSTIZIONI

L'affermazione "gli italiani sono superstiziosi" non è solo uno stereotipo[1], corrisponde a realtà. Forse non sono i più superstiziosi di tutti, ma ancora tante credenze sopravvivono in Italia. Molti credono che questi eventi o azioni portino **sfortuna** ☛ Fig. 1 (chiamata anche malocchio):

- il gatto nero che attraversa la strada;
- lo specchio che si rompe;
- il sale che si rovescia sul tavolo;
- aprire l'ombrello in casa.

E per ripararsi dalla sfortuna ci si affida a gesti e oggetti (amuleti) che si crede

**Fig. 1** Un ombrello aperto in casa e uno specchio che si rompe sono eventi considerati portasfortuna

---

**1. COMPRENSIONE** Leggi questi stereotipi sugli italiani e segna quelli che conosci.

- a ☐ Gli italiani gesticolano.
- b ☐ Gli italiani mangiano tanta pasta.
- c ☐ Gli italiani parlano ad alta voce.
- d ☐ Gli italiani sono fissati con le marche.
- e ☐ Gli italiani sono "mammoni".
- f ☐ Gli italiani amano l'opera.
- g ☐ Gli italiani sono sempre in ritardo.
- h ☐ Gli italiani sono appassionati di calcio.
- i ☐ Gli italiani bevono cappuccino e caffè tutto il giorno.
- j ☐ Gli italiani non sanno parlare inglese.
- k ☐ Gli italiani sono superstiziosi.

### Glossario

[1] **stereotipo:** cliché, visione semplificata della realtà

siano capaci di proteggere da pericoli e mali ☞ **Fig. 2** .
I più diffusi sono:
- il cornetto di colore rosso;
- "fare le corna";
- la coccinella;
- il quadrifoglio.

Le superstizioni sono legate al modo tradizionale di molti italiani di intendere la vita: infatti nella vita quotidiana molti italiani, soprattutto quelli di vecchia generazione, sono legati a tradizioni e usanze. Per esempio, nella cucina tanti mantengono ricette tradizionali e sono affezionati ai prodotti tipici, considerati buoni e genuini.

■ **LE DANZE TRADIZIONALI**
Le tradizioni si mantengono anche nelle danze popolari. Tra le più famose: la tarantella, tipica di tutta l'Italia meridionale e la pizzica, della Puglia.
Sono musiche e danze molto vivaci e divertenti.

**Fig. 2** Amuleti portafortuna: la coccinella, il cornetto rosso e il quadrifoglio

**RICERCA SUL WEB**
Digita su YouTube "pizzica" e/o "tarantella": ascolta e... prova a ballarle!

**2. COMPRENSIONE** Abbina le descrizioni degli stereotipi elencati nell'Esercizio 1 con le immagini corrispondenti (1-5).

1  ☐  2  ☐  3  ☐  4  ☐  5 ☐

**3. PARLARE** Rileggi le affermazioni riportate nell'Esercizio 1. Quali di queste coincidono o sono simili a stereotipi riguardo al tuo Paese? Discutine in classe con un/a compagno/a o scrivi un breve testo.

**4. ASCOLTARE** 🎧 **T11** Ascolta la conversazione tra Giovanni e Silvia. Poi indica la risposta corretta.

1 L'automobile è un oggetto...
   A più importante per le vecchie generazioni che per le nuove.
   B importante sia per le vecchie generazioni che per le nuove.

2 In Italia...
   A sempre meno persone hanno la macchina.
   B c'è un'alta percentuale di automobili per famiglia.

3 Il telefonino si chiama anche...
   A cello.
   B cellulare.

4 Secondo la statistica in Italia ci sono...
   A più abitanti che cellulari.
   B più cellulari che abitanti.

5 Le persone...
   A parlano al cellulare troppo spesso a voce alta in luoghi pubblici.
   B usano male il cellulare.

**5. COMPRENSIONE** Rispondi alle domande.
1 Quali sono secondo gli italiani le proprie qualità e difetti?
2 La pizzica è una danza tipica di quale regione?
3 Che cosa porta sfortuna secondo gli italiani?
4 Quali sono gli amuleti della tradizione italiana?

ITALIANI!

**VIVA L'ITALIA**

# La famiglia

### Prima della lettura
- Per te la famiglia è importante?
- Perché?

Discutine in classe con un/a compagno/a o scrivi un breve testo.

..........................................................
..........................................................
..........................................................
..........................................................

## È IL VALORE PIÙ IMPORTANTE MA…

**Per gli italiani la famiglia è un valore molto importante nella vita, secondo recenti studi statistici, il più importante.**

Il modello di famiglia attuale non è più quello di un tempo. Nella famiglia tradizionale in genere l'uomo lavorava, la donna stava a casa e si occupava della famiglia e dell'educazione dei figli. Oggi invece spesso tutti e due i genitori lavorano. Inoltre la famiglia tradizionale era numerosa. Invece oggi la famiglia italiana è **una delle più "piccole" del mondo**, composta dai genitori e da uno o due figli.

### ■ … LA FECONDITÀ È MOLTO BASSA

Oggi la fecondità[1] delle famiglie italiane è una delle più basse al mondo. Il principale motivo di questo fenomeno è la grave crisi economica che rende difficile e incerto il futuro dei giovani. Un altro motivo è che si comincia a lavorare molto tardi, spesso dopo i 25 anni d'età. Quindi per le donne il periodo utile per avere i figli è sempre più breve.

### ■ IL RUOLO DELLE DONNE

Rispetto al passato, oggi in Italia lavorano molte più donne (circa il 50%) ma la percentuale è ancora molto lontana da quella delle donne dei Paesi del Nord, come la Svezia.

### ■ I NONNI

In passato spesso altri adulti (soprattutto i nonni ☞ **Fig. 1**, ma anche zii non coniugati) vivevano con la coppia sposata. Adesso succede sempre più raramente, però in molti casi i nonni paterni o materni, specialmente se rimasti vedovi, vivono nella stessa città di uno dei figli e sono i famigliari a occuparsi di loro. In altri casi, soprattutto quando non si riesce a dare loro assistenza, i figli chiedono il ricovero[2] dei genitori anziani in **case di riposo**[3].

**Fig. 1** Il nonno a passeggio con il nipotino

### Glossario
1 **fecondità**: fertilità
2 **ricovero**: inserimento in un ospedale o in una struttura di assistenza
3 **case di riposo**: centri in cui sono ospitati gli anziani che hanno bisogno di cure

### ■ I PARENTI

Nella famiglia italiana il legame tra parenti è più forte di quello presente in altri Paesi. I membri della famiglia cercano di rimanere sempre in contatto e di incontrarsi, almeno in occasione delle **feste religiose** (Natale e Pasqua) e delle **feste familiari** (battesimi, compleanni ecc.).
Se è vero che la famiglia italiana è più tradizionale che in altre parti del mondo, tuttavia in Italia, come nel resto d'Europa, le coppie divorziano. In Italia il **divorzio** è legale dal 1970.

### ■ LE COPPIE DI FATTO E LE UNIONI CIVILI

Le "coppie di fatto", che sono costituite da due persone che vivono insieme senza sposarsi, stanno aumentando di numero, ma sono ancora poche rispetto all'estero. Generalmente in Italia le coppie tendono ancora a sposarsi. Le "unioni civili" sono nate in Italia grazie a una legge del 2016. Con questa parola si intende il rapporto stabile tra due persone che decidono di vivere sotto lo stesso tetto. Il vincolo che si crea con tale unione è anche economico e non solo affettivo. Infatti lo status giuridico dell'unione civile, cioè i diritti e doveri che vengono attribuiti, è molto simile a quello del matrimonio.

### ■ I GIOVANI E LA FAMIGLIA

Rispetto a gran parte dei Paesi occidentali, i giovani italiani tendono a vivere nella famiglia d'origine più a lungo ☞ Fig. 2 e alcuni diventano indipendenti solo quando si sposano. Questo è un fenomeno tipicamente italiano. Qualcuno li ha chiamati "bamboccioni", giudicandoli solo degli immaturi. Altri pensano che la forte **disoccupazione** giovanile e i bassi stipendi non permettono loro di farsi una vita indipendente.
Comunque i giovani in Italia escono di casa a un'età media di quasi trent'anni e l'età in cui si sposano e hanno figli diventa sempre più alta.

**Fig. 2** I ragazzi italiani restano nella famiglia d'origine più a lungo

---

**1. COMPRENSIONE** Rispondi alle domande.
1. Nella famiglia tradizionale italiana, in genere, quali erano i ruoli dell'uomo e quali quelli della donna?
2. Quali sono i principali motivi per cui le persone non sono molto disposte ad avere figli?
3. Nel passato il gruppo familiare era diverso rispetto a quello attuale. Com'era composto?
4. In quale anno il divorzio è diventato legale in Italia?
5. Quali sono le coppie di fatto?
6. I partner delle unioni civili hanno gli stessi diritti di due persone sposate?
7. Che cosa si intende con la parola "bamboccioni"?

**2. COMPRENSIONE** Vero o falso?
1. La famiglia in Italia è rimasta, come in passato, molto numerosa. V F
2. I vari membri della famiglia cercano di incontrarsi spesso. V F
3. La maggior parte delle coppie in Italia vive insieme senza sposarsi. V F
4. I giovani tendono a vivere con la famiglia d'origine almeno fino ai trent'anni. V F
5. La maggior parte dei giovani diventa indipendente quando va all'università. V F

**3. PARLARE** Hai letto che per gli italiani tra i valori più importanti c'è la famiglia. Quali sono per te i valori più importanti nella vita? La famiglia, l'amore, i soldi o l'amicizia...? Parlane con un/a tuo/a compagno/a.

**4. SCRIVERE** Scrivi una e-mail a un/a amico/a. Parla di quanti componenti ha la tua famiglia, dove vivete, descrivi uno o più membri. Inizia così:

Avvio: *Caro/a... La mia famiglia...*

# Mangiare in Italia

## I PASTI IN ITALIA

**I pasti in Italia sono: colazione, pranzo e cena. Per i più piccoli c'è anche la merenda!**

### ■ LA COLAZIONE

La maggior parte degli italiani fa colazione **a casa**. La colazione italiana tipica non è abbondante e varia come quella inglese o tedesca. In genere consiste di una bevanda calda (tè, caffè o latte) e biscotti, oppure pane o fette biscottate con la marmellata. Sono sempre più diffusi i cereali con il latte e i succhi di frutta.

Alcuni italiani, specialmente chi lavora, fanno colazione fuori casa, **al bar**. In questo caso ordinano un caffè o un cappuccino con la brioche, chiamata anche cornetto o *croissant*. Ma l'abitudine più comune è quella di bere il caffè (espresso naturalmente) al bar a metà mattina.

### ■ IL PRANZO

In Italia si pranza generalmente tra mezzogiorno e le due del pomeriggio: in genere nel Sud si pranza più tardi che nel Nord. La maggior parte delle persone che lavora mangia fuori casa: ristoranti e bar offrono un panino, un piatto di pasta o un'insalata mista. Negli ultimi anni è sempre più in uso il *business lunch*, costituito da uno o due piatti con bevanda (in genere acqua ☛ **Fig. 1**) e caffè.

Gli studenti invece tornano a casa per mangiare perché non tutte le scuole hanno la mensa e spesso non si hanno lezioni pomeridiane.

**Fig. 1** Gli italiani bevono tanta acqua in bottiglia, naturale o frizzante

### ■ LA MERENDA

È un pasto riservato soprattutto ai bambini e si fa intorno alle quattro o alle cinque del pomeriggio. La merenda può consistere in un dolcetto, una fetta di torta, un frutto o altro.

### ■ LA CENA

In Italia si cena tra le sette e le nove di sera e, come per il pranzo, generalmente più tardi nel Sud che nel Nord. La cena è diventata il pasto più importante e sostanzioso nella giornata tipica dell'italiano. Infatti, è il momento in cui le persone hanno più tempo e tranquillità. Di solito consiste in un primo piatto e in un secondo con contorno.

## 🔍 RICERCA SUL WEB

**Vuoi sapere qualcosa di più sulle tradizioni italiane in cucina?**
In questi quattro **film** il cibo è un grande protagonista: *La grande abbuffata* di Marco Ferreri, con Marcello Mastroianni e Ugo Tognazzi (1973), *Parenti serpenti* di Mario Monicelli (1992), *Ferie d'agosto* di Paolo Virzì (1996) e *La Cena di Natale* di Marco Ponti, del 2016.

## ■ APERITIVO E *HAPPY HOUR*

Agli italiani piace fare l'aperitivo al bar. Può essere il classico aperitivo con un bicchiere di prosecco, di spumante o un cocktail, accompagnati da patatine e olive ☞ **Fig. 2**. Oppure si può fare l'*happy hour*, un aperitivo costituito da una bevanda accompagnata da una grande varietà di stuzzichini (pizzette, crostini, panini).

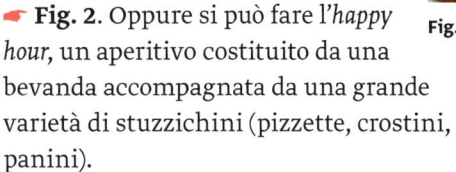

**Fig. 2** Aperitivo con stuzzichini

---

**1. COMPRENSIONE** Indica l'alternativa corretta.

1. La maggior parte delle persone fa colazione...
   - A a casa.
   - B in ufficio.
   - C al bar.

2. La colazione italiana tipica consiste in una bevanda calda e...
   - A pane e salumi.
   - B biscotti o pane e marmellata.
   - C dolci o torte.

3. Molti hanno l'abitudine di ... a metà mattina.
   - A mangiare un panino
   - B bere un succo di frutta
   - C bere un caffè al bar

4. A pranzo si mangia...
   - A tra le undici e l'una.
   - B tra l'una e le tre del pomeriggio.
   - C tra mezzogiorno e le due del pomeriggio.

5. Gli italiani bevono...
   - A tanto tè.
   - B tanta acqua in bottiglia.
   - C tanta birra.

6. La merenda è...
   - A soprattutto per i bambini.
   - B soprattutto per le persone meno giovani.
   - C per tutti.

7. In Italia si cena più tardi...
   - A nel Sud.
   - B nel Centro.
   - C nel Nord.

8. La cena è in genere...
   - A più abbondante del pranzo.
   - B meno abbondante del pranzo.
   - C abbondante come il pranzo.

**2. LESSICO** Completa la tabella con un confronto tra i pasti del tuo Paese con quelli italiani.

| In Italia | Nel mio Paese |
| --- | --- |
| La colazione consiste in: <br> .................................................. | .................................................. |
| A mezzogiorno si mangia: <br> .................................................. | .................................................. |
| La cena si basa su: <br> .................................................. | .................................................. |

**3. SCRIVERE** Scrivi una e-mail in cui racconti che cosa mangi a colazione, a pranzo e a cena. Queste linee guida ti possono essere utili:

- *Caro/a...*
- *A colazione mi piace/amo...*
- *Mi piace la cucina italiana, soprattutto.../Non mi piace la cucina italiana perché...*

MANGIARE IN ITALIA

## VIVA L'ITALIA

# DOVE MANGIANO GLI ITALIANI

Gli italiani di solito mangiano a casa, ma amano anche andare al ristorante o in pizzeria.
Ci sono diversi tipi di locali in Italia dove mangiare:
- il ristorante;
- la trattoria (o osteria);
- la pizzeria;
- il fast food.

A mezzogiorno o per uno spuntino ci si può anche fermare al bar.

**Fig. 4** Una trattoria

### ■ AL RISTORANTE E IN TRATTORIA

Il ristorante ☞ **Fig. 3** in Italia può essere un locale elegante che serve cibo raffinato, ma può anche essere un locale semplice che serve piatti meno elaborati e a basso costo. In Italia, come in altri Paesi del mondo, sono sempre di più gli appassionati della "buona cucina". Perciò sono aumentati i ristoranti che offrono una cucina di alto livello: sono ristoranti stellati, premiati dalla guida francese Michelin, o segnalati dal Gambero Rosso, una tra le aziende italiane più autorevoli nei giudizi di qualità del settore.
Ci sono molti ristoranti che offrono una **cucina regionale**, per esempio ristoranti toscani, piemontesi o siciliani. Qui si possono mangiare le specialità delle varie regioni.
Negli ultimi anni stanno sempre più affermandosi anche i **ristoranti etnici** come quelli cinesi, giapponesi, indiani.

La trattoria ☞ **Fig. 4**, invece, è in genere un ristorante più modesto, con cibo e arredi più semplici di un normale ristorante. Alcune trattorie sono in realtà ristoranti che servono piatti costosi.

### ■ IN PIZZERIA

In una pizzeria naturalmente si mangia la pizza, ma non solo. Infatti molte pizzerie servono anche altri piatti, come pasta, carne o pesce.
La maggior parte delle pizzerie offre un servizio di *take away* (cibo da asporto), si può cioè portare via la pizza e mangiarla a casa.

### ■ AL FAST FOOD

Se ne vedono sempre di più: sono i fast food all'americana ☞ **Fig. 5**, ma anche i venditori di kebab o i *take away* italiani e cinesi. Agli italiani in genere non piace mangiare in strada o in piedi. Chi compra questi cibi di solito li porta a casa o li mangia direttamente nel locale.

**Fig. 3** Un ristorante

**Fig. 5** Un fast food

VIVA L'ITALIA

### ■ AL BAR

Gli inglesi hanno il *pub*, gli italiani hanno il bar ☞ **Fig. 6**. Il bar infatti è una vera e propria istituzione in Italia.
Ci sono tantissimi bar nelle città, ma anche nei paesi più piccoli. Al bar si può prendere caffè, tè, cappuccino con la classica brioche o si può bere l'aperitivo.

Spesso si può anche pranzare, perché tanti bar fanno servizio di **tavola calda** (con piatti caldi) e di **tavola fredda** (con piatti freddi, come panini o insalate).

**Fig. 6** La colazione al bar

---

**4. COMPRENSIONE** Scrivi il nome corretto.

1 Da qui si porta il cibo a casa.
...................................................

2 Qui si può bere caffè, tè o altro.
...................................................

3 Vi si mangia la pizza.
...................................................

4 È un ristorante, ma più semplice.
...................................................

5 Ce ne sono che offrono cibo delle varie regioni.
...................................................

6 Possono essere molto eleganti.
...................................................

**5. PARLARE** Inscena con un tuo/a compagno/a un dialogo tra cliente e cameriere di un ristorante. Queste linee guida ti possono essere utili:

• *Buongiorno, avete un tavolo libero?/Potrei avere il menu/la carta dei vini?* • *Avete dei piatti del giorno?/Cosa mi consiglia?/Sono allergico a frumento/latticini/noci (frutta secca)/molluschi* • *Sono vegetariano, avete dei piatti vegetariani?*
• *Come antipasto/Come primo/Come secondo/Come dessert prendo.../Vorrei...* • *Posso avere il conto?/Il conto, per favore.*

**6.** 🎧 **T12 ASCOLTARE** Ascolta il dialogo e segna sui foglietti che cosa ordinano i due clienti.

**Cliente 1** (Vincenzo)
Antipasti ..............................
Primi ..............................
Secondi ..............................
Dolci ..............................
Bevande ..............................

**Cliente 2** (Martina)
Antipasti ..............................
Primi ..............................
Secondi ..............................
Dolci ..............................
Bevande ..............................

*Antipasti*
Insalata di mare
Bresaola con scaglie di grana
Prosciutto con melone

*Primi*
Pasta al salmone
Lasagne al pesto
Risotto ai funghi porcini

*Secondi*
Tagliata di manzo con funghi
Pollo all'orientale
Bocconcini di vitello al vino bianco
Grigliata di pesce
Fritto misto di pesce

*Contorni*
Insalata mista
Spinaci al burro
Patatine fritte
Patate al forno

*Dolci*
Torta di mele casalinga
Fragole con panna e gelato
Zuppa inglese

**7. PARLARE** Adesso con un/a tuo/a compagno/a ripeti la conversazione che hai ascoltato nell'Esercizio 6. Lui/lei è il/la cameriere/a e tu il cliente, poi scambiatevi i ruoli. Segnate le rispettive ordinazioni.

MANGIARE IN ITALIA | 81

# LE SPECIALITÀ ITALIANE

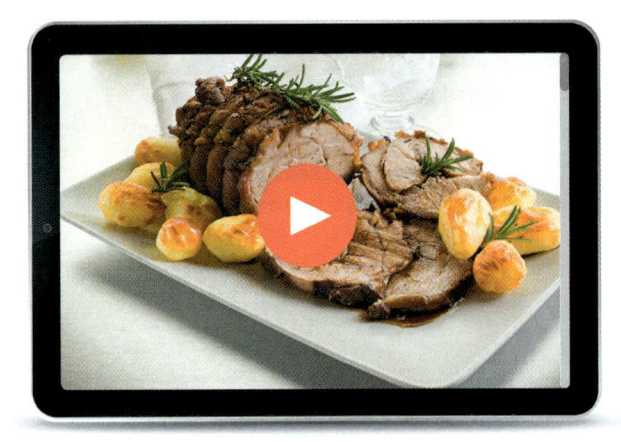

▶ **7. GUARDA IL VIDEO** e rispondi alle domande.
1. Dove si trova la Loggia della pescaria?
2. E il mercato dell'Ortigia?
3. Di quale regione sono tipiche le tagliatelle con il ragù?
4. Di quale regione sono tipiche le trofie?
5. Da quale città viene l'aceto balsamico?

Alcuni cibi italiani sono famosi in tutto il mondo. La pizza, per esempio, e la pasta, tra cui anche i tortellini, le lasagne e i cannelloni ☞ **Fig. 7**, tipici della regione Emilia-Romagna.
Oltre a squisiti piatti tradizionali, in Italia ci sono ottimi prodotti tipici.

**Fig. 7** I cannelloni

### ■ I FORMAGGI
Ogni regione ha almeno un formaggio tipico. La maggior parte dei formaggi è di latte di vacca, ma ci sono anche formaggi di latte di pecora o capra.

**Fig. 8** La burrata

Tra i formaggi italiani più famosi ci sono:
- il **Parmigiano Reggiano**, molto saporito e nutriente. È prodotto in grosse forme;
- la **mozzarella**, che è un formaggio fresco e può essere di vacca o di bufala;
- la **burrata** ☞ **Fig. 8**, specialità della Puglia, simile alla mozzarella ma con una consistenza più morbida e filamentosa.

### ■ GLI AFFETTATI E GLI INSACCATI
Dall'Emilia-Romagna provengono anche specialità come:
- lo **zampone**, che si mangia nel periodo natalizio;
- il **culatello**, un affettato molto pregiato;
- il **prosciutto di Parma**, famoso in tutto il mondo per il suo gusto particolare. Si può gustare nel piatto tipico che lo abbina al melone.

La **bresaola** è un salume particolare che viene dalla Valtellina (in Lombardia). Magro e pregiato, è di carne di manzo salata e stagionata.

### ■ I VINI
La produzione italiana di vino è straordinariamente varia e raffinata. Il clima e il territorio del nostro Paese, infatti, sono particolarmente adatti alla coltivazione della vite.
In Italia sono coltivati numerosi tipi di vitigno, che danno da Nord a Sud diversi tipi di vino. Per esempio, il **Pinot** è tipico di Trentino e Friuli, il **Gewürztraminer** dell'Alto Adige, il **Barbera**

**Fig. 9** Il Barolo

del Piemonte e il **Cannonau** della Sardegna.
Tra i vini italiani più famosi ci sono il **Barolo** del Piemonte ← Fig. 9, il **Chianti** toscano e il **Brunello di Montalcino**.
Ma il vino italiano più famoso del mondo resta il **Prosecco**, un vino bianco frizzante, che tanti bevono come aperitivo, ma anche durante pranzi e cene particolari.

### ■ I PIATTI TIPICI

Quali sono i piatti italiani più tipici? Difficile dirlo perché in Italia ogni regione ha la sua cucina tipica e le sue specialità.
Abbiamo scelto un grande classico: la pasta al pomodoro!

### ■ LA PASTA AL POMODORO

Preparare la pasta al pomodoro ← **Fig. 10**, di qualunque formato, non è difficile. Basta far bollire l'acqua, quando bolle salarla, mettere gli spaghetti e farli cuocere. Rispettate sempre il tempo di cottura scritto sulla confezione. Gli spaghetti devono rimanere **al dente**, cioè non devono cuocere troppo, altrimenti sono scotti e gli italiani odiano la pasta scotta!
In quanto al sugo, ci sono diversi modi per preparare la salsa di pomodoro. Questa sotto, nell'Esercizio 9, è una delle ricette migliori.

**Fig. 10** Spaghetti al pomodoro

---

**8. COMPRENSIONE** Rispondi alle domande.

1. Di quale regione sono tipici i tortellini e i cannelloni? ...........................
2. Che cos'è la bresaola? ...........................
3. Quali sono i formaggi italiani più famosi? ...........................
4. Quali famosi formaggi italiani sono freschi? ...........................
5. Qual è il vino italiano più conosciuto? ...........................

**9. SCRIVERE** Prova adesso a scrivere in italiano la ricetta di un piatto tipico del tuo Paese.
- Impara i nomi degli alimenti.
- Come nella ricetta, usa i verbi all'infinito (tagliare, cuocere ecc.), questo semplifica notevolmente il tuo compito.
- Scrivi frasi brevi e separa le varie azioni con virgole o punti, e usa, come nell'esempio, un elenco (o fasi).

### Sugo al pomodoro
**Ingredienti (per 4 persone)**

- 500 g di pomodori freschi oppure una scatola di polpa di pomodoro
- mezza cipolla
- basilico
- sale
- Parmigiano grattugiato
- peperoncino (facoltativo)
- 6 cucchiai di olio di oliva

### La ricetta

Fate rosolare in una padella, a fuoco moderato, l'olio e la cipolla **tritata finemente**.
Quando la cipolla avrà preso un colore dorato aggiungete i pomodori sbucciati. Fate cuocere piano, girando ogni tanto con un cucchiaio di legno.
Aggiungete il sale, il peperoncino e se occorre un po' di zucchero. Cuocete per circa venti minuti, poi unite qualche foglia di basilico.
Quando il sugo non sarà più acquoso, versatelo sulla pasta cotta bene al dente e servite con Parmigiano grattugiato.

MANGIARE IN ITALIA

**VIVA L'ITALIA**

# Shopping e moda

*Prima della lettura*
- A te dove piace comprare?
- Dove compri i capi di abbigliamento che indossi?
- Ti piace comprare anche altri articoli? Dove?

Discutine in classe o scrivi un breve testo. (Per un aiuto ☛ Tavola lessicale p. 162.)

## I LUOGHI DELLO SHOPPING

L'Italia è una nazione di grande cultura e arte, ma offre anche tanto a chi ama lo shopping e la moda. Nelle grandi e spesso anche nelle piccole città si può fare shopping in diversi luoghi. Naturalmente, come in tanti altri Paesi, sempre di più si sta affermando lo shopping online.

### ■ I CENTRI CITTADINI
Nel centro e nelle vie commerciali delle città si trovano grandi magazzini, negozi e boutique. In alcune città ci sono famose vie e aree di **shopping**: a Milano si trova il Quadrilatero della moda (☛ p. 13), a Roma via Condotti, il corso che sale verso piazza di Spagna. Qui i negozi sono bellissimi, ma spesso molto costosi, destinati a chi ama il **lusso** e l'**alta moda**.

### ■ I CENTRI COMMERCIALI E GLI OUTLET
I centri commerciali e gli outlet si trovano in città e fuori città: sono molto amati perché in un unico spazio si trovano tanti tipi di negozi. Molte persone e famiglie vi trascorrono il sabato o la domenica. In Italia ci sono centri commerciali e outlet famosi, come per esempio il Serravalle Designer Outlet o il Fidenza Village.

84 VIVA L'ITALIA

### ■ I MERCATI

I mercati all'aperto si trovano in diversi quartieri delle città piccole e grandi. Possono avere luogo tutti i giorni della settimana, in genere eccetto la domenica. Nei centri abitati più piccoli almeno una volta alla settimana è **giorno di mercato**.

Esistono anche mercati fissi, tra questi, forse, il più famoso è quello di Porta Portese ☞ **Fig. 1** a Roma. Nei mercati si possono comprare frutta e verdura, ma anche articoli di abbigliamento e per la casa.

**Fig. 1** Il mercato di Porta Portese

# I GRANDI STILISTI

Agli italiani piace comprare capi di abbigliamento. Per tanti vestirsi bene è molto importante e molti seguono la moda con una certa attenzione.
Tra gli stilisti più famosi ci sono gli italiani Valentino, Dolce e Gabbana, Armani, Gucci, Versace, Trussardi. Con la globalizzazione però molti di questi marchi sono passati sotto il controllo di aziende straniere.
A Milano, uno dei centri della moda più importanti al mondo, si svolgono due volte all'anno le settimane della moda. Sono eventi in cui vengono presentate le collezioni autunno-inverno e primavera-estate.

---

### TEST
**Sei un fanatico dello shopping? Scegli A, B, C o D e controlla poi le tue risposte sul fondo pagina.**

1 Andare a fare shopping ti fa sentire meglio?
  A Mai  B A volte  C Spesso  D Sempre

2 Quando fai shopping ti senti felice ed eccitato?
  A Mai  B A volte  C Spesso  D Sempre

3 Compri spesso cose inutili che poi non usi?
  A Mai  B A volte  C Spesso  D Sempre

4 Dopo lo shopping ti succede di scoprire che gli oggetti comprati non ti piacciono?
  A Mai  B A volte  C Spesso  D Sempre

5 Spendi molti soldi quando fai shopping?
  A Mai  B A volte  C Spesso  D Sempre

6 Quante volte esci per fare shopping?
  A Più di quattro volte alla settimana
  B Una volta alla settimana
  C Una o due volte al mese
  D Molto raramente

7 Quando fai shopping compri solo oggetti di un certo tipo, per esempio scarpe o borse?
  A Mai  B A volte  C Spesso  D Sempre

---

**1. COMPRENSIONE** Rispondi alle domande. Dove si trovano in genere...
1 i negozi più eleganti e le boutique?
2 i grandi magazzini?
3 gli outlet?
4 i mercati all'aperto?

**2. SCRIVERE** Scrivi i nomi di...
1 celebri quartieri della moda.
2 due grandi outlet.
3 un famoso mercato all'aperto.

**3. COMPRENSIONE** Rispondi alle domande.
1 Quali sono gli stilisti italiani più famosi? Ne conosci altri?
2 Che cosa si svolge a Milano due volte all'anno?

**Soluzioni:**
- Nelle tue risposte ci sono molti "sempre" o "spesso"? Gli inglesi ti chiamerebbero uno *shopaholic*, cioè un... maniaco dello shopping. Stai attento! Può diventare pericoloso per il tuo portafoglio!
- Hai risposto con "spesso" o "qualche volta"? Sì, ti piace fare shopping, ma in genere non esageri.
- Le tue risposte sono piene di "a volte" e "mai"? Non ti piace molto fare shopping o per te è un'attività come un'altra.

SHOPPING E MODA

# Il design

### Prima della lettura

- Che cos'è il design?
- Sai fornire degli esempi?

Discutine in classe o scrivi un breve testo.

..................................................
..................................................
..................................................
..................................................

**Fig. 1** Progetti di interni dell'Architetto Luca Bombassei

## IL DESIGN ITALIANO

**1895** — Prima Biennale di Venezia, Esposizione Internazionale d'Arte di Venezia

**1920** — Nascita del movimento artistico Novecento: si occupa di pittura, progettazione di interni e arredo

**1923** — Prima Triennale Milano

**'50-'60** — Comincia il successo del *made in Italy* a livello internazionale

**'60** — A partire dagli anni Sessanta i prodotti industriali, architettonici e di arredo italiani diventano marchi molto apprezzati[1] e venduti in tutto il mondo

**Con la parola *design italiano* si fa riferimento[2] a tutte le forme di progettazione inventate e realizzate in Italia.**

In particolare, nel nostro Paese molto importanti sono la progettazione di interni ☛ **Fig. 1**, la progettazione urbana, il design della moda e la progettazione architettonica.

### ■ PIER GIACOMO E ACHILLE CASTIGLIONI

Nati a Milano all'inizio del 1900, sono forse i due più grandi designer della storia italiana. Hanno segnato il mondo del design con le loro idee semplici e rivoluzionarie. Nei loro prodotti tutto ha una funzione, niente è solo decorativo[3]. I prodotti dei fratelli Castiglioni sono rimasti nella storia. Insieme

### Glossario

1 **apprezzare:** piacere, considerare bello
2 **si fa riferimento:** si parla di
3 **decorativo:** usato solo per rendere più bello uno spazio

hanno vinto ben 14 Compassi d'oro, il "premio Nobel" del design. Uno dei loro prodotti più famosi è la lampada Arco, creata per il marchio Flos nel 1962. Per la prima volta una **"lampada a sospensione"** poteva essere spostata per la casa allo scopo di illuminare il tavolo da pranzo o la scrivania dello studio.
La lampada è così famosa che è stata definita opera d'arte e come tale tutelata, cioè protetta, dal rischio di imitazione. È esposta nei più importanti musei del mondo, tra cui il MoMA di New York.

### ■ MATTEO THUN

È nato a Bolzano nel 1952, studia all'accademia di Salisburgo e si laurea in architettura nel 1975 all'Università degli Studi di Firenze. Nel 1978 si trasferisce a Milano dove incontra Ettore Sottsass e nel 1981 fondano insieme la Sottsass Associati e il gruppo Memphis. È uno dei più noti designer italiani. Ha lavorato per Swatch come direttore artistico dal 1990 al 1993 e poi per Artemide, Illy, Philips, Fontana Arte, Missoni, Porsche Design, Coca Cola, Lavazza e Campari. Per i prodotti di architettura e interior design[4] Matteo Thun riceve molteplici premi. Molto note sono le sue **ceramiche** ← **Fig. 2** usate come oggetti di arredo per la casa.

**Fig. 2** I vasi Thun

### ■ ETTORE SOTTSASS

Nato nel 1917, in Austria, è famoso per le sue opere ma anche per la sua vita avventurosa. Incarcerato in Montenegro durante la Seconda guerra mondiale, nel 1943 entra nell'esercito di Salò, da cui poi diserta[5]. Dopo la guerra apre uno studio a Milano e lavora con numerosi artigiani per migliorare la propria tecnica. Negli anni '50 diventa uno dei maestri del design e nel 1957 *art director* di Poltronova. Dal 1958 lavora per Olivetti, per cui firma il primo calcolatore elettronico italiano e la famosa **Valentine**, la macchina da scrivere di colore rosso fuoco ← **Fig. 3**. Segna l'inizio di un'epoca in cui il design diventa un oggetto pop, non più solo per pochi. La collaborazione con Olivetti durerà circa 30 anni e porterà alla nascita di un nuovo stile per i prodotti da ufficio.

**Fig. 3** La macchina da scrivere Valentine di Olivetti disegnata da Ettore Sottsass, richiudibile in valigetta

### ■ BRUNO MUNARI

Nato agli inizi del 1900 a Milano, è uno dei protagonisti dell'arte, del design e della grafica del XX secolo. Lavora in tantissimi campi (pittura, scultura, cinematografia, disegno industriale, grafica, scrittura e poesia). La sua arte si sviluppa attorno ai temi del **movimento**, della **luce** e della **creatività**[6].
Ha ricevuto numerosi premi. Tra i tantissimi oggetti di design, si ricorda la lampada a sospensione Falkland pensata per Danese nel 1964 ← **Fig. 4**. Questa lampada ha la forma di una calza ed è formata da sette anelli di metallo di diversa grandezza.

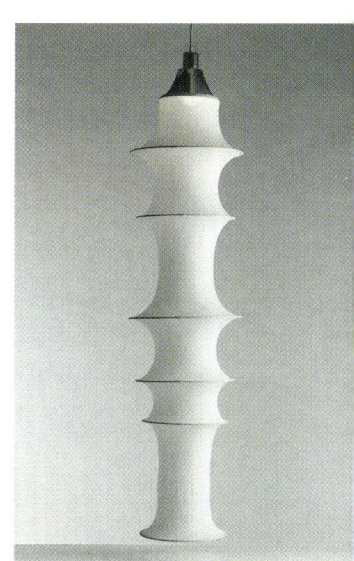

**Fig. 4** Lampada Falkland di Bruno Munari

### 1. COMPRENSIONE Rispondi alle domande.
1. Quali settori del design sono importanti in Italia?
2. Dove si svolge la Biennale e quando è nata?
3. Che cos'è Novecento e di che cosa si occupa?
4. Quando comincia il successo dei prodotti *made in Italy*?

**Glossario**
4 **interior design:** architettura degli interni, degli spazi e oggetti di un luogo chiuso
5 **disertare:** lasciare l'esercito senza giustificati motivi, senza autorizzazione dei superiori
6 **creatività:** capacità di creare, di inventare

IL DESIGN | 87

**VIVA L'ITALIA**

### ■ GIÒ PONTI

Nato a Milano nel 1891, è tra gli architetti più importanti del secolo scorso. Progetta il grattacielo Pirelli di Milano e tante altre costruzioni nel mondo. È ricordato anche come designer. Tra i numerosi prodotti di design da lui creati, si ricorda la **Superleggera**, una sedia progettata nel 1957 per Cassina ☞ **Fig. 5**. Questa sedia è speciale perché Giò Ponti ne ha alleggerito il peso e l'ha trasformata in un oggetto dal design *minimal*. È stata rivoluzionaria perché le sedie precedenti erano grandi e pesanti. La Superleggera, invece, come dice il suo nome, si sposta facilmente e la si può usare in tutta la casa.

**Fig. 5** La sedia Superleggera di Giò Ponti: moderna ma con forti legami col passato

### ■ L'AZIENDA DI DESIGN: ALESSI

Alessi S.p.a. è un'azienda italiana produttrice di oggetti di design. L'azienda si trova vicino a Omegna, in Piemonte, ed è fondata da Giovanni Alessi nel 1921. L'azienda nasce come laboratorio metallurgico, cioè come azienda per la costruzione di prodotti in metallo.
I primi oggetti sono della metà degli anni Trenta. Molti dei prodotti realizzati dall'azienda fino al 1945 sono disegnati da Carlo Alessi, figlio di Giovanni; egli abbandona poi completamente la progettazione e si occupa solo della direzione aziendale. Il design diventa l'attività principale dell'Azienda a partire dagli anni Settanta. In quel periodo Alberto Alessi, fratello di Carlo, inizia a collaborare con una serie di designer esterni. I più importanti sono Achille Castiglioni, Ettore Sottsass e soprattutto Richard Sapper, autore della famosa **caffettiera espresso 9090** ☞ **Fig. 6** e di altri oggetti. Dagli anni Ottanta le collaborazioni con i più grandi nomi del design italiano e internazionale diventano sempre più numerose.
I prodotti dell'azienda sono il risultato di una ricerca molto profonda. L'idea è quella di creare artigianato moderno con prodotti disegnati da architetti molto creativi.
La produzione è divisa in tre gruppi: Alessi, che è il marchio storico dell'azienda e produce prodotti di medio-alto livello, sia per la qualità che per il prezzo; Officine Alessi, che produce i prodotti più costosi e innovativi; A di Alessi che vende i prodotti meno costosi.

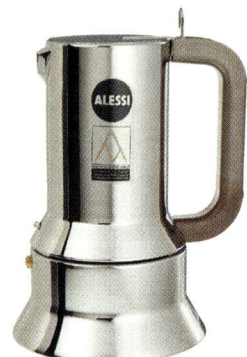

**Fig. 6** Caffettiera Alessi 9090

---

**2. COMPRENSIONE** Abbina il nome del designer (a-d) all'immagine dell'oggetto corrispondente (1-4).

a Giò Ponti   b Ettore Sottsass   c Castiglioni   d Bruno Munari

1 macchina da scrivere Valentine
2 lampada Arco 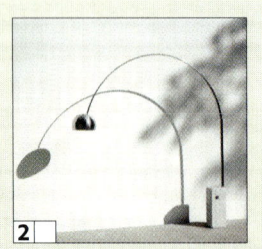
3 sedia Superleggera 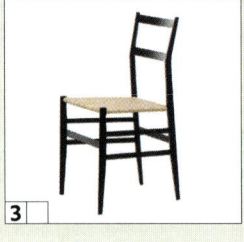
4 lampada Falkland

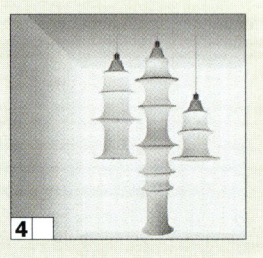

# GLI INTERIOR DESIGNER CONTEMPORANEI

Con la parola "interior designer" si indicano gli architetti, progettisti di interni, cioè chi progetta gli spazi interni delle nostre case.

Questi architetti dimostrano la genialità italiana nella loro capacità di immaginare, cioè pensare, come potrebbero diventare i luoghi dove viviamo e come potremmo viverli nel modo migliore.

Tra i principali architetti italiani di interni del nostro periodo ci sono **Fabio Novembre**, famoso per le sue innovazioni, **Luca Bombassei**, noto per i suoi progetti eco-sostenibili[7] e **Claudia Pelizzari**, nota per le sue progettazioni ricche di eleganza ← Fig. 7.

### ■ FABIO NOVEMBRE

Nato a Lecce nel 1966. Ha avuto una veloce carriera: ha collaborato con Blumarine e Milan, Bisazza e Cappellini.

È curatore[8] di mostre alla Triennale di Milano. Ha curato lo spazio espositivo del comune di Milano nel padiglione Italia all'Expo di Shanghai.

Il suo oggetto di design più famoso è la poltrona Nemo da lui firmata nel 2010 per Driade. Ha la forma di una faccia umana, di una maschera teatrale. È molto grande nelle dimensioni per nascondere e proteggere chi la utilizza.

**Fig. 7** Un interno progettato da Claudia Pelizzari

### Glossario
7 **eco-sostenibile:** che rispetta la natura
8 **curatore:** chi si occupa di preparare, di allestire una mostra

---

**3. COMPRENSIONE** Vero o falso?

1. I fratelli Castiglioni hanno vinto 14 Compassi d'oro. V F
2. La lampada Arco è esposta al museo MoMA di New York. V F
3. I fratelli Castiglioni sono architetti contemporanei. V F
4. Matteo Thun è nato a Milano nel 1952. V F
5. Ettore Sottsass è stato in carcere durante la Seconda guerra mondiale. V F
6. Giò Ponti ha progettato il grattacielo Pirelli di Milano. V F
7. La Superleggera di Giò Ponti è una sedia progettata nel 1957 per Cassina. V F
8. Alessi è un'azienda italiana che si trova in Piemonte. V F
9. Alessi non ha mai collaborato con designer esterni. V F
10. La produzione Alessi è divisa in tre gruppi. V F
11. Fabio Novembre ha collaborato con il Milan. V F
12. Fabio Novembre ha curato uno spazio espositivo per l'Expo di Shanghai. V F

**4. PARLARE** Discuti con un/a compagno/a su questi temi.
- Sei mai andato a qualche mostra d'arte? Quale ti è piaciuta di più?
- Sei un artista? Hai mai provato a progettare, dipingere o anche solo disegnare per divertimento?
- Qual è il tuo artista preferito?
- Preferisci l'arte moderna o l'arte contemporanea? Per quale motivo?

**5. SCRIVERE** Adesso descrivi in un breve testo quali oggetti di design vorresti nella tua casa e dove li metteresti.

IL DESIGN

**VIVA L'ITALIA**

# Le archistar

**1. GUARDA IL VIDEO** e rispondi alle domande.

1 Quali sono i quattro architetti italiani citati?
...................................................................................
...................................................................................

2 Ricordi il nome di almeno un'opera di ciascuno di loro?
...................................................................................
...................................................................................
...................................................................................

**Con la parola *archistar* ci si riferisce ad architetti molto famosi che hanno, al giorno d'oggi, una fama uguale ad alcuni sportivi o personaggi dello spettacolo. Il loro nome è un vero e proprio marchio di qualità e alcuni dei loro progetti sono riconosciuti come simboli del periodo moderno.**

I nomi italiani in questo campo sono numerosi: da **Aldo Rossi** a **Stefano Boeri**, da **Gaetana Aulenti** a **Renzo Piano**. Tutti loro hanno contribuito a cambiare il mondo che ci circonda.

### ■ ALDO ROSSI

Aldo Rossi ← **Fig. 1**, milanese, nato nel 1931, è stato uno degli architetti italiani più famosi. È stato il primo italiano a vincere il premio Pritzker, praticamente il "premio Nobel" dell'architettura. È considerato all'unanimità[1] uno dei maestri europei del Novecento. Rossi è diventato famoso per la sua concezione di città come somma di tutte le epoche.
È stato autore di opere importanti per lo sviluppo del design architettonico dello scorso secolo. Due delle sue opere di maggior rilievo presentano caratteristiche particolari. La prima è un oggetto di design, la **caffettiera La conica**, disegnata per Alessi. La seconda è un'opera architettonica temporanea,

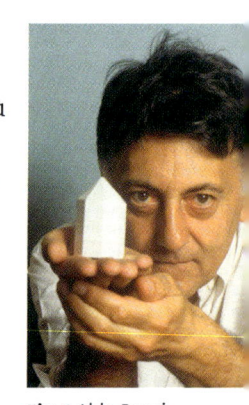

**Fig. 1** Aldo Rossi

**Fig. 2** Teatro del Mondo, Venezia, di Aldo Rossi

**Fig. 3** Bosco Verticale, Milano, progetto di "Boeri Studio"

90 VIVA L'ITALIA

il **Teatro del Mondo** ← **Fig. 2**, simbolo della Biennale di Venezia del 1979. È un enorme teatro di legno e tubi d'acciaio, galleggiante[2]. Il teatro è stato costruito su una chiatta, cioè una piccola barca bassa, e poi portato a Venezia sul Canal Grande. Alla fine della Biennale è stato smontato.

### ■ STEFANO BOERI

Milanese, nato nel 1956, è uno dei più importanti architetti italiani contemporanei. È il presidente della Triennale di Milano e il simbolo della **ricerca architettonica** italiana. Boeri è conosciuto in particolare per il Bosco Verticale ← **Fig. 3**, che ha modificato completamente l'aspetto di una zona di Milano, Porta Nuova. Il Bosco Verticale è costituito da due torri decorate da 800 alberi e 19 000 essenze vegetali, cioè piccole piante. Ha ottenuto la certificazione energetica massima, la Leed Gold, e il premio per il miglior edificio al mondo dal *Council on Tall Build Habitat*.

### ■ GAETANA (GAE) AULENTI ← Fig. 4

Nata nel 1927 a Milano, è la stella femminile degli architetti italiani più conosciuti. Ha lavorato per Olivetti, Fiat, Max Mara, per le quali ha realizzato uffici, showroom ed esposizioni internazionali. Ha lavorato anche per aziende come Artemide e Fontana Arte. Nel 1986 ha ristrutturato[3] la Gare d'Orsay a Parigi e il Musée d'Orsay. Ha recuperato[4] le Scuderie papali di Roma, oggi conosciute come Scuderie del Quirinale, uno degli spazi più belli della capitale. Suo è anche il progetto delle stazioni Museo e Dante ← **Fig. 5** della metropolitana di Napoli e delle relative piazze. Ha ricevuto diversi premi. Milano le ha dedicato la **piazza del Centro Direzionale**, progettata dall'argentino Cesar Pelli.

**Fig. 5** Stazione Dante a Napoli

**Fig. 4** Gae Aulenti

### ■ MASSIMILIANO FUKSAS

Nato a Roma nel 1944, ha origini lituane e franco-austriache. È certamente uno degli architetti italiani che più ha lasciato il segno[5] negli ultimi anni. È noto per la realizzazione del Centro Congressi Roma EUR, **la Nuvola** ← **Fig. 6**, un'opera visionaria[6]. Ha vinto diversi premi tra cui il Grand Prix d'Architecture nel 1999. Ha collaborato alla realizzazione della Fiera di Milano-Rho, della Vienna Twin Tower e del Centro Peres per la Pace di Giaffa, a Tel Aviv. Altre sue opere spettacolari sono le Bolle a Bassano del Grappa e il nuovo terminal dell'aeroporto di Shenzen, in Cina.

**Fig. 6** Centro Congressi Roma EUR, la Nuvola

### ■ RENZO PIANO

Nato a Genova nel 1937, è uno dei più famosi architetti italiani all'estero. È l'unico italiano, insieme a Rossi, ad aver vinto il Pritzker, nel 1998, ma la lista di premi che ha vinto è lunghissima. Ha dedicato la propria vita alla **sperimentazione**[7] e all'**innovazione**[8]. Per questo motivo è considerato uno dei maestri dell'**architettura High Tech**. I suoi capolavori sono numerosi: il Centres Georges Pompidou di Parigi, che ha realizzato a 34 anni e che è uno

### Glossario

[1] **all'unanimità:** da tutti
[2] **galleggiante:** che sta a galla, cioè che non affonda se appoggiato in acqua
[3] **ristrutturare:** mettere a posto, a nuovo un edificio o parti di esso
[4] **recuperare:** mettere a posto, a nuovo un edificio che si trova in gravi condizioni e quindi non è più utilizzabile o rischia di non essere più utilizzabile
[5] **lasciare il segno:** mettersi in evidenza, diventare famoso
[6] **visionario:** da sogno
[7] **sperimentare:** fare prove, tentativi
[8] **innovare:** inventare qualcosa di nuovo

LE ARCHISTAR

dei templi dell'arte più originali mai costruiti; l'**Auditorium Parco della Musica** a Roma ☞ **Fig. 7**, oggi una delle piazze più particolari della città; il Centro Culturale Tjibaou, in Nuova Caledonia, famoso perché è immerso nella natura; lo Shard, a Londra, che con i suoi 310 m di altezza è l'edificio più alto dell'Unione Europea. Esso è studiato per contenere e riflettere la luce come un enorme cristallo.

**Fig. 7** Esterno di uno dei padiglioni dell'Auditorium Parco della Musica, progettato da Renzo Piano Building Workshop, architetti

## IL PONTE MORANDI DI GENOVA

Il viadotto Polcevera ☞ **Fig. 8** (conosciuto come ponte Morandi o ponte delle Condotte) era un ponte autostradale che collegava il centro di Genova con il porto e le aree industriali della zona.
Il viadotto era la parte finale dell'autostrada che collega il nord d'Italia e il sud della Francia.
Progettato dall'ingegnere Riccardo Morandi, è stato costruito fra il 1963 e il 1967. È stato chiuso al traffico il 14 agosto 2018 a seguito del suo crollo che ha provocato 43 morti e 566 sfollati, persone che hanno dovuto lasciare le loro case a causa del crollo. La ricostruzione è stata fatta a tempo di record sulla base di un'idea di Renzo Piano ☞ **Fig. 9** che ha regalato il progetto alla sua città natale.

**Fig. 8** Il ponte Morandi, crollato nel 2018

**Fig. 9** Veduta aerea del Ponte San Giorgio di Genova sul Polcevera, costruito al posto del vecchio Ponte Morandi crollato nel 2018, progettato da Renzo Piano Building Workshop, architetti

**2. COMPRENSIONE** Rispondi alle domande.
1 Che cosa si intende con la parola *archistar*?
2 Quali architetti italiani hanno vinto il premio Pritzker?
3 Che cos'è il Teatro del Mondo?
4 Come sono conosciute le Scuderie papali? Dove si trovano?
5 Che caratteristica ha lo Shard? Dove si trova?
6 Che cos'è il ponte Morandi? Dove si trovava?

### 3. COMPRENSIONE Abbina il nome dell'opera (1-6) all'architetto che l'ha progettata (a-f).

1. Bosco Verticale
2. Ponte Morandi
3. La Nuvola
4. Il Teatro del Mondo
5. Ristrutturazione Gare d'Orsay
6. Centres Georges Pompidou

a. ☐ Riccardo Morandi
b. ☐ Gae Aulenti
c. ☐ Renzo Piano
d. ☐ Stefano Boeri
e. ☐ Aldo Rossi
f. ☐ Massimiliano Fuksas

### 4. COMPRENSIONE Indica l'alternativa corretta.

1. È considerato uno dei Maestri del Novecento.
   - A Renzo Piano
   - B Gae Aulenti
   - C Aldo Rossi

2. La caffettiera La conica è stata disegnata per...
   - A Olivetti.
   - B Alessi.
   - C Swatch.

3. Il Bosco Verticale è conosciuto...
   - A per la sua altezza.
   - B perché è decorato con 800 alberi a 19 000 essenze vegetali.
   - C per il suo colore.

4. Gae Aulenti ha ristrutturato le stazioni Museo e Dante della metropolitana di...
   - A Napoli.
   - B Roma.
   - C Milano.

5. La piazza del Centro Direzionale di Milano ☛ Fig. 10 è dedicata a...
   - A Aldo Rossi.
   - B Gae Aulenti.
   - C Renzo Piano.

6. Il progetto del nuovo ponte di Genova è stato regalato da...
   - A Massimiliano Fuksas
   - B Aldo Rossi
   - C Renzo Piano

7. Cosa ha realizzato a Roma Massimiliano Fuksas?
   - A La nuova Fiera
   - B Il nuovo stadio
   - C Il Centro Congressi Roma EUR

8. Dove si trova il Centro Culturale Tjibaou?
   - A A Londra
   - B In Nuova Caledonia
   - C A New York

### 5. PARLARE Osserva l'immagine di Milano moderna qui a fianco e descrivila. Queste espressioni ti possono essere utili:

- Questa foto mostra/illustra...
- Al centro/in primo piano/in secondo piano/a destra/a sinistra/si vede/si può vedere/si possono vedere/distinguere...
- La foto comunica.../dà un senso di....

### 6. PARLARE In coppia con un/a compagno/a domanda e rispondi.

- Ti piace l'arte?
- Quale arte preferisci? Pittura, scultura o architettura?
- Preferisci l'arte moderna oppure l'arte classica?
- Conoscevi qualcuna di queste opere citate nel testo? C'è un'opera che ti piace maggiormente?
- Quale città d'arte preferiresti visitare se ne avessi la possibilità?
- Qual è il monumento o opera d'arte che preferisci della tua città?
- Quale monumento o opera d'arte ti è rimasto più in mente di un tuo recente viaggio?

**Fig. 10** Quartiere finanziario di Porta Garibaldi con il grattacielo della Unicredit e veduta dall'alto della piazza del Centro Direzionale di Milano, dedicata all'architetta Gae Aulenti

## VIVA L'ITALIA

# La tecnologia in Italia

**1. GUARDA IL VIDEO** sui mezzi di trasporto in Italia e rispondi alle domande.

1 Perché alcuni tram che circolano a Milano si chiamano 1928?
2 Che cosa sono i tram atmosfera?
3 In quale città c'è il sistema di metropolitana più esteso?
4 In quale città la metropolitana appare "artistica"?
5 Che cos'è il sistema di treni suburbani?

**Il telefono, l'elicottero, l'energia nucleare. Che cosa hanno in comune tutte queste invenzioni? Sono tutte nate negli ultimi 150 anni grazie alla creatività di menti italiane.**

### ■ LA DINAMO E IL MOTORE ELETTRICO

Nel 1865 **Antonio Pacinotti** inventa un sistema che trasforma l'energia cinetica, cioè quella del movimento, in energia elettrica. Nascono la dinamo e poi il motore elettrico ☛ **Fig. 1**: lo troviamo in tantissimi oggetti che usiamo tutti i giorni, come negli elettrodomestici, nei computer e nei ventilatori.

### ■ IL TELEFONO

Nel 1871 **Antonio Meucci** inventa il telettrofono, un apparecchio per comunicare a distanza. **Guglielmo Marconi**, una ventina di anni dopo, commercializza[1] il prodotto. Vince il premio Nobel per la fisica nel 1909. Il telefono, l'evoluzione del telettrofono, diventa il mezzo di comunicazione più usato al mondo.

**Fig. 1** Il motore elettrico di Pacinotti

### ■ L'ELICOTTERO E L'ALISCAFO

Nel 1877 l'ingegnere **Enrico Forlanini** costruisce un apparecchio a eliche[2] ☛ **Fig. 2** in grado di sollevarsi[3] da terra, un antenato dell'elicottero. Nel 1905 realizza un nuovo apparecchio, una barca con ali che, oltre una certa velocità, si solleva. Prima si chiama idroplano, poi diventerà nota come aliscafo.
L'ingegnere **Corradino D'Ascanio**, diversi anni dopo, completa l'invenzione dell'elicottero: un apparecchio che riesce a circolare per circa otto minuti. L'invenzione resta un prototipo, cioè un modello unico. Solo molto

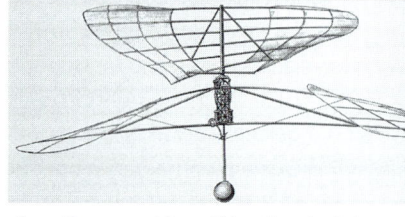

**Fig. 2** L'apparecchio a eliche di Forlanini

tempo dopo verrà migliorato e venduto sul mercato con il nome di "elicottero".

### ■ LA PRIMA AUTOSTRADA

Nel 1924 nasce la prima vera autostrada della storia, quella cosiddetta **dei Laghi**, progettata dall'ingegner Piero Puricelli per collegare Milano a Varese, Como e Sesto Calende.

### ■ LA MOKA

Nel 1933 viene inventata una macchina che rivoluzionerà il modo di preparare il caffè in casa: la moka.
È la mitica macchinetta a pianta ottagonale, cioè con otto lati, progettata dal piemontese **Alfonso Bialetti** ☞ Fig. 3.

### ■ LA VESPA

Nel 1945, dopo la fine della Seconda guerra mondiale, quasi tutte le fabbriche italiane sono distrutte. Alcune fabbriche, invece, devono cambiare tipo di produzione, come la Piaggio che prima costruiva motori e aerei da guerra.
**Enrico Piaggio** pensa a un mezzo economico e pratico su due ruote, ma non la solita motocicletta. Dà l'incarico del progetto a **Corradino D'Ascanio** che nel 1945 disegna uno scooter leggero ma robusto. Il nome glielo trova il dottor Piaggio che dice: «Sembra una vespa!». Diventerà una vera e propria icona e commercialmente sarà un grande successo ☞ Fig. 4.

### ■ L'AZIENDA OLIVETTI

Molto importante è anche il ruolo italiano nel campo dell'elettronica. Quando si parla di personal computer vengono in mente marchi come Apple, Ibm, Hewlett Packard. Ma la nascita del PC si deve a un torinese, Pier Giorgio Perotto. L'azienda Olivetti nasce a Ivrea, in Piemonte, nel 1908, fondata da **Camillo Olivetti**. All'inizio è solo un piccolo edificio in mezzo alla campagna. Nella fabbrica si producono macchine da scrivere.
Nel 1932 diventa direttore della società **Adriano Olivetti**, figlio di Camillo, e si cominciano a produrre alcune macchine innovative[4]. Nel 1945 nasce la Divisumma 14, la prima calcolatrice in grado di fare le quattro operazioni fondamentali. Nel 1959 nasce l'Elea 9003, uno dei primi computer con i transistor.
Negli anni Sessanta l'azienda riesce a vendere tantissimi dei suoi prodotti sui mercati mondiali. Ma negli anni Settanta la Olivetti attraversa un periodo di crisi soprattutto perché non riesce ad adeguare la produzione ai prodotti concorrenziali che arrivano dall'estero.
Nel 1978 **Carlo De Benedetti** diventa presidente dell'azienda e la risolleva dalla crisi: produce il primo personal computer europeo, l'Olivetti M20, e poi l'Olivetti M24 che avrà un grandissimo successo internazionale. Nello stesso periodo nasce la prima macchina da scrivere elettronica al mondo, la Olivetti ET 101.
Negli anni Novanta, a causa di una nuova crisi, Olivetti cambia settore e diventa la principale proprietaria di Telecom, una delle principali aziende telefoniche italiane.

**Fig. 4** Vespa Piaggio

---

**Glossario**

**1 commercializzare:** vendere su larga scala, a tanti
**2 elica:** pala usata dall'elicottero per permettergli di volare
**3 sollevarsi:** alzarsi
**4 innovativo:** che porta novità

**Fig. 3** Moka Bialetti

---

**2. COMPRENSIONE** Rispondi alle domande.

1. Che cosa ha inventato Forlanini?
2. Che cos'è la moka? Chi l'ha inventata?
3. Qual è la grande invenzione di Olivetti?
4. Quando (in quali anni) l'Olivetti ha grande successo?
5. Come cambia l'Olivetti negli anni Novanta?

LA TECNOLOGIA IN ITALIA

# LE GRANDI OPERE

## ■ LA METROPOLITANA IN ITALIA

In Italia diverse città hanno la metropolitana: Milano, Roma, Napoli, Brescia, Torino, Catania, Genova, Bari e Salerno. La prima linea metropolitana viene costruita nel 1955 a Roma, la linea **Termini-E42**, diventata poi la linea B della metropolitana della capitale.

Negli anni Sessanta a Milano vengono costruite le prime due linee di metropolitana. Nel 1980 anche a Roma viene aperta la seconda linea metropolitana. Dal 1990 in avanti anche le altre città italiane si sono dotate della metro, mentre Roma e Milano hanno aumentato il numero delle loro linee.

Negli ultimi anni diverse città (Milano con la M5, Torino con la linea 1) hanno cominciato a costruire **metropolitane automatiche**, cioè senza un conducente che le guida.

## ■ L'ALTA VELOCITÀ IN ITALIA

L'alta velocità (AV) è il trasporto ferroviario veloce che collega diverse città. Nel novembre 1967 per la prima volta un treno passeggeri collega Roma e Napoli in meno di un'ora e mezza alla velocità di circa 145 km/h. È la nascita dell'**alta velocità ferroviaria** italiana. La prima linea veloce progettata in Europa è la Direttissima che collega Firenze a Roma, costruita tra il 1970 e il 1992. La rete ferroviaria ad alta velocità italiana, al 31 dicembre 2019, misura 1468 km.

Attualmente la linea ad alta velocità italiana permette di viaggiare da Milano a Roma in meno di tre ore.

## ■ I TRENI AD ALTA VELOCITÀ

L'ETR.500 è il primo treno a cassa non oscillante ad alta velocità costruito in Italia; il suo progetto nasce negli anni Ottanta ma il mezzo viene commercializzato solo negli anni Novanta.

Gli arredi interni sono stati progettati dal designer italiano Pininfarina. Nel 2008, l'"ETR 500" cambia aspetto e diventa colore "rosso Ferrari", e prende il nome **Frecciarossa** ← **Fig. 5**.

I treni Frecciarossa raggiungono la velocità di 300 km/h, arrivando direttamente nel cuore delle principali città italiane. Sono treni ad alta velocità con tutti i comfort che offrono quasi 190 collegamenti al giorno. Negli anni successivi è nato il Frecciarossa 1000, il treno più moderno della flotta Trenitalia. Può raggiungere la velocità massima di 400 km/h.

**Fig. 5** I treni Frecciarossa

# LE STAZIONI PIÙ BELLE

### ■ LA STAZIONE METROPOLITANA

La stazione metro più bella d'Italia è forse la **stazione Toledo** ← **Fig. 6**, una stazione della linea 1 della metropolitana di Napoli. Pareti, soffitti e altre superfici sono coperti da un bel mosaico blu e bianco. Una volta entrati in stazione sembra di essere sott'acqua o nello spazio.
È stata progettata dall'architetto spagnolo Óscar Tusquets e ha vinto numerosi premi. Secondo molti è la stazione metropolitana più bella d'Europa e del mondo.

### ■ LA STAZIONE FERROVIARIA

A Napoli c'è anche la stazione dell'alta velocità più bella d'Italia, **Napoli-Afragola** ← **Fig. 7**, soprannominata la porta del Sud. È stata inaugurata, cioè aperta per il primo utilizzo, a giugno 2017. La stazione è stata progettata dall'archistar anglo-irachena Zaha Hadid. Ha una forma sinuosa[5] e moderna. La sua struttura è a ponte sopra i binari.

**Fig. 6** Stazione metropolitana Toledo

**Fig. 7** Stazione alta velocità Napoli-Afragola di Zaha Hadid Architects

*Glossario*

[5] **sinuoso:** con molte curve

---

### 3. COMPRENSIONE Indica l'alternativa corretta.

1. Chi ha inventato la dinamo?
   - A Camillo Olivetti
   - B Antonio Pacinotti
   - C Antonio Meucci

2. Chi ha vinto il premio Nobel per la fisica nel 1909?
   - A Guglielmo Marconi
   - B Graham Bell
   - C Antonio Meucci

3. Chi ha fatto il primo prototipo di elicottero?
   - A Corradino D'Ascanio
   - B Graham Bell
   - C Pier Giorgio Perotto

4. Che cosa ha progettato Piero Puricelli?
   - A La moka
   - B La prima autostrada
   - C La prima metropolitana

5. A chi si deve l'invenzione della Vespa?
   - A Pirelli
   - B Piaggio
   - C FIAT

6. Che cosa costruiva Piaggio durante la guerra?
   - A Edifici
   - B Armi
   - C Motori e aerei da guerra

### 4. COMPRENSIONE Vero o falso?

1. La Olivetti è una società nata in Toscana. V F
2. De Benedetti è stato un dirigente italiano. V F
3. A Roma non ci sono linee metropolitane. V F
4. L'alta velocità (AV) nasce intorno alla metà degli anni Ottanta. V F
5. I treni Frecciarossa raggiungono la velocità di 300 km/h. V F
6. La stazione Toledo si trova a Napoli. V F
7. La linea ad alta velocità permette di viaggiare da Milano a Roma in meno di tre ore. V F
8. La stazione dell'alta velocità più bella d'Italia è la stazione di Napoli-Afragola. V F
9. Si parla di alta velocità quando i treni viaggiano a circa 150 km/h. V F

LA TECNOLOGIA IN ITALIA

**VIVA L'ITALIA**

# Lo sport nazionale: il calcio

### Prima della lettura

- Il calcio è uno sport popolare nel tuo Paese?
- Se no, qual è lo sport più popolare? E a te piace il calcio? Discutine in classe o scrivi un breve testo.

.................................................................
.................................................................
.................................................................

**Il calcio è lo sport più praticato e seguito dagli italiani.
È facile da praticare perché sono sufficienti un pallone e quattro oggetti per delimitare le porte, ma dà grandi emozioni!
Le squadre italiane hanno vinto molti trofei internazionali, cioè coppe e titoli, e questo lo ha reso molto popolare.**

Rispetto al passato sono sempre di più le persone che preferiscono guardare le partite dalla **televisione di casa** piuttosto che andare allo **stadio** ☛ **Fig. 1**. Insomma, la pay-tv, anche in questo ambito[1], ha modificato le abitudini degli italiani. Negli ultimi vent'anni le squadre di calcio sono diventate sempre più simili ad aziende. Per questo motivo hanno cercato di aumentare i propri ricavi, cioè incassare sempre più soldi. Il metodo migliore per raggiungere questo obiettivo è stato quello di vendere prodotti con il marchio[2] della propria squadra, ma soprattutto vendere i diritti televisivi.

### ■ PARLARE DI CALCIO

Il calcio è molto amato anche perché le persone non solo guardano le partite, ma ne parlano anche molto. Ci sono programmi televisivi ☛ **Fig. 2** e radiofonici interamente dedicati al calcio, **talk show televisivi** in cui si parla delle avventure romantiche e del comportamento dei calciatori e programmi in cui si discute di calciomercato, cioè delle possibili operazioni di compravendita di calciatori. Ma nella maggior parte dei

**Fig. 2** La ripresa televisiva di una partita

programmi si parla di tattica e strategia. Infatti ogni italiano si ritiene un grande esperto di calcio.

### ■ IL CAMPIONATO ITALIANO

La **serie A** è il più alto livello professionistico[3] del calcio italiano. Il primo campionato di calcio è del 1898, ma il campionato è diventato professionistico solo nel 1929. In serie A giocano venti squadre; la squadra che vince il campionato ottiene lo scudetto. Questo simboleggia[4] la vittoria nel campionato precedente. Le tre squadre che arrivano ultime nel campionato retrocedono, cioè nell'anno successivo giocano il campionato in **serie B.**

### ■ LE PRINCIPALI SQUADRE ITALIANE

La **Juventus**, chiamata anche la Vecchia Signora, è la squadra con più titoli italiani: 36 scudetti. Negli ultimi anni ha giocato nella Vecchia Signora anche Cristiano Ronaldo ☛ **Fig. 3**, uno dei più famosi giocatori al mondo.
Il **Milan**, soprannominato[5] il Diavolo, ha vinto 18 scudetti e diverse Champions League. Il Diavolo è famoso soprattutto per i successi ottenuti negli anni Novanta.
L'**Inter**, conosciuta anche come il Biscione, è l'altra squadra di Milano. Anch'essa ha vinto molto, soprattutto in Italia. Dal 2010 ha attraversato un periodo di crisi e solo negli ultimi anni è tornata a essere una squadra forte.
La **Roma** è una delle due squadre della capitale. È molto amata dai propri tifosi che la chiamano magica. In Italia ha vinto 3 scudetti. Un famoso calciatore in questa squadra è stato Francesco Totti ☛ **Fig. 4**, un simbolo per la Roma e un protagonista anche della nazionale italiana.
La **Lazio**, che in Italia ha vinto due scudetti, è l'altra squadra di Roma. Il suo simbolo è l'aquila. Forte è la rivalità con l'altra squadra romana contro cui gioca

**Fig. 3** Cristiano Ronaldo

**Fig. 4** Francesco Totti

derby[6] molto accesi e appassionanti[7].
Il **Napoli** è la squadra del capoluogo campano. Il suo simbolo è il "ciuccio"[8]. Negli anni Ottanta è stata la squadra di Diego Armando Maradona (1960-2020) ☛ **Fig. 5**, uno dei giocatori più forti di tutti i tempi. In quel periodo ha vinto 2 scudetti.

### ■ I RUOLI DEL CALCIO

- Il **portiere**: difende la porta della propria squadra. È l'unico giocatore che può, nella sola area di rigore, toccare la palla con le mani o con le braccia.
- Il **difensore**: si occupa della zona più vicina alla porta. Il suo compito è evitare che gli attaccanti avversari possano segnare un goal. Se gioca sulla fascia è detto terzino.

### Glossario

1 **ambito:** campo
2 **marchio:** il marchio del Milano per esempio
3 **livello professionistico:** campionato dove giocano calciatori che fanno del calcio la propria professione
4 **simboleggia:** rappresenta
5 **soprannominare:** dare un altro nome
6 **derby:** partite tra squadre che giocano nella stessa città
7 **accesi ed appassionanti:** in cui c'è tanto entusiasmo, emozioni
8 **"ciuccio"**

**Fig. 5** Un murale a Napoli con la raffigurazione di Maradona

## VIVA L'ITALIA

**1. COMPRENSIONE** Indica l'alternativa corretta.

1. Il calcio è molto amato perché...
   - A ha regole semplici e le squadre italiane hanno avuto diversi successi.
   - B ha tante regole e calciatori famosi.
   - C è molto pubblicizzato.

2. Ci sono molte trasmissioni...
   - A che parlano di calcio, di calciatori e di strategia nel calcio.
   - B che parlano tutte delle partite di calcio.
   - C dove fanno vedere solo le immagini registrate delle partite.

3. In serie A giocano ... squadre.
   - A dieci
   - B quindici
   - C venti

4. Alla fine del campionato si vince...
   - A l'aquila.
   - B lo scudetto.
   - C una coppa d'oro.

5. Qual è la squadra con più titoli italiani?
   - A Juventus
   - B Inter
   - C Roma

6. Qual è la squadra italiana che ha vinto diverse Champions League?
   - A Juventus
   - B Milan
   - C Lazio

7. Quali sono le squadre che giocano a Roma?
   - A Roma e Lazio
   - B Roma e Inter
   - C Inter e Milan

8. In quale squadra ha giocato Diego Armando Maradona?
   - A Lazio
   - B Napoli
   - C Juventus

**2. SCRIVERE** Scrivi un breve testo usando come traccia le seguenti domande.

- Quale sport pratichi?
- Lo pratichi a livello agonistico o amatoriale?
- Perché hai cominciato a fare questo sport?
- A quanti anni hai iniziato?
- In TV quale sport preferisci seguire e perché?
- Hai la pay tv per guardare i programmi sportivi in diretta?
- I tuoi amici fanno il tuo stesso sport?

---

- Il **centrocampista**: gioca nella zona centrale del campo (centrocampo). Se costruisce il gioco è il regista, se impedisce agli avversari di costruire il gioco, è il mediano, se gioca sulle fasce e serve palloni agli attaccanti, gioca come ala.
- L'**attaccante**: è il giocatore che gioca in posizione più avanzata. Il suo compito è segnare i goal.

### ■ LE TIFOSERIE

I tifosi che seguono le partite allo stadio sono tra i più appassionati al mondo. Le **"curve"** dello stadio ☞ **Fig. 7**, cioè i settori occupati dai tifosi che si trovano dietro le porte del campo, sono spettacolari: a ogni partita mostrano coloratissimi striscioni e bandiere e urlano per sostenere la propria squadra durante tutta la partita.

**3. COMPRENSIONE**
Colloca in questo campo di calcio, abbinando le lettere (a-d) ai numeri (1-8), i giocatori con i seguenti ruoli:

a ☐ terzino destro
b ☐ ala sinistra
c ☐ attaccante
d ☐ portiere

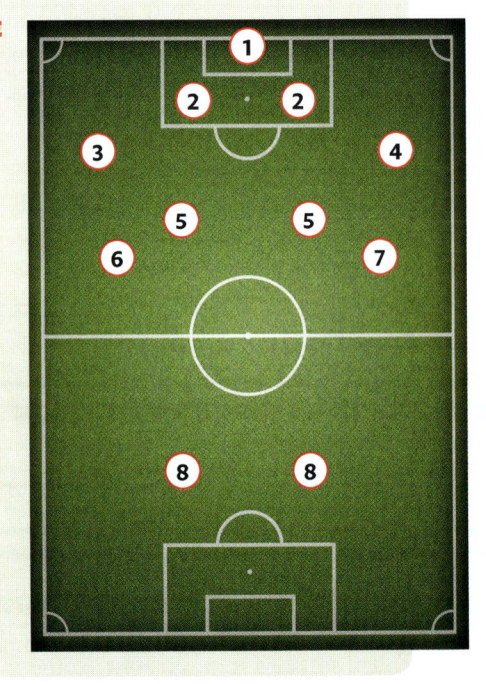

100 VIVA L'ITALIA

**Fig. 7** Immagini della curva e dei tifosi allo stadio

Nel corso degli anni si è sviluppato il fenomeno degli **"ultras"**, tifosi che seguono in modo costante la squadra del cuore e che, purtroppo, hanno spesso comportamenti violenti.

### ■ GLI SCANDALI
Un grande problema del mondo del calcio sono i periodici scandali per le scommesse illegali e le partite truccate. Nel 1980 scoppia il primo grande scandalo della storia del calcio italiano, definito **Totonero**. Esso rivela l'esistenza di un giro di scommesse clandestine da parte di calciatori e dirigenti di grandi squadre. Dopo diversi mesi di indagini, il processo penale finisce senza nessuna condanna, ma squadre e singoli giocatori sono squalificati e radiati.
A distanza di soli sei anni da quel giorno scoppia un nuovo scandalo (il **Totonero-bis**) per le scommesse clandestine su alcune partite nelle stagioni dal 1984 al 1986. Altri due scandali avvengono negli anni 2000: Calciopoli 2006 e Scommessopoli 2012.

### ■ IL CALCIO FEMMINILE
Negli ultimi anni il calcio femminile in Italia è diventato sempre più popolare grazie soprattutto agli ottimi risultati ottenuti ai campionati del mondo 2019, dove la **nazionale** ☛ Fig. 8 è arrivata ai quarti di finale. Molte ragazze si sono sempre più avvicinate a questo sport. Tuttavia, ancora oggi, poche atlete giocano come professioniste nel campionato di calcio italiano femminile di serie A.

**Fig. 8** La nazionale femminile italiana ai Mondiali 2019

**4. COMPRENSIONE** Rispondi alle domande.
1. Chi sono gli ultras?
2. Quando è stato il primo grande scandalo connesso al mondo del calcio? Com'è chiamato?
3. Ci sono stati altri scandali calcistici?
4. Il calcio è molto praticato da ragazze e donne in Italia?

# L'opera

**VIVA L'ITALIA**

**1. GUARDA IL VIDEO** e rispondi alle domande.

1. In quale lingua è scritto il *Don Giovanni* di Mozart?
2. Da chi è composto *Il barbiere di Siviglia*?
3. Quali famose opere ha composto Giuseppe Verdi?
4. Giuseppe Verdi è un'importante figura di quale periodo storico?
5. Qual è il teatro d'opera più famoso in Italia?
6. Dove si trova il Teatro La Fenice?

## L'OPERA IN MUSICA

L'*opera* è l'abbreviazione[1] del termine *opera in musica*. Definisce un genere teatrale e musicale che unisce in sé musica, balletto e canto.

È nata e si è sviluppata in Italia. Infatti in Italia ci sono il maggior numero di teatri d'opera al mondo ed è per questo considerata la patria dell'opera.
Gli altri nomi che vengono usati per parlare di opera sono: **melodramma**, **teatro musicale** e **opera lirica** (che in realtà si usa solo per alcuni tipi di opera).

**Fig. 1** Il soprano Desirée Rancatore e il tenore Piero Pretti interpretano *La traviata* di Giuseppe Verdi

### ■ ELEMENTI DELL'OPERA

Nell'opera vengono usati scenografie[2] e costumi d'epoca. Il testo che viene usato dai personaggi che recitano è chiamato libretto. I cantanti sono accompagnati da un complesso strumentale, cioè un gruppo di persone che suona alcuni strumenti musicali.
Nel corso dell'opera ci possono essere vari tipi di esibizioni, cioè numeri musicali da parte degli attori e cantanti ☞ **Fig. 1**. Sono:
- **duetti**, **terzetti**, **concertati**, **cori** e **balletti**, se partecipano più soggetti;
- **assoli** come **arie**, **ariosi**, **romanze**, se c'è solo un soggetto.

Le **voci maschili** sono divise dalla più grave (bassa) alla più acuta (alta) in: basso, baritono, tenore.
Le **voci femminili** sono divise dalla più grave alla più acuta in: contralto, mezzosoprano e soprano.

*Glossario*

**1 abbreviare:** rendere più corto e più semplice
**2 scenografia:** gli elementi che costituiscono una scena

VIVA L'ITALIA

**Fig. 2** *La bohème*

**Fig. 3** L'*Aida* all'Arena di Verona

### ■ L'ARIA

Con il termine **aria**, in campo musicale, si intende un brano cantato dalla voce solista. È un preciso momento dell'opera in contrasto con il momento in cui si recita. Sin dalle origini dell'opera l'aria ha sempre rappresentato[3] un momento dove la musica prevale sul dialogo.

### ■ I TIPI DI OPERA

Ci sono vari tipi di opera: seria, buffa, giocosa, semiseria, farsesca. Ad ognuno di questi generi corrisponde un tipo di rappresentazione diversa.
L'**opera seria** è un genere tipico dell'opera italiana. I temi centrali sono il dramma[4] e le passioni umane.
L'**opera buffa** nasce nel 1600 a Napoli, e da qui si sviluppa in tutta Italia. Come suggerisce il nome, è un'opera che rappresenta gioia e comicità.
Il melodramma giocoso, a metà strada tra l'opera seria e l'opera buffa, ha sempre un lieto[5] fine!
L'**opera semiseria** è un genere operistico nato a fine 1700 in cui convivono personaggi e temi tipici sia dall'opera seria che dall'opera buffa.
La **farsa** nasce a fine 1700 e si sviluppa soprattutto a Napoli e Venezia. È un'opera di tipo buffo, in un solo atto, con balletti. Altri generi sono il *Singspiel* e il *Musikdrama* rappresentati in Germania, l'*opera-comique* e la *grand opera* rappresentati in Francia.

### ■ IL SUCCESSO DELL'OPERA

Il successo dell'opera dipende da diversi fattori. La musica è forse il più importante. L'efficacia di ciò che viene rappresentato viene esaltato o svilito[6] dalla musica che viene utilizzata. Altri elementi importanti sono: la recitazione, ma soprattutto la voce dei cantanti, e il testo del libretto, che deve saper coinvolgere il pubblico. Altri elementi non trascurabili[7] sono la scenografia, i costumi dei protagonisti e le coreografie di balletti, se sono presenti.

### ■ LA STORIA DELL'OPERA

La storia dell'opera inizia alla fine del 1500 quando un gruppo di intellettuali fiorentini (conosciuto come Camerata de' Bardi) decide di formalizzare[8] il nuovo genere. Le origini storiche più antiche, tuttavia, risalgono al teatro medievale. Dal 1600 si afferma nelle città italiane, soprattutto a **Roma** e **Venezia**; ma è nel 1700 e nel 1800 che diventa un'importante forma di intrattenimento[9].
Nel Novecento la produzione di opere diminuisce notevolmente a causa della nascita di nuove forme di spettacolo, come il cinema e la televisione.

*Glossario*

**3 rappresentare:** mettere in scena
**4 dramma:** vicenda o situazione estremamente dolorosa e angosciosa
**5 lieto:** felice
**6 esaltare/svilire:** rendere migliore/peggiore
**7 trascurabile:** non importante
**8 formalizzare:** dare regole e forme
**9 intrattenimento:** spettacolo

**2. COMPRENSIONE** Rispondi alle domande.

1. L'opera è un genere teatrale e musicale. Che cosa viene rappresentato in scena oltre alla musica?
2. Come si chiama il testo che viene usato dai personaggi che recitano?
3. Quali sono le voci maschili usate nell'opera?
4. Quali sono i temi portanti dell'opera seria?
5. In quale opera convivono personaggi e temi presi sia dall'opera seria che dall'opera buffa?
6. Quali generi operistici sono rappresentati in Francia?
7. Quale di questi fattori non è determinante nel successo di un'opera? Il testo, la musica o l'ambiente?
8. Perché, nel corso del Novecento, la produzione di nuove opere è diminuita?

L'OPERA

# I COMPOSITORI

### ■ GIOACCHINO ROSSINI ← Fig. 4
Nato nel 1792 a Pesaro, compone la sua prima opera all'età di 14 anni. Gli anni dal 1810 al 1830 sono il periodo d'oro del compositore che in questo periodo scrive 39 opere molto importanti. Nel 1829 abbandona il teatro a causa della depressione, una malattia che lo seguirà per il resto della sua vita, e si ritira a vita privata.
Ha reso famosa in Italia l'opera buffa e in Francia ha ottenuto un grande successo con il *Guglielmo Tell*. Quest'opera racconta la storia dell'eroe svizzero che ha portato il suo popolo alla liberazione dall'Impero austriaco. È ricordato principalmente per *Il barbiere di Siviglia*. Tra le altre opere di Gioacchino Rossini ci sono *La gazza ladra*, *Semiramide*, *La Cenerentola*, *Il turco in Italia*.

### ■ GAETANO DONIZETTI ← Fig. 5
Nato nel 1797 a Bergamo da una famiglia molto povera, già da bambino dimostra di avere grande talento. Dopo gli inizi a Napoli, ottiene il primo grande successo nel 1830 con *Anna Bolena* a Milano. Le caratteristiche più importanti della sua opera sono la capacità di comporre musica e il romanticismo.
Donizetti ha scritto quasi settanta opere. Tra queste la più rappresentativa è forse il melodramma giocoso *L'elisir d'amore*. Altre sue opere molto famose sono *Lucia di Lammermoor*, *Don Pasquale*, *Maria Stuarda*, *Lucrezia Borgia*.

### ■ VINCENZO BELLINI ← Fig. 6
Figlio e nipote di compositori, ha studiato musica a Napoli e poi si è trasferito nel Nord Italia, dove ha ottenuto un grande successo.
È uno dei protagonisti dell'opera nel periodo del bel canto, agli inizi del 1800. La sua musica è il risultato dell'unione tra lo stile neoclassico e il romanticismo.

È stato autore di dieci opere liriche in tutto. La sua opera più famosa è la *Norma*. Altre sue opere sono *La sonnambula* e *I puritani*.

### ■ GIUSEPPE VERDI
Nato nel 1813 a Busseto, vicino a Parma, è probabilmente il più popolare compositore italiano di opere liriche. I suoi studi musicali sono molto difficili a causa della povertà della sua famiglia. Riesce a diventare un grande compositore solo grazie all'aiuto di un amico di famiglia che gli paga gli studi e grazie al suo grande impegno.
Nelle sue opere è molto presente l'elemento romantico, ma anche politico. È stato molto attivo nella vita politica italiana nel periodo risorgimentale. Infatti è diventato il simbolo artistico dell'unità del Paese.
Le sue opere rimangono ancora oggi tra le più conosciute ed eseguite nei teatri di tutto il mondo, in particolare la "trilogia popolare": *Rigoletto* (1851), *Il trovatore* (1853) e *La traviata* (1853).
Ma bisogna ricordare anche il *Nabucco* (1842), il *Don Carlo* (1867), l'*Aida* (1871) e l'*Otello* (1894).

### ■ GIACOMO PUCCINI ← Fig. 7
Nato nel 1858 a Lucca, è stato uno dei più importanti operisti della storia musicale.

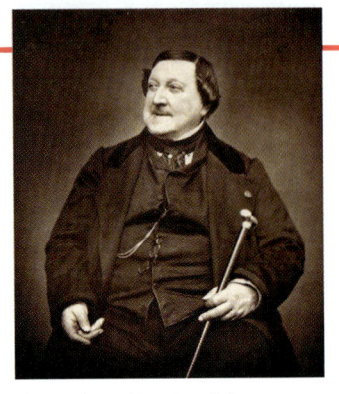

**Fig. 4** Gioacchino Rossini

**Fig. 5** Gaetano Donizetti

**Fig. 6** Vincenzo Bellini

### LO SAPEVI CHE…?
**Le 1000 lire di Verdi**
A Giuseppe Verdi, dal 1962 al 1983, è stata dedicata la banconota di mille lire. Questo fatto dimostra l'importanza del compositore nella storia italiana.

> **RICERCA SUL WEB**
> Digita il nome dell'opera e ascolta le arie più famose dell'opera italiana.
>
> *Va' pensiero* dal *Nabucco* di Giuseppe Verdi
> *Libiamo ne' lieti calici* dalla *Traviata*
> *Nessun dorma* dalla *Turandot*
> *La marcia trionfale* dall'*Aida*
> *La donna è mobile* dal *Rigoletto*
> *Largo al factotum* dal *Barbiere di Siviglia*
> *Casta diva* dalla *Norma*

Le sue prime opere sono legate alla tradizione dell'opera italiana di fine 1800. Successivamente ha sviluppato il suo lavoro in modo autonomo includendo alcuni temi del verismo musicale e il leitmotiv (tema conduttore) inventato da Richard Wagner. Le sue opere più famose sono: *La bohème* (1896); *Tosca* (1900); *Madama Butterfly* (1904); *Turandot* (1926).

## PIETRO MASCAGNI
→ Fig. 8

È stato un compositore e direttore d'orchestra. Durante la sua carriera ha viaggiato molto e ottenuto un grande successo.
Il suo stile è caratterizzato dall'ampio utilizzo degli acuti.
È diventato molto popolare grazie al successo immediato ottenuto nel 1890 con la sua prima opera, *Cavalleria Rusticana*. L'opera è un adattamento musicale[10] del romanzo di Giovanni Verga *Cavalleria Rusticana*.
Fu il primo compositore a scrivere per il cinema muto.

**Fig. 7** Giacomo Puccini

**Fig. 8** Pietro Mascagni

**Glossario**

[10] **adattamento musicale:** messa in scena con musica del testo di un libro o di un romanzo

### 3. COMPRENSIONE Di chi si parla? Scrivi il nome.

Avvio: È il compositore italiano più popolare. ▶ Giuseppe Verdi

1. Nel 1829 abbandona il teatro a causa della depressione. ..................
2. La storia dell'opera inizia alla fine del 1500, grazie ad un gruppo di intellettuali fiorentini. ..................
3. Ha scritto la *Turandot*. ..................
4. Ha scritto per il cinema muto. ..................
5. La sua faccia compare nelle mille lire nel 1962. ..................

### 4. COMPRENSIONE Abbina il nome del compositore (1-6) con l'opera corrispondente (a-f).

1. Gioacchino Rossini
2. Vincenzo Bellini
3. Pietro Mascagni
4. Giuseppe Verdi
5. Giacomo Puccini
6. Gaetano Donizetti

a. ☐ Norma
b. ☐ Il barbiere di Siviglia
c. ☐ Anna Bolena
d. ☐ La bohème
e. ☐ Cavalleria Rusticana
f. ☐ Il trovatore

### 5. PARLARE Parla di opera con il/la tuo/a compagno/a. Queste sono le domande che puoi porre:

- Sei mai andato al teatro a vedere un'opera? Se si quale? Conosci qualche brano di un'opera famosa?
- Pensi che l'opera al giorno d'oggi sia superata e quindi una "roba per vecchi" oppure pensi che possa essere uno spettacolo anche per i giovani?
- Per quale motivo?
- Porteresti per il primo appuntamento la tua ragazza/il tuo ragazzo a vedere l'opera?

L'OPERA

# VIVA L'ITALIA — Test

1. **La ... è uno dei più diffusi portafortuna.**
   - A coccinella
   - B farfalla
   - C mosca

2. **La ... è una danza tipica della Puglia.**
   - A tarantella
   - B pizzica
   - C saltarella

3. **La fecondità media delle famiglie italiane è...**
   - A molto bassa.
   - B media.
   - C molto alta.

4. **La percentuale delle donne che lavorano in Italia è ... quella dei Paesi del Nord.**
   - A come
   - B più bassa rispetto a
   - C più alta rispetto a

5. **Le coppie di fatto sono costituite da due persone...**
   - A sposate da tempo.
   - B che vivono insieme senza sposarsi.
   - C dello stesso sesso.

6. **I nonni in Italia spesso vivono...**
   - A da soli.
   - B con la famiglia.
   - C al mare.

7. **I giovani in Italia...**
   - A vanno via presto da casa.
   - B restano a lungo a casa con i genitori.
   - C vanno in altre città per studiare.

8. **La tipica colazione italiana consiste in...**
   - A succo d'arancia e cornflakes.
   - B caffè e biscotti o pane con marmellata.
   - C uova e prosciutto.

9. **Agli italiani piace...**
   - A fare la merenda.
   - B prendere l'aperitivo.
   - C bere il digestivo dopo cena.

10. **La trattoria è una specie di...**
    - A bar.
    - B ristorante.
    - C mensa.

11. **Le lasagne sono tipiche della regione...**
    - A Veneto.
    - B Calabria.
    - C Emilia-Romagna.

12. **Il Quadrilatero della moda si trova a...**
    - A Roma.
    - B Milano.
    - C Torino.

13. **Il mercato di Porta Portese ha luogo a...**
    - A Palermo.
    - B Roma.
    - C Napoli.

14. **I fratelli Castiglioni sono i creatori...**
    - A della lampada a sospensione Arco.
    - B della macchina da scrivere elettrica.
    - C di una sedia particolarmente moderna.

15. **Giò Ponti è un famoso...**
    - A architetto e designer.
    - B industriale.
    - C ingegnere.

16. **Alessi è una famosa azienda...**
    - A di design.
    - B di architettura.
    - C di giocattoli.

**17.** ... è considerato uno dei maestri europei nel campo dell'architettura.
- [A] Aldo Rossi
- [B] Stefano Boeri
- [C] Luigi Pirandello

**18.** Il Bosco Verticale a Milano è stato progettato da...
- [A] Gaetana Aulenti.
- [B] Stefano Boeri.
- [C] Renzo Piano.

**19.** Renzo Piano ha progettato importanti opere tra cui il nuovo ponte...
- [A] di Milano.
- [B] di Venezia.
- [C] di Genova.

**20.** Guglielmo Marconi ha inventato...
- [A] il motore elettrico.
- [B] il telefono.
- [C] l'elicottero.

**21.** Olivetti è un importante...
- [A] industriale.
- [B] architetto.
- [C] scrittore.

**22.** La prima metropolitana in Italia viene costruita a...
- [A] Roma.
- [B] Milano.
- [C] Napoli.

**23.** Gli italiani sono appassionati di...
- [A] calcio.
- [B] nuoto.
- [C] poesia.

**24.** La Serie ... è il più alto livello del campionato di calcio italiano.
- [A] 1 (Uno)
- [B] A
- [C] Speciale

**25.** L'Inter è una squadra di...
- [A] Roma.
- [B] Milano.
- [C] Napoli.

**26.** Maradona è un idolo della città di...
- [A] Napoli.
- [B] Palermo.
- [C] Roma.

**27.** Il più famoso compositore di opere liriche è...
- [A] Giuseppe Verdi.
- [B] Vincenzo Bellini.
- [C] Vittore Carpaccio.

**28.** Quali di questi sono titoli di opere?
- [A] *Aida* e *Nabucco*
- [B] *I Promessi sposi* e *I Malavoglia*
- [C] *Felicità* e *Silvia*

# L'inquinamento

**1. GUARDA IL VIDEO** e rispondi alle domande.

1. Quale industria ha provocato enormi disastri in Italia?
2. Quando inizia la produzione di eternit?
3. Perché l'eternit è letale, cioè estremamente dannoso, per la salute?
4. Quando viene vietata la produzione di amianto e di eternit?
5. Che cosa è successo a Seveso? In quale anno?
6. Qual è uno dei più recenti disastri ambientali?

Ai giorni nostri l'inquinamento è un problema mondiale. Nel secolo scorso gli uomini hanno pensato molto allo sviluppo economico e tecnologico, trascurando la natura che ci circonda. Anche l'Italia si trova ad affrontare un problema ambientale molto grave, che si manifesta come inquinamento dei mari, dell'aria e del suolo.

## L'INQUINAMENTO DEI MARI

### ■ PLASTICA E SCARICHI FOGNARI

L'Italia ha oltre 8000 km di coste, ma purtroppo il mare non è sempre dappertutto pulito. Uno dei problemi maggiori è quello della **plastica**. Molto spesso è da attribuire al pessimo comportamento delle persone che frequentano le nostre spiagge e abbandonano lì i propri rifiuti. Un'altra fonte di inquinamento dei mari sono gli **scarichi fognari**[1] delle case presenti lungo le coste. Infatti, ancora oggi, molte città italiane non hanno depuratori[2] efficienti.
Seppur meno numerosi, anche gli **scarichi industriali** contribuiscono a inquinare le nostre acque.

### ■ LE SPIAGGE

Ogni anno alcune spiagge vengono dichiarate **non balneabili**, cioè luoghi dove non si può fare il bagno, mentre altre vengono dichiarate **Bandiera blu** ☞ Fig. 1.
La maggior parte delle spiagge sconsigliate e da evitare si trova vicino ai fiumi, ai porti e nelle grandi città di mare. Queste spiagge non raggiungono, comunque, il 2% del totale delle spiagge italiane. Sono invece

**Glossario**

**1 scarico fognario:** canale per l'eliminazione delle acque di rifiuto
**2 depuratore:** impianto che pulisce le acque di scarico dalle sostanze inquinanti

**Fig. 1** La Bandiera blu

L'ITALIA E GLI ITALIANI

numerose le spiagge italiane dichiarate Bandiera blu. La bandiera viene assegnata in due casi: la "Bandiera blu delle spiagge" per la qualità delle acque di balneazione e delle spiagge e la "Bandiera blu degli approdi turistici" per la pulizia delle acque vicine ai porti e per l'assenza di scarichi fognari.

# L'INQUINAMENTO DELL'ARIA

L'Organizzazione mondiale della sanità stima[3] che l'aria inquinata uccide ogni anno circa ottantamila persone in Italia. L'inquinamento atmosferico è un problema molto importante soprattutto nelle grandi città italiane e in alcune zone molto popolose. In particolare, la zona della pianura Padana (Piemonte, Lombardia, Veneto, Friuli-Venezia Giulia ed Emilia-Romagna) è quella più problematica perché, in quest'area molto pianeggiante, l'aria ristagna, cioè non circola.
I motivi principali di inquinamento dell'aria sono dovuti agli **scarichi delle fabbriche**, ☛ Fig. 2 alla **circolazione delle auto** e, nel periodo invernale, ai **sistemi di riscaldamento**.

### ■ IL BLOCCO DELLE AUTO E I NUOVI MEZZI

Per contenere l'inquinamento atmosferico dovuto alle autovetture vengono utilizzate diverse strategie.
La prima è il **blocco totale o parziale** delle auto in alcuni periodi dell'anno, soprattutto nel periodo invernale. Inoltre, in molte città ci sono **zone a traffico limitato**, cioè zone dove le macchine non possono circolare.
Lo Stato ha anche favorito sia la circolazione di nuovi **mezzi ibridi[4] ed elettrici** ☛ Fig. 3 che inquinano poco, sia le forme di *sharing* (*car*, *bike* e *moto*). Queste sono forme di condivisione di un mezzo (macchina, bici e moto) per spostarsi nelle città.

**Fig. 2** L'inquinamento industriale

**Fig. 3** Una colonnina di ricarica e un'auto elettrica

**Glossario**
**3 stimare:** calcolare, valutare
**4 mezzo ibrido:** nel quale al motore termico, benzina o diesel, viene affiancato uno o più motori elettrici

---

**2. COMPRENSIONE** Riporta il significato dei seguenti termini che troverai nel corso dell'unità aiutandoti, se necessario, con il dizionario.

1. scarico fognario ............
2. scarico industriale/delle fabbriche ............
3. energie rinnovabili ............
4. raccolta dei rifiuti ............
5. inceneritore ............
6. termovalorizzatore ............
7. depuratore ............
8. polveri sottili ............
9. sistema di riscaldamento ............
10. discarica ............

L'INQUINAMENTO | 109

## L'ITALIA E GLI ITALIANI

### ■ LE ENERGIE RINNOVABILI

In Italia, fino a vent'anni fa, erano ancora presenti **sistemi di riscaldamento** delle case, delle fabbriche e degli uffici, basati su carbone o oli combustibili[5].

Oggi, questi metodi fortemente inquinanti sono stati abbandonati.

Si stanno diffondendo altre forme di energia pulita in Italia, tra cui l'**energia idroelettrica** che sfrutta il flusso dell'acqua, l'**energia eolica** ☞ **Fig. 4** che sfrutta la forza del vento, l'**energia solare** che trasforma i raggi solari in energia e l'**energia geotermica** che utilizza il calore del sottosuolo per produrre energia.

La produzione di energia elettrica in Italia deriva sempre di più dalle fonti rinnovabili. Nel 2017 la produzione nazionale di energia è stata coperta per il 12,8% dalla produzione idroelettrica e per il 16,3% da quella geotermica, eolica e solare. Grazie a questi dati l'Italia è uno tra i principali Paesi per quote di energia derivanti da fonti rinnovabili.

> **LO SAPEVI CHE...?**
>
> **Le polveri sottili**
> Sono la tipologia di inquinamento più importante. Sono killer invisibili e terribili: grandi un milionesimo di metro (detti per esempio PM10 e PM2,5), entrano in circolo nel nostro organismo e danneggiano i nostri polmoni. L'Agenzia europea dell'ambiente ha stimato che in Italia, nel 2014, più di 50 000 morti sono da attribuire all'inquinamento dovuto al PM2,5. Una situazione simile si è verificata anche nella zona di Brescia, dove negli ultimi tempi è nata la Terra dei fuochi del Nord.

**Glossario**
**5 olio combustibile:** liquido che viene bruciato per ottenere calore utilizzabile per il riscaldamento

**Fig. 4** Un impianto eolico

---

**3. COMPRENSIONE** Indica l'alternativa corretta.

1. Nel secolo scorso...
   - A si faceva molta attenzione all'ambiente che ci circonda.
   - B l'umanità ha pensato molto allo sviluppo economico e tecnologico.
   - C i nostri mari erano pieni di plastica.

2. L'inquinamento marino è causato maggiormente da...
   - A carta.
   - B petrolio.
   - C plastica.

3. La "Bandiera Blu delle spiagge" viene assegnata per...
   - A la qualità delle acque di balneazione e delle spiagge.
   - B la qualità della pulizia del porto.
   - C la qualità dei servizi delle spiagge.

4. L'Organizzazione mondiale della sanità stima che in Italia l'aria inquinata uccida ogni anno circa ... persone.
   - A ottantamila
   - B ottomila
   - C ottocentomila

5. La zona italiana con più problemi di inquinamento atmosferico è...
   - A la pianura Padana.
   - B la Sardegna.
   - C la Puglia.

6. Le polveri sottili sono...
   - A la seconda causa di inquinamento in Italia e sono grandi pochi centimetri.
   - B la tipologia di inquinamento più importante e sono grandi un milionesimo di metro.
   - C polveri che entrano nel nostro organismo senza danneggiarlo.

# L'INQUINAMENTO DEL SUOLO

## ■ LA RACCOLTA DIFFERENZIATA

Per ridurre l'inquinamento si sono fatti grossi passi avanti nel campo della raccolta differenziata dei rifiuti ← **Fig. 5**. In molte zone d'Italia il **riciclo**, cioè il riutilizzo della plastica, del vetro e della carta è diventato sempre più diffuso. Per realizzare questo obiettivo si è sviluppato un sistema sempre più organizzato di **raccolta** e **smaltimento**[6]. I risultati sono ottimi: la plastica viene riciclata dall'87,1% delle famiglie, il vetro dall'85,9% e la carta dall'86,6%. Queste percentuali sono raddoppiate rispetto a vent'anni fa.
Eppure, in molte città il sistema di raccolta differenziata dei rifiuti non è ancora molto efficiente. I motivi sono numerosi: in alcuni casi, la raccolta non è stata organizzata molto bene, in altri casi, non c'è una grossa collaborazione da parte dei cittadini. In alcune città italiane i rifiuti vengono abbandonati in strada o in discariche, come si è visto in brutte immagini nei giornali e telegiornali.

## ■ COME SMALTIRE I RIFIUTI

Oltre al problema della raccolta differenziata bisogna considerare il problema dello smaltimento dei rifiuti. Infatti, alcune regioni hanno costruito nella loro area molti **inceneritori**[7] e **termovalorizzatori**[8] per bruciare i rifiuti non riciclabili. Altre regioni invece, hanno deciso di non costruire inceneritori, ma non sanno come smaltire questi rifiuti. Quindi, depositano tutto in discariche a cielo aperto, cioè in zone dove vengono accumulate grosse quantità di immondizia. Queste discariche causano diversi problemi dal punto di vista ambientale.

**Fig. 5** Cassonetti per la raccolta differenziata

### Glossario

6 **smaltimento:** trasformazione dei rifiuti in materie prime secondarie e in residui da portare in discarica

7 **inceneritore:** impianto che brucia i rifiuti urbani o industriali

8 **termovalorizzatore:** inceneritore che ottiene energia riutilizzabile

### LO SAPEVI CHE...?

**La Terra dei fuochi**
Con il termine *Terra dei fuochi* viene indicata una vasta area della Campania (tra Napoli e Caserta). In quest'area, negli anni Novanta, sono stati interrati, cioè messi sottoterra, rifiuti tossici e pericolosi da gruppi di criminali locali. Successivamente, nell'area sono stati accesi numerosi roghi, per bruciare questi rifiuti, che hanno messo a rischio la salute della popolazione locale.

---

**4. COMPRENSIONE** Vero o falso?

1. Per contenere l'inquinamento atmosferico è stato adottato il blocco totale o parziale delle auto in alcuni periodi dell'anno. V F
2. Le macchine che vengono bloccate più spesso sono le macchine elettriche. V F
3. In molte città sono state create zone a traffico limitato, cioè zone dove le macchine non possono circolare. V F
4. Lo *sharing* di macchine, bici e moto permette di condividere un mezzo per spostarsi in città. V F
5. L'obiettivo dei prossimi anni in Italia e nel mondo è utilizzare sempre di più i combustibili fossili. V F

**5. SCRIVERE** Scrivi un testo riguardo al tema: "Inquinamento, uno dei maggiori problemi di oggi". Queste domande possono esserti utili nello svolgimento.

- Qual è secondo te il principale problema ambientale del nostro periodo? L'inquinamento atmosferico, l'inquinamento marino, il riscaldamento globale o altro?
- Pensi che i Paesi dovrebbero fare di più per risolvere questi problemi?
- Tu che cosa fai per l'ambiente nel tuo piccolo? Per esempio usi poco l'auto e usi molto i mezzi pubblici o la bicicletta, smaltisci i rifiuti in modo appropriato, ecc.
- Nella tua città qual è il problema ambientale più importante? Quali soluzioni proporresti per risolverlo?

L'INQUINAMENTO | 111

# La Repubblica italiana

*Prima della lettura*

La bandiera italiana si chiama tricolore. Ti ricordi quali sono i colori di questa bandiera?

..................................................
..................................................
..................................................

Fig. 1 L'aula del Senato a Palazzo Madama

## IL SISTEMA POLITICO

**L'Italia è una democrazia parlamentare. I suoi organi principali sono il Parlamento, composto da due Camere, il Governo e il Presidente della Repubblica, o Capo dello Stato. Ciascuna Camera ha un presidente. Tutte le istituzioni politiche hanno sede a Roma, che è la capitale della Repubblica.**

### ■ IL PARLAMENTO

È l'organo più importante dello Stato italiano. È eletto direttamente dal popolo tramite elezioni politiche e resta in carica cinque anni. Questo periodo si chiama **legislatura**. Il Parlamento è composto da due Camere: la Camera dei deputati e il Senato.
La **Camera dei deputati**, formata da 630 deputati elettivi[1], ha sede nel Palazzo Montecitorio.
Il **Senato** ha sede a Palazzo Madama ☛ **Fig. 1** ed è composto da 315 senatori elettivi, un numero variabile di senatori a vita e tutti gli ex Presidenti della Repubblica viventi. Ha una funzione di controllo e di indirizzo politico nei confronti del Governo.

### ■ IL GOVERNO

È formato dal **Presidente del Consiglio,** chiamato anche Capo di Governo o Premier, e dai **ministri** da lui scelti.
Il Presidente del Consiglio coordina l'attività dei ministri e indirizza la politica del Governo.

*Glossario*

**1 elettivo:** creato per elezione

Fig. 2 Palazzo Chigi

**Fig. 3** La Costituzione è la legge fondamentale dello Stato, approvata nel 1947

### LO SAPEVI CHE...?

**Eletti ed elettori**
Per essere eletti deputati è sufficiente avere 25 anni, mentre per essere eletti senatori è necessario avere 40 anni di età.
Per votare per la Camera si deve avere compiuto 18 anni, mentre per votare per il Senato 25 anni.

Il Governo ha sede a Roma, a Palazzo Chigi ☛ **Fig. 2**. Esercita il **potere esecutivo**, cioè deve attuare le leggi approvate dal Parlamento. I ministri si occupano di settori specifici: economia, sanità, istruzione, affari esteri e interni, e così via.

### ■ IL PRESIDENTE DELLA REPUBBLICA

Il Presidente della Repubblica viene nominato direttamente dalle Camere. Per essere eletto deve avere almeno 50 anni e resta in carica sette anni. È il garante dell'unità nazionale e ha un ruolo di rappresentanza presso le istituzioni italiane ed estere: non interviene direttamente nelle decisioni politiche, ma nomina il Presidente del Consiglio.

### ■ REGIONI, PROVINCE E COMUNI

La Repubblica Italiana è formata da regioni, province e comuni. Questi organismi locali hanno una certa autonomia di decisione e di amministrazione, ma devono sempre rispettare le leggi dello Stato, come prevede la **Costituzione** ☛ **Fig. 3**. Gli amministratori locali sono eletti dai cittadini di quella zona. A capo della giunta[2] della città vi è il **sindaco** ☛ **Fig. 4** che lavora nel Municipio.

**Fig. 4** Un sindaco celebra un matrimonio civile

**Glossario**

[2] **giunta:** organo esecutivo del Comune

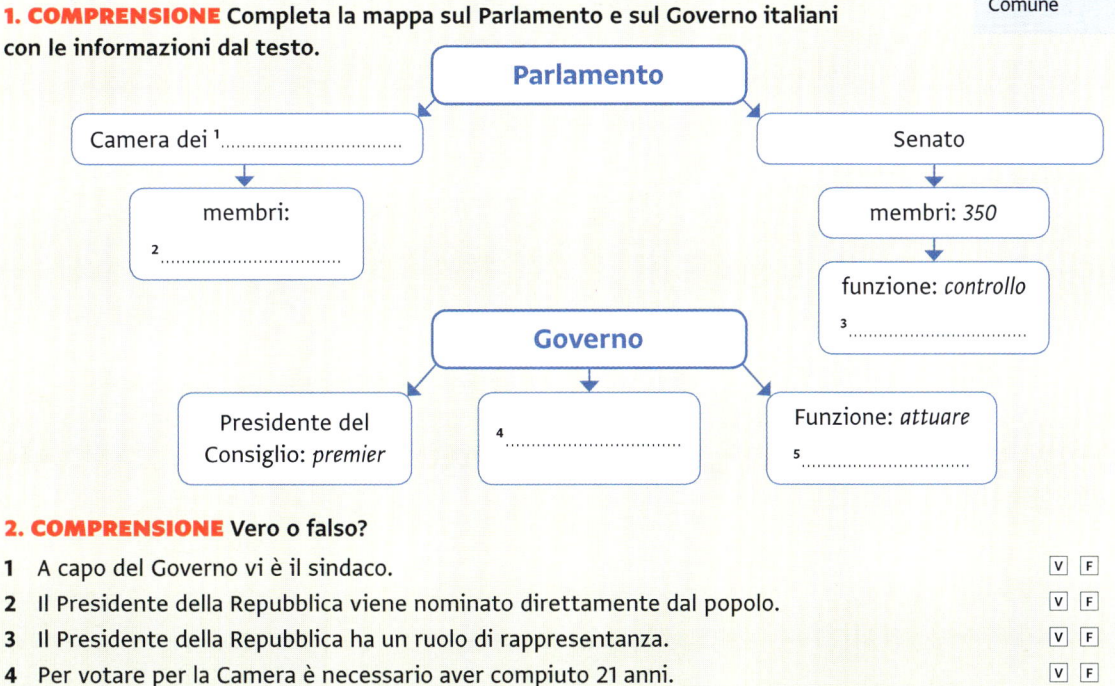

---

**1. COMPRENSIONE** Completa la mappa sul Parlamento e sul Governo italiani con le informazioni dal testo.

**Parlamento**
- Camera dei [1] ...............
  - membri: [2] ...............
- Senato
  - membri: *350*
  - funzione: *controllo* [3] ...............

**Governo**
- Presidente del Consiglio: *premier*
- [4] ...............
- Funzione: *attuare* [5] ...............

**2. COMPRENSIONE** Vero o falso?

1. A capo del Governo vi è il sindaco. V F
2. Il Presidente della Repubblica viene nominato direttamente dal popolo. V F
3. Il Presidente della Repubblica ha un ruolo di rappresentanza. V F
4. Per votare per la Camera è necessario aver compiuto 21 anni. V F

**3. PARLARE** Quale forma di governo esiste nel tuo Paese? È simile a quella in Italia? Quali sono le somiglianze, quali le differenze? Discutine in classe.

LA REPUBBLICA ITALIANA

# I PARTITI ITALIANI

I partiti politici in Italia sono molti e non raramente cambiano nome e simboli ☞ **Fig. 4**.

### ■ FORZA ITALIA
È stato il partito più importante del centro-destra italiano per 25 anni. Grazie al suo leader Silvio Berlusconi ha governato l'Italia per parecchi anni. Ultimamente, tuttavia, ha perso molti voti e nel 2018 ha ottenuto rappresentanza minore in Parlamento, cioè poche persone del partito sono state elette.
Per quanto riguarda le idee politiche, Forza Italia non è cambiata nel tempo. Propone sempre idee politiche di stampo liberistico[3] e moderato.

### ■ FRATELLI D'ITALIA
È un partito conservatore e nazionalista nato nel 2012 da Alleanza nazionale. Negli ultimi anni ha visto aumentare i propri voti grazie alle forti critiche all'Unione Europea e all'immigrazione proveniente dai Paesi del Nord Africa. Sicuramente una parte del suo successo è dovuto alle capacità della sua leader, Giorgia Meloni.

### ■ LEGA
È il partito della politica italiana che più è cambiato. Inizialmente era espressione solo delle regioni del Nord, economicamente più produttive. Sotto la guida di Matteo Salvini, il suo nuovo leader dal 2013, è diventato poi un partito nazionale e nazionalista[4]. Oggi gode di grande popolarità. Anche la Lega, come Fratelli d'Italia, ha più volte manifestato la propria avversità, cioè si è opposta, alle politiche dell'Unione Europea e all'immigrazione.

### ■ MOVIMENTO 5 STELLE
È un partito nuovo, fondato nel 2009 dal comico italiano Beppe Grillo e dall'imprenditore del web Gianroberto Casaleggio. Nel 2018 è diventato il partito più votato dagli italiani. Il suo successo è dovuto alle critiche al "sistema",

> **Glossario**
>
> **3 liberismo:** sistema basato sul libero mercato e che limita gli interventi dello Stato in campo economico
>
> **4 nazionalista:** che pone al centro l'idea di nazione e di identità nazionale

**Fig. 4** Manifesti elettorali con i simboli dei vari partiti

cioè alla politica italiana che ha governato il Paese negli ultimi trent'anni. Molto forte è anche la critica nei confronti dell'Unione Europea. L'idea alla base del movimento è quella di una partecipazione attiva, da parte di tutta la popolazione, alle decisioni politiche. Non è possibile, invece, dire se sia un partito di destra o di sinistra, cioè se le idee alla base del partito siano di stampo conservatore[5], liberista o riformista[6].

### ■ PARTITO DEMOCRATICO
È l'erede del PDS (Partito democratico della sinistra) ed è un partito riformatore, di centro-sinistra. Negli ultimi anni ci sono state numerose scissioni, cioè divisioni, al suo interno. Nonostante ciò, nelle elezioni del 2018 è stato il secondo partito più votato. In Italia è il partito più filoeuropeista[7].

### ● RICERCA SUL WEB
**Simboli dell'Italia**
L'emblema nazionale italiano è quello che vedi. Simbolo dell'Italia.
Esiste anche un altro simbolo nazionale: l'inno. Te ne ricordi il titolo? Lo hai mai sentito? Se no, ascoltalo nel web. Parola chiave: "inno nazionale italiano".

### ■ ALTRI PARTITI MINORI
Tanti sono i piccoli partiti ancora presenti nel Parlamento italiano. Tra questi c'è Italia viva di Matteo Renzi, che è l'ex leader del Partito democratico da cui è uscito nel 2019. Italia viva è un partito nuovo, nato nel 2019, filoeuropeista con idee liberaldemocratiche[8]. Ci sono, inoltre, diversi partiti con idee filocomuniste tra i quali, il più importante è LeU (Liberi e uguali) e anche alcuni partiti di estrema destra con idee di tendenza neofascista come Forza nuova.

### Glossario
**5 conservatore:** chi vuole mantenere l'ordinamento politico sociale trasmesso dalla tradizione
**6 riformista:** chi vuole cambiare l'ordinamento politico sociale esistente attraverso l'attuazione di riforme graduali
**7 filoeuropeista:** chi sostiene un avvicinamento tra gli Stati europei, per mantenere l'Europa unita
**8 liberaldemocratico:** chi sostiene l'idea di sovranità popolare e l'importanza delle libertà individuali

**4. COMPRENSIONE** Completa la tabella in riferimento a ogni partito.

|  |  | |
|---|---|---|
| 1 | **Forza Italia** | Leader: .................... |
| | Idee/Posizioni: .................... | |
| 2 | **Lega** | Leader: .................... |
| | Idee/Posizioni: .................... | |
| 3 | **Movimento 5 stelle** | Fondatori: .................... |
| | Idee/Posizioni: .................... | |
| 4 | **Fratelli d'Italia** | Leader: .................... |
| | Idee/Posizioni: .................... | |
| 5 | **Partito democratico** | Leader: diversi |
| | Idee/Posizioni: .................... | |
| 6 | **Italia viva** | Leader: .................... |
| | Idee/Posizioni: .................... | |

# Studiare...

**L'ITALIA E GLI ITALIANI**

▶ **1. GUARDA IL VIDEO** e rispondi alle domande.
1. Qual è l'università (italiana) più antica del mondo?
2. Quali famosi personaggi l'hanno frequentata?
3. Qual è la migliore università italiana nelle materie ingegneristiche e scientifiche?
4. Quando è stata fondata l'università "La Sapienza"?
5. La Bocconi è un'università privata o pubblica?

## LE UNIVERSITÀ ITALIANE

**Oltre alle università delle città di Bologna, Milano e Roma, di cui hai sentito la descrizione nel video, ci sono altre importanti università in Italia.**

■ **L'UNIVERSITÀ FEDERICO II E L'ORIENTALE DI NAPOLI**
L'Università degli Studi di Napoli Federico II è stata fondata nel 1224 dall'imperatore del Sacro romano impero e re di Sicilia **Federico II di Svevia**. Essa rappresenta il più grande e importante ateneo del Meridione e accoglie numerosi studenti provenienti da tutto il Sud Italia. Da qui sono usciti politici famosi come Giorgio Napolitano e Giovanni Leone. L'Orientale di Napoli, invece, è la prima scuola di sinologia (studio della lingua e cultura cinese) e orientalistica in Europa.

■ **LA NORMALE DI PISA**
La Scuola Normale Superiore ← Fig. 1 è un'università statale con sedi a Pisa e Firenze.
È nata nel 1810 nel periodo napoleonico.
È considerata una delle prime università del mondo per la ricerca nelle **scienze naturali**: fisica, matematica, chimica. Ha studiato a Pisa il premio Nobel per la fisica 1984 Carlo Rubbia.

**Fig. 1** La Scuola Normale Superiore a Pisa

**Glossario**
1 **effettuare:** frequentare, passare

**Il programma Erasmus**
Il programma Erasmus Plus è un programma europeo. Esso dà la possibilità a uno studente universitario di effettuare[1] in un'università straniera un periodo di studio legalmente riconosciuto dalla propria università.
Il programma è nato nel 1987 e, a trent'anni dalla sua creazione, ha permesso a più di 2,2 milioni di studenti di studiare in università che aderiscono al progetto (più di 4000 università in 31 Paesi europei).
Molti giovani vengono a studiare in università italiane grazie a questo programma.

# LA SCUOLA IN ITALIA

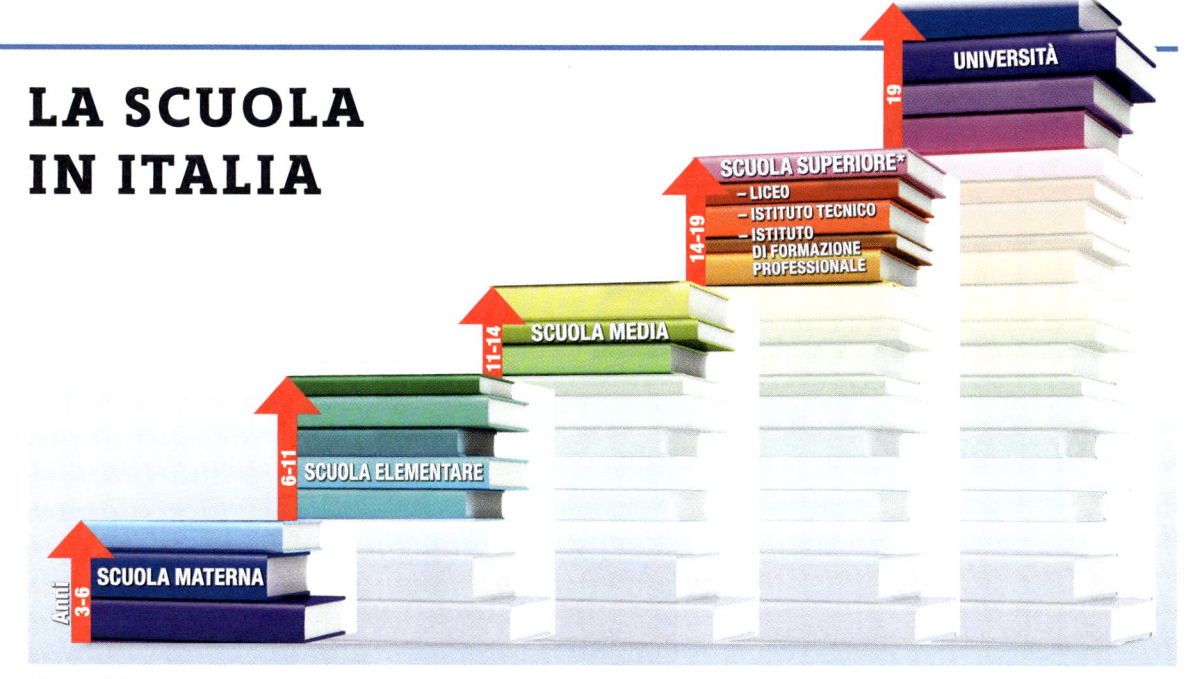

**UNIVERSITÀ** 19
**SCUOLA SUPERIORE*** 14-19
– LICEO
– ISTITUTO TECNICO
– ISTITUTO DI FORMAZIONE PROFESSIONALE
**SCUOLA MEDIA** 11-14
**SCUOLA ELEMENTARE** 6-11
**SCUOLA MATERNA** 3-6

* Esame di Stato

## ■ LE SCUOLE SUPERIORI

Alla fine dei tre anni di **scuola media** ragazze e ragazzi devono affrontare l'unico esame della scuola dell'obbligo: l'**esame di licenza media**. Dopo l'esame devono scegliere tra: liceo, istituto tecnico o istituto di formazione professionale.
Al **liceo** si studiano soprattutto materie teoriche, ed è adatto a studenti che poi si iscriveranno all'università.
I licei si distinguono in classico, scientifico, linguistico, artistico e delle scienze sociali.
All'**istituto tecnico** gli studenti affrontano lo studio di materie teoriche, ma anche tecniche che riguardano il tipo di lavoro che andranno a svolgere. Tra gli istituti tecnici più frequentati, ricordiamo l'istituto tecnico commerciale e l'istituto turistico.
Infine, gli **istituti di formazione professionale** danno una preparazione più specializzata e di tipo pratico a molti tipi di lavoro, per esempio nel settore enogastronomico, dell'agricoltura o dell'informatica.
Alla fine di tutte le scuole superiori gli studenti affrontano l'**esame di Stato** o maturità. Questo permette loro di accedere all'università.

**2. COMPRENSIONE** Completa.

1 L'università Federico II si trova a ........................... ed è stata fondata nel ........................... .

2 La Scuola Normale Superiore si trova a ........................... ed è stata fondata nel ........................... .

**3. SCRIVERE** Osserva l'immagine qui sopra e spiega a che età si comincia ogni tipo di scuola e quanto questa dura.

Avvio: *La scuola materna si comincia a... e dura...*

**4. COMPRENSIONE** Rispondi alle domande.

1 Che tipo di preparazione dà ciascun tipo di scuola superiore (Liceo, Istituto tecnico, Istituto di formazione professionale)?

2 Quale esame devono affrontare gli studenti alla fine della scuola superiore?

## L'ITALIA E GLI ITALIANI

# ... e lavorare in Italia

## IL MONDO DEL LAVORO

Il mondo del lavoro negli ultimi decenni è molto cambiato. Al giorno d'oggi le tipologie di lavori che vengono richieste sono sempre più specialistiche[1].
Quindi i metodi di assunzione sono cambiati.
Una volta una persona, per trovare lavoro, rispondeva a un annuncio o pubblicava una inserzione sul giornale o addirittura portava il proprio *curriculum vitae* agli uffici del personale dell'azienda ☛ **Fig. 1**.
Al giorno d'oggi per cercare lavoro ci si affida a internet. Il modo più usato

**Fig. 1** Un colloquio di lavoro

è inviare telematicamente il proprio *curriculum* alle **agenzie per il lavoro**.
Un altro modo è contattare tramite e-mail direttamente le aziende che si pensa possano essere interessate al proprio profilo professionale.

**Glossario**

**1 specialistico:** con una competenza molto specifica

---

**1.** 🔊 **T13 ASCOLTARE** Ascolta il professor Mattei intervistato sull'economia italiana, poi indica vero o falso.

1. Il settore terziario è il più importante dell'economia italiana.  V F
2. Il vero punto di forza dell'economia italiana è il made in Italy.  V F
3. Le prime banche moderne furono create a Genova.  V F
4. Oltre il 15% degli italiani lavora nell'agricoltura.  V F
5. Il turismo e il settore bancario sono tra le maggiori risorse dell'economa italiana.  V F
6. I prodotti agricoli italiani sono molto conosciuti ed esportati.  V F

**2. COMPRENSIONE** Completa le frasi.

1. Il mondo del lavoro è molto ………………………… nell'ultimo periodo.
2. Le tipologie di lavori che vengono richieste sono sempre più ………………………… .
3. I metodi di ………………………… sono cambiati.
4. Al giorno d'oggi per trovare lavoro ci si affida a ………………………… .
5. Il modo più usato per candidarsi è inviare il proprio ………………………… tramite e-mail alle agenzie per il lavoro.

118  L'ITALIA E GLI ITALIANI

# I TIPI DI LAVORO

### ■ IL LAVORO AUTONOMO
Consiste nell'eseguire una prestazione, cioè un lavoro o un servizio, per un **compenso**, cioè una somma di denaro.

### ■ L'IMPRESA
Il lavoratore autonomo assume la forma di impresa nel momento in cui ha dei beni che vengono usati per svolgere l'attività, come per esempio mezzi o strumenti necessari per l'attività stessa.
Inoltre, si può parlare di impresa solo quando vengono assunte[2] alcune persone che svolgono **lavoro dipendente**.

### ■ LA PARTITA IVA
La categoria dei lavoratori autonomi "in partita IVA" è molto ampia; ci sono i commercianti, i lavoratori autonomi che svolgono lavori manuali, come gli **artigiani** ← Fig. 2, oppure quelli che svolgono lavori più intellettuali, come i **liberi professionisti** ← Fig. 3.
Per diventare lavoratore autonomo bisogna aprire la partita IVA. La **partita IVA** è un numero di 11 cifre necessario per identificare un contribuente, cioè per riconoscere una determinata società o persona fisica.
È obbligatorio aprire una partita IVA quando una persona intende svolgere un lavoro di tipo autonomo. Non è obbligatorio aprire la partita IVA solo se due condizioni, relative alla prestazione, vengono soddisfatte[3]. La prima è che la prestazione che si esegue deve avere una durata non superiore ai trenta giorni.
La seconda è che il compenso che si riceve deve essere inferiore a 5000 euro annui.

**Fig. 2** L'idraulico, un lavoro artigianale fra i più comuni

### Glossario
[2] **assumere**: prendere alle proprie dipendenze
[3] **soddisfare una condizione**: fare in modo che la condizione si avveri, cioè avvenga

**Fig. 3** L'architetto, rientra nella categoria dei liberi professionisti

---

### 3. COMPRENSIONE Indica l'alternativa corretta.

1. Il modo più usato al giorno d'oggi per trovare un lavoro è...
   - A portare il proprio *curriculum* direttamente all'azienda.
   - B inviare telematicamente il proprio *curriculum* alle agenzie per il lavoro.
   - C presentarsi direttamente all'azienda.

2. Il lavoro autonomo consiste nell'eseguire una prestazione per...
   - A fama.
   - B pubblicità.
   - C un compenso.

3. Si può parlare di impresa solo quando vengono assunte persone che...
   - A svolgono lavoro dipendente.
   - B hanno partita IVA.
   - C svolgono lavoro autonomo.

4. Quale delle seguenti frasi sulla partita IVA non è corretta?
   - A Per diventare lavoratore autonomo bisogna aprire la partita IVA.
   - B La partita IVA è un numero di 11 cifre che identifica un contribuente.
   - C Una persona per lavorare deve aprire la partita IVA.

... E LAVORARE IN ITALIA

# Immigrati...

## L'IMMIGRAZIONE IN ITALIA

### ■ QUANTI

Quanti sono gli immigrati[1] nel nostro Paese? È difficile dire un numero esatto perché ci sono numerosi immigrati clandestini[2]. Secondo le stime ufficiali sono intorno ai 5 milioni, cioè circa l'8,8% della popolazione italiana. Rispetto ad altri Paesi europei come la Gran Bretagna o la Germania, in Italia ci sono meno immigrati ☛ **Figg. 1-3**. Però l'Italia, insieme alla Spagna, è il Paese con il più **alto incremento**[3] **di immigrati** negli ultimi anni, forse anche perché è stato uno degli ultimi Paesi meta[4] di immigrazione.

Infatti, in passato la maggior parte degli immigrati si trasferiva in altri Paesi che erano la madrepatria dei loro Paesi ex colonie. Così, in Gran Bretagna sono arrivati gli indiani, i pakistani e gli egiziani, in Francia i nordafricani e i senegalesi. In Germania invece sono emigrati in grande numero i turchi, per lavorare nelle fabbriche.

### ■ DA DOVE E DOVE

Le **nazionalità**[5] più presenti nel nostro Paese sono quella rumena e quella albanese; seguono la marocchina, cinese e ucraina, e poi ancora quella filippina, moldava, indiana e polacca.
Il 35% degli immigrati vive nel nord-ovest del Paese, nel nord-est vive il 26% e nel centro un altro 25%.
Nel sud del Paese e nelle isole vive invece soltanto il 14%.
Le città con il numero più alto di immigranti sono Milano e Roma. Spesso però gli immigranti non scelgono le città grandi, ma piuttosto i piccoli centri.

### ■ COME

Le famiglie straniere in genere vivono in **condizioni economiche peggiori** di quelle delle famiglie italiane.
Quelli più vicino al reddito[6]

**Fig. 1** Un lavoratore straniero impiegato nella raccolta di pomodori al Sud

### Glossario

**1 immigrazione:** parte del fenomeno delle migrazioni che si riferisce all'ingresso di un gruppo in una nuova regione
**2 immigrato clandestino:** chi risiede nel Paese ospitante in maniera non legale e non ufficiale
**3 incremento:** aumento
**4 meta:** destinazione
**5 nazionalità:** gruppo che si riconosce come nazione, comunità con uguale origine, lingua e storia
**6 reddito:** ciò che guadagna una persona

**Fig. 2** Immigrazione via mare su un vecchio peschereccio

**Fig. 3** Soccorso in mare da parte dei militari italiani

degli italiani sono mediamente gli albanesi, i filippini e i cinesi; invece le famiglie con più grandi difficoltà sono generalmente quelle ucraine e rumene. Quasi la metà delle famiglie straniere è a rischio povertà, soprattutto nelle zone del centro e del sud del Paese.

| Provenienza per Continente (2019) | | |
|---|---|---|
| Provenienza | Stranieri | %Totale |
| Europa | 2 600 000 | 50% |
| Africa | 1 100 000 | 21% |
| Asia | 1 100 000 | 21% |
| America | 380 000 | 7% |
| Totale | 5 300 000 | |

| Provenienza per Nazioni (2019) | |
|---|---|
| Provenienza | Stranieri |
| Romania | 1 207 000 |
| Albania | 441 000 |
| Marocco | 423 000 |
| Cina | 300 000 |
| Ucraina | 239 000 |

*(Fonte: https://www.epicentro.iss.it/migranti/dossier-statistio-immigrazione-2019)*

**1. COMPRENSIONE** Lavora con il/la tuo/a compagno/a. Poni e rispondi a queste domande.
1. Perché è difficile dire quanti sono gli immigrati nel nostro Paese?
2. Quanti sono secondo i dati ufficiali?
3. Ci sono più o meno immigrati in Italia rispetto ad altri Paesi europei come la Gran Bretagna o la Germania?
4. Quali sono le nazionalità più presenti nel nostro Paese?

**2. COMPRENSIONE** Vero o falso?
1. La maggior parte degli immigrati vive nel sud del Paese. V F
2. Le città con il numero più alto di immigranti sono Milano e Bologna. V F
3. Le famiglie straniere vivono più nei grandi che nei piccoli centri. V F
4. Le famiglie straniere sono generalmente più povere di quelle italiane. V F

**3. LESSICO** Ricordi nomi di nazioni e nazionalità? Non tutti? (Per un aiuto ☞ Tavola lessicale p. 163.)

# ... ed emigranti

**1. GUARDA IL VIDEO** e rispondi alle domande.

1. Quanti milioni di persone sono emigrate dall'Italia tra il 1860 e il 1970?
2. Quando ha luogo la prima fase della grande emigrazione? Fino a quando dura?
3. Da dove entravano gli immigrati negli Stati Uniti?
4. Qual era la barriera più importante da superare?
5. Quali sono le altre destinazioni preferite dagli emigranti tra la fine del XIX secolo e l'inizio del XX?
6. Quando avviene la seconda grande emigrazione e dove è diretta?

## LE EMIGRAZIONI ITALIANE

### ■ QUANDO

Nella parte storica (☞ p. 58) abbiamo visto che l'Italia è arrivata all'unificazione nel 1861. Giuseppe Garibaldi con la spedizione dei Mille ha annesso la parte meridionale del Paese al resto della nazione. Però, anche dopo l'unificazione, tanti italiani vivono in condizioni di **povertà**. Proprio la povertà e il bisogno li spingono a spostarsi dal luogo in cui sono nati e vissuti.
Tra il 1876 (anno in cui si cominciano a rilevare in modo ufficiale i dati) e il 1985 ben 26,5 milioni di persone hanno lasciato il Paese. Naturalmente in questo periodo ci sono stati anni e decenni di grande emigrazione[1] e altri, invece, in cui l'emigrazione è stata minore.
Gli anni di maggiore espansione dei flussi migratori sono quelli compresi tra gli ultimi decenni del 1800 e la Prima guerra mondiale: quasi 14 milioni di persone sono emigrate.
A partire dagli anni Venti, invece, il flusso è diminuito, essenzialmente per due ragioni: le leggi restrittive degli Stati Uniti sull'emigrazione e la politica anti-migratoria del governo fascista. Dopo la Seconda guerra mondiale invece la gente ricomincia a emigrare, quasi fino alla metà degli anni Sessanta.

### ■ DA DOVE

In Italia, le **regioni del Nord** sono sempre state le più ricche, eppure i primi flussi migratori dopo l'unificazione partono proprio da esse. In particolare dal Piemonte, dal Triveneto e dall'Emilia-Romagna. In queste regioni, infatti, la Rivoluzione industriale, nella seconda parte del secolo, porta a trasformazioni nell'agricoltura e nella produzione e, di conseguenza, a un certo numero di disoccupati. L'emigrazione dalla parte meridionale del Paese comincia invece alla fine dell'Ottocento.

### ■ VERSO DOVE

Tra il 1876 e il 1885 le prime destinazioni degli emigranti sono

---

**Glossario**

1 **emigrazione:** parte del fenomeno delle migrazioni che si riferisce allo spostamento di un gruppo dal luogo di origine

---

**LO SAPEVI CHE...?**

**Gli italiani oltreoceano**
Dai porti del Mediterraneo partivano navi con migliaia d'italiani che andavano oltreoceano, soprattutto negli Stati Uniti.

soprattutto l'**Europa centrale**, la **Francia** e la **Svizzera**.
Invece a partire dal 1885 gli emigranti vanno soprattutto in Paesi oltreoceano come **Brasile**, **Argentina** e **Stati Uniti** ← **Fig. 1**.
Dopo la Seconda guerra mondiale fino alla prima metà degli anni Cinquanta i flussi si dirigono in primo luogo verso la **Germania** e verso le nazioni extraeuropee, soprattutto l'**Australia**.

### ■ STEREOTIPI E PREGIUDIZI

Gli italiani che si recavano all'estero erano purtroppo accompagnati da sgradevoli stereotipi e pregiudizi. Per esempio, negli Stati Uniti erano soprannominati "dago", da *dagger* (pugnale), che alludeva al fatto che gli italiani fossero attaccabrighe, o ancora "greaseball" (palle di lardo), "mafiosi" e "maccaroni".

### ■ L'EMIGRAZIONE INTERNA

È esistita anche un'emigrazione interna, soprattutto a partire dagli anni Cinquanta e Sessanta del Novecento.
Infatti, con lo sviluppo economico, aumentano le differenze tra il nord e il sud dell'Italia e questo porta uomini e donne a trasferirsi dalle regioni più povere del Sud come per esempio la Calabria, la Sicilia e la Campania, nelle ricche città del Nord alla **ricerca di un lavoro**.

### ■ E ADESSO

Ancora oggi non sono pochi gli italiani che lasciano il Paese. È un tipo di emigrante molto diverso dal passato: ha mediamente un titolo di studio alto, spesso una laurea, va all'estero da solo (e non con la famiglia) e trova lavoro dove c'è richiesta di "cervelli". Si tratta di medici, ingegneri e ricercatori universitari ← **Fig. 2**.
Partono prevalentemente dal Meridione e molti, o restano all'estero dove trovano condizioni favorevoli per costruire una famiglia, o cambiano frequentemente il luogo di residenza: per esempio passano dalla Gran Bretagna alla Germania o vanno più lontano, fino a Singapore, o negli Stati Uniti.

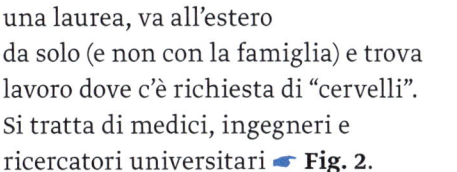

**Fig. 1** Emigranti arrivano a Ellis Island, nella baia di New York, nel 1905

**Fig. 2** Un ricercatore universitario

---

**2. COMPRENSIONE** Indica l'alternativa corretta.

1. Dopo l'unificazione l'Italia...
   - A è diventata sempre più ricca.
   - B è diventata più povera.
   - C ha ancora problemi di povertà.

2. Più di ... di persone sono emigrate tra il 1876 e il 1985.
   - A 15 milioni
   - B 25 milioni
   - C 35 milioni

3. Il periodo in cui gli italiani emigrano meno è quello a partire dagli anni...
   - A Venti.
   - B Trenta.
   - C Quaranta.

4. I primi flussi migratori partono dalle regioni...
   - A del Nord.
   - B del Centro.
   - C del Sud.

5. Negli anni Cinquanta del Novecento la maggior parte degli emigranti va...
   - A nell'America del Nord.
   - B nell'America del Sud.
   - C in Germania.

6. Esiste anche un'emigrazione interna, vale a dire verso...
   - A il sud del Paese.
   - B le isole.
   - C il nord del Paese.

# Le feste

## GENNAIO

**1 GENNAIO** CAPODANNO
**6 GENNAIO**
**EPIFANIA**

Si celebra la prima visita dei re magi a Gesù Cristo. In questo giorno arriva la Befana che porta regali ai bambini.

## FEBBRAIO

**14 FEBBRAIO**
**SAN VALENTINO, FESTA DEGLI INNAMORATI**

Una festa universale. Gli innamorati si scambiano regali.

## MARZO

**MARZO-APRILE**
**PASQUA**

È una festa "mobile", cioè che varia la data da un anno all'altro. Per molti vale ancora il detto "Natale con i tuoi, Pasqua con chi vuoi". A Pasqua si mangia la colomba e ai bambini si regalano uova di cioccolato.

## APRILE

**25 APRILE**
**FESTA DELLA LIBERAZIONE**

Si commemora il 25 aprile del 1945, la fine della Seconda guerra mondiale e dell'occupazione nazi-fascista.

## MAGGIO

**1 MAGGIO**
**FESTA DEI LAVORATORI**

## GIUGNO

**2 GIUGNO**
**FESTA DELLA REPUBBLICA**

La Repubblica italiana nasce il 2 giugno 1946.

**1. COMPRENSIONE** Leggi tutte le festività che ricorrono nell'arco di un anno, poi rispondi alle domande.

1. Come si festeggia in Italia l'inizio dell'anno nuovo?
2. Quando è la festa degli innamorati?
3. Che cosa si ricorda il 25 aprile?
4. Qual è la festa dell'estate?
5. In quale festa si celebra un santo?
6. Quale festa ricorda tutti i santi?

## AGOSTO

**15 AGOSTO**
**FERRAGOSTO**

La festa delle vacanze. Di solito, per gli italiani è festa tutta la settimana.

## NOVEMBRE

**1 NOVEMBRE**
**OGNISSANTI**

È una festa religiosa che celebra tutti i santi. Il giorno successivo si commemorano i cari defunti, cioè i cari che sono morti.

## DICEMBRE

**8 DICEMBRE**
**IMMACOLATA CONCEZIONE**

Si celebra la Vergine Maria.

**25 DICEMBRE NATALE**

**31 DICEMBRE-1 GENNAIO**
**CAPODANNO**

In genere si festeggia con amici e fuori casa. Si stappa una bottiglia di spumante e si brinda al nuovo anno. Dappertutto ci sono fuochi d'artificio e "botti".

---

**31 dicembre-1 gennaio** Capodanno
**6 gennaio** Epifania
**14 febbraio** San Valentino
**marzo-aprile** Pasqua
**25 aprile** festa della Liberazione
**1 maggio** festa dei lavoratori
**2 giugno** festa della Repubblica
**15 agosto** Ferragosto
**1 novembre** Ognissanti
**8 dicembre** Immacolata Concezione
festa del Santo Patrono
**25 dicembre** Natale

**FESTA DEL SANTO PATRONO**

Ogni città in Italia ha un patrono. Per esempio, il santo patrono di Napoli è san Gennaro, il santo patrono di Milano è sant'Ambrogio.

---

**2. SCRIVERE** E tu, quale di queste festività celebri? Festeggi il Natale, la Pasqua e San Valentino? Oppure festeggi altre festività? Con chi? Come? Descrivilo in una e-mail.

# IL NATALE

Il Natale è celebrato in tutta Italia. È considerato la festa più importante dell'anno dalla maggior parte degli italiani. Alcuni, soprattutto nel Nord, festeggiano il Natale con il **pranzo** del 25 dicembre, mentre altri lo festeggiano il 24 sera con una **cena** ☛ Fig. 1.
A Natale in genere si sta a casa e in famiglia. Si aprono i regali, si mangia insieme e si gioca a **giochi tradizionali**, per esempio a tombola. Natale è la festa che i bambini amano più di ogni altra per i regali e l'atmosfera magica.

**Fig. 1** Una tavola imbandita per la tradizionale cena della vigilia

### ■ PREPARATIVI NATALIZI

I preparativi per la festa di Natale cominciano molto prima del 25 dicembre. Già dall'inizio del mese si iniziano a preparare le **decorazioni** e a cercare i regali da acquistare. Si fa l'**albero di Natale** e molti preparano anche il **presepe** con le statuette ☛ Fig. 2. Tradizionalmente albero e presepe restano fino alla fine delle feste, cioè fino al 6 gennaio, giorno dell'**Epifania**.

### ■ CHE COSA SI MANGIA A NATALE

Il più tipico e famoso "cibo natalizio" è il **panettone** ☛ Fig. 3, un dolce di origine milanese. Anche il **pandoro**, di origine veronese, è molto amato. In genere a Natale, sia alla cena della vigilia che a pranzo, si beve vino spumante.
Altri cibi natalizi tipici, legati alla tradizione italiana, sono il **cotechino**, un insaccato tipico del Nord che viene servito con le lenticchie, gli **struffoli** e i **mostaccioli**, specialità della Campania, e il **panforte di Siena**, un dolce piatto e speziato.

**Fig. 2** Il presepe

**Fig. 3** Il panettone

---

**3. COMPRENSIONE** Vero o falso?
1. Nel Nord si festeggia il Natale il 25 dicembre.  V F
2. A Natale di solito si mangia al ristorante.  V F
3. Natale è molto amato dai bambini.  V F

**4. COMPRENSIONE** Quali sono i tipici cibi natalizi? Scrivili qui di seguito.

..............................................................................................................................................................................

L'ITALIA E GLI ITALIANI

■ **FARE GLI AUGURI**

- A Natale: 
- Al compleanno: 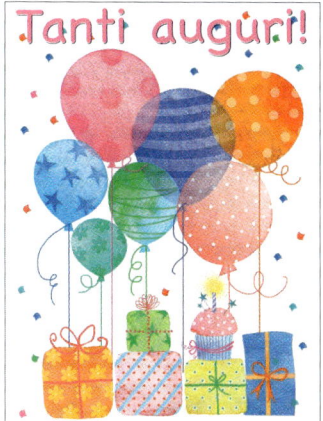  
- A Capodanno: 
- Al matrimonio/Agli anniversari:

**5. SCRIVERE** Scrivi l'augurio adatto per queste situazioni.

1 Incontri un tuo amico il primo gennaio. ...................................................
2 Il tuo amico compie gli anni. ...................................................
3 I tuoi nonni festeggiano le nozze d'oro. ...................................................

**6. T14 ASCOLTARE** Queste persone hanno risposto alla domanda: «Qual è la tua festa preferita?». Scrivi i nomi corretti accanto a ogni affermazione.

Avvio: Il Capodanno è la festa più bella. ▶ *Giulio*

1 L'anno scorso è andato/a in montagna. ...................................................
2 La sua festa preferita è Pasqua. ...................................................
3 Mangia sempre nel suo ristorante preferito. ...................................................
4 Va quasi sempre al mare. ...................................................
5 Per questa festa torna a casa dalla famiglia. ...................................................
6 Ama stare con i nonni e gli zii. ...................................................
7 A Natale gioca tutto il giorno e riceve bei regali. ...................................................

LE FESTE

# La canzone italiana

## UNA LUNGA TRADIZIONE

**La musica è un elemento molto importante della tradizione popolare italiana.**

Negli ultimi anni dell'Ottocento è stata la canzone melodica a rappresentare l'Italia nel mondo.
Dai primi anni del Novecento, tuttavia, la musica italiana si è arricchita di nuovi generi e cantanti, con altri stili canori[1] che sono diventati famosi.

Tra i cantanti più popolari ricordiamo:
- la **vecchia generazione** con cantanti come Eros Ramazzotti, Vasco Rossi, Adriano Celentano e Mina;
- la **generazione di mezzo** con cantanti come Laura Pausini ☞ **Fig. 1** e Tiziano Ferro;
- la **nuova generazione** con molti cantanti nati dai talent show.

Fig. 1 Laura Pausini

## I CANTANTI

### ■ EROS RAMAZZOTTI

Ramazzotti ☞ **Fig. 2** è uno dei cantanti di maggiore successo della musica italiana, che ha promosso l'immagine della musica italiana all'estero.
Grazie alla partecipazione al Festival di Sanremo

Fig. 2 Eros Ramazzotti

dal 1984 al 1986 (quando vince il festival con la canzone "Adesso tu") diventa famoso ancora giovanissimo.
È tra gli artisti italiani che hanno venduto il maggior numero di dischi, circa 60 milioni, e ha ottenuto numerosi premi e riconoscimenti. Ha avuto tante collaborazioni artistiche con cantanti italiani e stranieri importanti come Tina Turner, Cher, Anastacia, Ricky Martin, Joe Cocker, Andrea Bocelli e Luciano Pavarotti. Molto famose sono le sue canzoni d'amore "Adesso tu", "Più bella cosa", "Un'altra te".

### ■ VASCO ROSSI

Vasco Rossi ☞ **Fig. 3** è "il rocker italiano" più prolifico[2] (ha scritto più di 140 canzoni) e trasgressivo[3] della musica italiana.
Comincia la sua carriera nel 1977 e diventa popolare all'inizio degli anni Ottanta.
Ha scritto molte canzoni che sono diventate "inni generazionali", cioè canzoni nelle quali molti ragazzi hanno identificato[4] se stessi e il proprio stile di vita: "Siamo solo noi", "Vita spericolata", "Albachiara".
Ancora oggi Vasco è molto famoso e continua a cantare e a dare concerti.

**Glossario**

1 **stili canori**: modi di cantare
2 **prolifico**: che produce molto
3 **trasgressivo**: ribelle, che non rispetta le rego
4 **identificare**: riconoscere

Fig. 3 Vasco Rossi

**Fig. 4** Adriano Celentano     **Fig. 5** Mina     **Fig. 6** Tiziano Ferro

### ■ ADRIANO CELENTANO

Adriano Celentano ☞ **Fig. 4** è il cantautore italiano che ha segnato negli anni Sessanta il passaggio in Italia dalla musica melodica alla musica moderna.
Ha venduto nella sua carriera circa 150 milioni di dischi ed è considerato, perciò, uno dei pilastri della musica leggera italiana. È soprannominato "il Molleggiato" per il suo modo di ballare. Negli anni Ottanta comincia la sua carriera da regista e attore. Diventa showman e presentatore negli anni Novanta. Grazie alla sua versatilità[5] è uno dei personaggi più amati dal pubblico. Alla fine degli anni Ottanta dà inizio alla sua collaborazione con Mina che ha portato la coppia a vendere oltre un milione e seicentomila dischi con il solo album *Mina Celentano*. Tra le sue canzoni più famose: "24 000 Baci", "Il ragazzo della via Gluck" e "Azzurro".

### ■ MINA

Inizia la propria carriera alla fine degli anni Cinquanta e, grazie all'enorme successo che ottiene negli anni Sessanta, diventa un ideale da imitare per tutte le donne italiane. È considerata una delle migliori cantanti italiane di tutti i tempi grazie alla sua voce meravigliosa. Nella sua carriera, Mina ☞ **Fig. 5** ha ottenuto diversi premi e riconoscimenti.
È soprannominata "la tigre di Cremona" perché ha vissuto da giovane a Cremona. Ha avuto una vita privata piuttosto travagliata[6] che l'ha portata a decidere di trasferirsi in Svizzera per sfuggire alla critica dei giornalisti italiani e al pubblico troppo invadente[7]. Tra le sue canzoni più famose: "Le mille bolle blu", "Tintarella di luna", "Parole, parole".

### ■ LAURA PAUSINI

È una cantautrice italiana nata a Faenza nel 1974. Nel 1993, al suo primo anno di carriera, vince il Festival di Sanremo e diventa famosa in Italia e all'estero. Grazie alla sua capacità di cantare in spagnolo, portoghese, inglese e francese è una delle cantanti di maggior successo in America Latina. Ha una voce potente e classica e il suo genere musicale preferito è il melodico. Ha ottenuto prestigiosi riconoscimenti internazionali come il Grammy Award.
Secondo alcune stime recenti ha venduto più di 70 milioni di dischi nel mondo. Tra le sue canzoni più famose: "La solitudine" e "Io canto".

### ■ TIZIANO FERRO

È un cantautore italiano nato nel 1980 ☞ **Fig. 6**. Nel corso della sua carriera ha venduto oltre 15 milioni di dischi nel mondo, soprattutto in Europa e in America Latina. Nella sua carriera ventennale ha ottenuto numerosi premi, candidature e riconoscimenti importanti a livello nazionale e internazionale. Tra le sue canzoni più famose: "Xdono" e "Sere nere".

---

**RICERCA SUL WEB**

**Adriano Celentano**

Cerca sul web "Adriano Celentano molleggiato" e capirai che cosa significa!

---

*Glossario*

[5] **versatilità:** capacità di fare diverse attività, diversi lavori
[6] **travagliata:** problematica, piena di problemi
[7] **invadente:** persona che si occupa in modo fastidioso degli affari altrui

LA CANZONE ITALIANA

# QUI SI FA MUSICA

**Fig. 7** Diodato ha vinto il Festival di Sanremo 2020

**Fig. 8** X Factor, uno dei talent show più famosi

## ■ IL FESTIVAL DI SANREMO
Nel febbraio di ogni anno a Sanremo, una città della Liguria, si svolge il Festival della canzone italiana ☛ Fig 7. È una gara di canto in cui al vincitore spetta il diritto di rappresentare l'Italia all'Eurovision Song Contest, ma soprattutto ottiene grande notorietà e successo. Infatti, molti cantanti italiani sono diventati famosi grazie a esso. La prima edizione è del 1951. In Italia tutti lo conoscono, tanti lo amano e lo seguono in televisione.

## ■ I TALENT SHOW
In Italia, come all'estero, sono sempre più numerosi i talent show musicali che propongono nuovi cantanti al pubblico. Sono programmi televisivi in cui alcuni personaggi sconosciuti cercano di emergere, cioè di diventare famosi, nel mondo musicale. In Italia i più importanti talent show sono "Amici", "X Factor" ☛ Fig. 8, "Italia's Got Talent", "Tú sí qué vales" e "The Voice of Italy".

# I CANTANTI NATI DAI TALENT SHOW

Molti giovani artisti hanno avuto successo dopo aver partecipato a un talent show come cantanti o giudici. Tra di loro ricordiamo i seguenti.

## ■ GIUSY FERRERI
Lanciata da un talent show italiano, ha venduto più dischi nel mondo ☛ Fig. 9, con circa 2,5 milioni di album e singoli. È anche l'artista che è rimasta più a lungo al primo posto nella classifica dei singoli italiana, oltre ad aver vinto un Disco di diamante.

## ■ MARCO MENGONI
Dopo la vittoria ottenuta al talent show "X Factor" è diventato famoso con il primo

**Fig. 9** Giusy Ferreri

L'ITALIA E GLI ITALIANI

posto al Festival di Sanremo 2013. Nel corso della sua carriera ha ricevuto vari riconoscimenti.

### ■ ALESSANDRA AMOROSO

Vince nel 2009 il talent show "Amici". Nel corso della sua carriera ha ricevuto molteplici premi.

### ■ FEDEZ

Fedez, pseudonimo di Federico Leonardo Lucia, è nato a Milano nel 1989 ed è un rapper italiano. Ha ottenuto negli ultimi anni diversi riconoscimenti. Tuttavia è più conosciuto per i suoi scontri sui social network con vari personaggi dello spettacolo e del mondo politico e per la sua vita privata. Dal 2018 è sposato con Chiara Ferragni. Insieme formano una delle coppie italiane più "social", conosciuta come "la coppia Fedez Ferragni" ← Fig. 10.

**Fig. 10** Fedez e Chiara Ferragni

---

**1. COMPRENSIONE** Scrivi almeno due nomi di cantanti famosi delle seguenti generazioni.

1. La vecchia generazione: ............................................................................................................................
2. La generazione di mezzo: .........................................................................................................................
3. La nuova generazione: ..............................................................................................................................

**2. COMPRENSIONE** Qual è il cantante? Scrivi il nome.

Avvio: È "il rocker italiano". ▶ *Vasco Rossi*

1. Ha collaborato con Tina Turner, Cher, Anastacia. ........................................
2. È chiamato "il Molleggiato". ........................................
3. Insieme hanno venduto un milione e seicentomila dischi con un solo album. ........................................
4. È soprannominata "la tigre di Cremona". ........................................
5. Nel 1993, al suo primo anno di carriera, vince il Festival di Sanremo. ........................................
6. Ha scritto molte canzoni che sono diventate "inni generazionali". ........................................
7. È nato nel 1980 e nel corso della sua carriera ha venduto oltre 15 milioni di dischi nel mondo. ........................................

**3. COMPRENSIONE** Quale tra questi programmi non è un talent show?

A ☐ Amici  
B ☐ X Factor  
C ☐ Italia's Got Talent  
D ☐ Festival di Sanremo  
E ☐ Tú sí qué vales  
F ☐ The Voice of Italy  

**4. COMPRENSIONE** Abbina il nome del cantante alla canzone corrispondente.

1. ☐ Eros Ramazzotti         a  "Xdono"
2. ☐ Vasco Rossi             b  "Adesso tu"
3. ☐ Adriano Celentano       c  "Albachiara"
4. ☐ Laura Pausini           d  "Parole, parole"
5. ☐ Mina                    e  "La solitudine"
6. ☐ Tiziano Ferro           f  "Azzurro"

**5. PARLARE** Parla di musica con il/la tuo/a compagno/a. Poni e rispondi alle seguenti domande.

Che genere di musica preferisci? Qual è il tuo cantante o gruppo preferito? Conosci la musica italiana? Se sì qual è la canzone che ami più di altre?

LA CANZONE ITALIANA | 131

L'ITALIA E GLI ITALIANI

# Italiani in vacanza

**1. GUARDA IL VIDEO** e rispondi alle domande.
1. Dove amano trascorrere le vacanze gli italiani?
2. Perché si ha un'ampia scelta di località marine in Italia?
3. Dove si trova il Salento?
4. Dove si trova Porto Cervo?
5. Come si chiama il più grande vulcano italiano attivo?

### ■ QUANDO

Un'abitudine tipica degli italiani sono le vacanze in **agosto**. È un fenomeno nato a partire dagli anni Cinquanta. In quegli anni le grosse aziende del Nord chiudevano per tutto il mese. In questi ultimi decenni però le cose stanno cambiando. Aziende e negozi chiudono ancora, ma solo per due o tre settimane e pochi si concedono le tre o quattro settimane di vacanza di un tempo. Adesso la maggior parte della gente fa vacanze di dieci giorni, una settimana o anche lunghi week-end in altri periodi dell'anno. Per indicare le partenze e i ritorni di massa, i media parlano di **esodo** e **contro esodo**.

### ■ DOVE

Gli italiani amano molto il **mare**. Le coste del Mediterraneo sono senz'altro la loro destinazione preferita. Sulla costa adriatica ricordiamo la Puglia, il Veneto e soprattutto l'Emilia-Romagna che sono sinonimi di lunghe spiagge di sabbia, discoteche e vita notturna. Ricordiamo poi la Liguria, tradizionalmente luogo di villeggiatura, e naturalmente le due isole, Sardegna e Sicilia. Le località più esclusive, frequentate da vip italiani e stranieri, si trovano proprio in Sardegna dove il mare è blu e trasparente. Naturalmente ci sono anche gli appassionati di **montagna** ☞ **Fig. 1**. Le località più famose per le vacanze in montagna si trovano in Trentino-Alto Adige (Val Gardena), Veneto (Cortina) e in Valle d'Aosta.
Molti italiani scelgono

### LO SAPEVI CHE...?

**Il glossario delle vacanze**
- **Ferragosto** è il 15 agosto ed è sinonimo delle vacanze al mare.
- La **settimana bianca**, come la neve, è il periodo che molti italiani prendono durante l'inverno per recarsi in una località di montagna a sciare.
- Il **ponte** è un giorno di permesso lavorativo che congiunge due giorni festivi e forma un periodo unico. Per esempio, se una festività è di martedì, si possono aumentare i giorni di vacanza aggiungendo il lunedì.

**Fig. 1** Vacanzieri sulle piste da sci

L'ITALIA E GLI ITALIANI

di trascorrere le loro vacanze visitando **città d'arte**, in Italia e all'estero; tanti amano i viaggi "di scoperta" e anche le crociere.

### ■ I PENDOLARI DELLE VACANZE

Molti sono gli italiani che posseggono o prendono in affitto una casa o un appartamento, o anche solo una roulotte, fuori città, al mare o in montagna. Vi si recano nei fine settimana o nella bella stagione ☛ Fig. 2.

**Fig. 2** Molte seconde case sono in Liguria

**2. COMPRENSIONE** Rispondi alle domande.
1 Quando è nata l'abitudine tipica degli italiani delle vacanze in agosto?
2 Che cosa chiude in genere nel mese di agosto?
3 In che modo sono cambiate le cose rispetto agli anni Cinquanta?
4 Quanti giorni si concedono oggi gli italiani per le vacanze?
5 Come vengono chiamate le partenze e i ritorni di massa?
6 Che cosa offre la costa adriatica dal punto di vista turistico?
7 Dove si trovano le località marine più esclusive?
8 Dove sono le località di montagna più famose?

**3. COMPRENSIONE** Spiega che cosa sono: Ferragosto, la settimana bianca e il ponte.

**4. SCRIVERE** Scrivi una e-mail formale usando le seguenti tracce.

• Parte iniziale: *Gentile (Egregio/Spettabile)* + nome/*Gentile dott./dott.ssa/prof./prof.ssa* + nome. *Gentili signori* (se non si conosce il nome). • Parte finale: *Distinti saluti/Cordiali saluti/Cordialmente.*
• Formule: *In attesa di un suo cortese riscontro, la saluto cordialmente/In attesa di una sua cortese risposta, la saluto distintamente.*

```
A:
Cc:
Oggetto:
```

Gentili signori,
Vorrei/Gradirei effettuare una prenotazione per una camera singola con mezza pensione.
Per il giorno (data) ………………………… fino a ………………………… . Per un totale di
(numero) ………………………… notti.
La prenotazione è a nome di ………………………… .
Attendo una conferma della prenotazione/ un vostro cortese riscontro.
Cordiali saluti
(firma) _____

**5. SCRIVERE** Scrivi una e-mail formale. Vuoi prenotare una stanza in un albergo al mare in Italia. Scegli tu il periodo e il tipo di alloggio. (Per un aiuto ☛ Tavola lessicale p. 158).

**6. LESSICO** Utilizza il lessico che trovi ☛ alle pp. 158-159 per descrivere le vacanze che hai trascorso l'anno scorso. Discutine in classe o scrivi un breve testo.

Ricordati di includere i seguenti punti: dove sei stato, con chi, quando, per quanto tempo, com'era il tempo, com'era il posto, dove hai alloggiato, se ti sei divertito.

# L'ITALIA E GLI ITALIANI — Test

1. **L'Italia ha oltre… di coste.**
   - A 12 000 km
   - B 10 000 km
   - C 8000 km

2. **Il mare viene inquinato perlopiù…**
   - A dalla carta e dagli oggetti che si usano in spiaggia.
   - B dalle navi che affondano.
   - C dalla plastica e dagli scarichi fognari.

3. **"Non balneabile" significa che…**
   - A l'acqua non si può bere.
   - B non ci si può fare il bagno.
   - C non ci si può tuffare.

4. **La maggior parte delle spiagge italiane è contrassegnata da una bandiera…**
   - A bianca.
   - B blu.
   - C rossa.

5. **Per contenere l'inquinamento atmosferico si sono adottate diverse strategie, tra cui…**
   - A il blocco delle auto.
   - B la circolazione esclusiva di biciclette e pedoni.
   - C la chiusura delle fabbriche.

6. **L'energia pulita che sfrutta il flusso dell'acqua si chiama…**
   - A idroelettrica.
   - B geotermica.
   - C solare.

7. **Le percentuali di raccolta differenziata in Italia sono … rispetto a vent'anni fa.**
   - A triplicate
   - B raddoppiate
   - C rimaste uguali

8. **… causano diversi problemi dal punto di vista ambientale.**
   - A Le discariche
   - B Gli inceneritori
   - C I termovalorizzatori

9. **L'Italia è…**
   - A una monarchia costituzionale.
   - B una repubblica federale.
   - C una democrazia parlamentare.

10. **Il Parlamento è composto da … Camere.**
    - A due
    - B tre
    - C quattro

11. **Il Governo ha sede a Roma a…**
    - A Palazzo Chigi.
    - B Palazzo Madama.
    - C Montecitorio.

12. **La Costituzione italiana è stata approvata nel…**
    - A 1945.
    - B 1947.
    - C 1951.

13. **Al liceo si studiano…**
    - A materie teoriche.
    - B materie pratiche e teoriche.
    - C le materie in italiano e in inglese.

14. **Alla fine della scuola superiore gli studenti affrontano l'esame…**
    - A di terza.
    - B finale.
    - C di maturità.

15. **Al giorno d'oggi il modo più usato per trovare lavoro è…**
    - A pubblicare un'inserzione sul giornale.
    - B portare il proprio *curriculum* alle aziende.
    - C affidarsi a internet.

**16.** È obbligatorio aprire una partita IVA quando si vuole...
- A svolgere un lavoro autonomo.
- B svolgere un lavoro dipendente.
- C lavorare a tempo determinato.

**17.** Gli immigrati italiani costituiscono circa ... della popolazione.
- A il 6%
- B l'8%
- C il 10%

**18.** Le nazionalità più presenti nel nostro Paese sono...
- A quella rumena e albanese.
- B quella turca e marocchina.
- C quella indiana e polacca.

**19.** I maggiori flussi migratori dall'Italia...
- A sono quelli compresi tra gli ultimi decenni del 1800 e la Prima guerra mondiale.
- B avvengono nella prima metà dell'Ottocento.
- C avvengono nella seconda metà dell'Ottocento.

**20.** Dopo la Seconda guerra mondiale gli italiani...
- A non sono più emigrati.
- B hanno ricominciato a emigrare.
- C sono emigrati ma solo all'interno del Paese.

**21.** Durante l'emigrazione interna si emigrava soprattutto dal ... del Paese.
- A nord
- B centro
- C sud

**22.** Il 2 giugno si celebra la festa...
- A della Repubblica.
- B dell'estate.
- C dei lavoratori.

**23.** Il più tipico e famoso "cibo natalizio" è il...
- A panforte di Siena.
- B panettone.
- C tiramisù.

**24.** Nel febbraio di ogni anno a ... si svolge il Festival della canzone italiana.
- A Siracusa.
- B Sanremo.
- C Saluzzo.

**25.** Gli italiani amano trascorrere le vacanze nel mese di...
- A giugno.
- B luglio.
- C agosto.

**26.** La meta preferita dagli italiani durante le vacanze è...
- A la campagna.
- B il mare.
- C la montagna.

**27.** Le località italiane più esclusive sono in...
- A Abruzzo.
- B Sardegna.
- C Friuli-Venezia Giulia.

**28.** La "settimana bianca" è chiamata così perché durante questo periodo si va a...
- A sciare in montagna.
- B nuotare al mare.
- C prendere il sole al lago o al mare.

TEST | 135

# Dante Alighieri

## IL SOMMO POETA

**Dante Alighieri è considerato il più grande poeta italiano. La sua opera più importante è la *Divina Commedia*, che scrive tra il 1304 e il 1321.**

### ■ LA VITA DI DANTE
Dante Alighieri nasce a Firenze nel 1265 da una famiglia della piccola nobiltà ☛ **Fig. 1**. Cresce in un ambiente elegante e artistico, e impara da solo l'arte della poesia. È molto giovane quando si innamora di **Beatrice**, che diventa protagonista delle sue poesie. Ma Dante la ama "da lontano", di un amore platonico e non entra mai in contatto con lei. Il poeta partecipa anche attivamente alle vicende politiche di Firenze.
Siamo nel 1300 e Firenze è una città potente, ma anche una città di grandi conflitti, soprattutto tra i **guelfi**, che vorrebbero Firenze sotto l'autorità dei papi, e i **ghibellini**, che difendono il partito dell'imperatore. Dante, che è un ghibellino, dopo una breve carriera politica, è mandato in **esilio** a Ravenna dove morirà nel 1321.

### ■ LA *DIVINA COMMEDIA*
La *Divina Commedia* è un'opera straordinaria, conosciuta e studiata in tutto il mondo. È anche un'opera complessa, ricca di simboli e di significati, che tratta temi universali come l'amore, la conoscenza e la speranza. Allo stesso modo, i personaggi di Dante sono personaggi "universali", che rappresentano mancanze e virtù umane, come Ulisse o il conte Ugolino.
Il poema è diviso in tre parti che sono chiamate **cantiche**: Cantica 1: **Inferno**; Cantica 2: **Purgatorio**; Cantica 3: **Paradiso**. Ogni cantica è composta da 33 canti.
In quest'opera è narrato il viaggio immaginario di Dante nel mondo dell'aldilà. Dante attraversa Inferno, Purgatorio e Paradiso, fino alla visione della Trinità.
Dante racconta il suo viaggio immaginario nel mondo dell'aldilà in **volgare**[1] **fiorentino**. È una grande novità e soprattutto un importante primo passo verso la formazione e lo sviluppo della lingua italiana.

### Dante
È lui che compie il viaggio, è lui che racconta, è lui che parla con tanti personaggi. Quando scrive la *Divina Commedia*, Dante ha 35 anni.
È in **esilio**, sta passando un periodo difficile ed è alla ricerca di una ragione per la sua vita. Come scrive lui stesso, e puoi leggere qui a fianco, nei primi versi dell'opera durante il suo esilio.

### Virgilio e Beatrice
Virgilio è la guida di Dante attraverso i nove cerchi dell'Inferno fino al monte del Purgatorio. Beatrice invece lo

**Fig. 1** Ritratto di Dante Alighieri, Giovanbattista Naldini

### LO SAPEVI CHE...?
**Espressioni dantesche**
Molte delle espressioni che Dante usa nella *Divina Commedia* si ritrovano ancora nel linguaggio moderno come modi di dire.

«Nel mezzo del cammin di nostra vita
mi ritrovai per una selva[2] oscura
ché[3] la dritta via era smarrita.»
(*Inferno*, canto I, vv. 1-3)

### Glossario
1 **volgare:** lingua parlata dal popolo
2 **selva:** bosco, foresta
3 **ché:** perché

---

**1. COMPRENSIONE** Rispondi alle domande.
1 Dove nasce Dante Alighieri?
2 Quando scrive la *Divina Commedia*?
3 Per quale partito parteggia?
4 Dove passa Dante l'ultima parte della sua vita?

I GRANDI PERSONAGGI

accompagna attraverso il Paradiso.
È lei che permette a Dante di arrivare alla contemplazione di Dio.

## I dannati

L'Inferno viene rappresentato come un cono rovesciato. È diviso in nove cerchi; ogni cerchio è "dedicato" a un tipo di peccato. A seconda del peccato i dannati scontano una pena.
All'ingresso dell'Inferno leggono una terribile scritta:

> «Lasciate ogne speranza voi ch'intrate»
> (*Inferno*, canto III, v. 9)

## Gli ignavi

Gli ignavi sono coloro che nella loro vita non hanno agito né bene né male, cioè «*sanza 'nfamia e sanza lodo*». Dante ne ha una pessima opinione, infatti dice:

> «Non ragioniam di lor, ma guarda e passa»
> (*Inferno*, canto III, v. 51)

## Paolo e Francesca

Dante li incontra nel quinto canto dell'Inferno ☛ **Fig. 2**.
Sono due innamorati, morti a causa della loro passione.
Come dice Francesca:

> «Amore, ch'a nullo amato amar perdona.»
> (*Inferno*, canto V, v. 103)

Francesca da Rimini afferma che l'amore provoca sofferenza.

## Il conte Ugolino

Dante dedica buona parte del XXXIII canto dell'Inferno alla tragica morte del conte Ugolino della Gherardesca ☛ **Fig. 3**.

**Fig. 2** *Dante e Virgilio incontrano Paolo e Francesca*, Ary Scheffer

Accusato di tradimento, Ugolino viene chiuso in una torre senza cibo con i suoi figli, che mangerà prima di notte. Dante comincia il canto con questa terribile immagine:

> «La bocca sollevò dal fiero pasto
> quel peccator, forbendola[4] a' capelli
> del capo ch'elli avea di retro guasto[5]»
> (*Inferno*, canto XXXIII, vv. 1-3)

## Ulisse

Nel XXVI canto dell'Inferno Ulisse racconta il suo ultimo viaggio.
È uno dei personaggi più importanti della *Divina Commedia*: nel suo desiderio di scoprire cose nuove e non accettare limiti, è vicino all'uomo moderno. Ulisse ripete il discorso che fece ai suoi uomini per convincerli a superare i confini del mondo allora conosciuto, le colonne d'Ercole (l'attuale stretto di Gibilterra). Come dice nella famosa citazione:

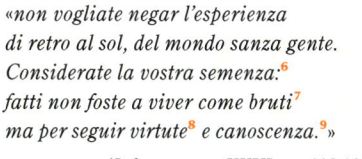

> «non vogliate negar l'esperienza
> di retro al sol, del mondo sanza gente.
> Considerate la vostra semenza:[6]
> fatti non foste a viver come bruti[7]
> ma per seguir virtute[8] e canoscenza.[9]»
> (*Inferno*, canto XXVI, vv. 116-120)

**Fig. 3** *Il conte Ugolino*, G. Stradano

### Glossario

[4] **forbendola**: prendendola
[5] **guasto**: rovinato
[6] **semenza**: origine
[7] **bruti**: esseri privi di ragione
[8] **virtute**: virtù
[9] **canoscenza**: conoscenza

---

**2. COMPRENSIONE** Scrivi il nome dei dannati più famosi.

..................................................................................................................................................................
..................................................................................................................................................................

DANTE ALIGHIERI   137

I GRANDI PERSONAGGI

# Leonardo da Vinci

▶ **1. GUARDA IL VIDEO** e rispondi alle domande.

1. Quale dipinto di Leonardo fa parte del Patrimonio dell'Umanità dell'Unesco?
2. Quale dipinto di Leonardo è stato scoperto recentemente?
3. Qual è il titolo del dipinto più famoso di Leonardo?
4. Quale dei disegni di Leonardo rappresenta le proporzioni del corpo umano?
5. Quali prototipi progetta Leonardo?

## LA VITA DI LEONARDO

**Leonardo nasce nel 1452 a Vinci, un piccolo paese vicino alla città di Firenze, in Toscana.**

È il figlio illegittimo[1] di Piero Vinci. Cresce con lui nella sua casa a Vinci e poi, nel 1462, la famiglia va a vivere a Firenze. In questo periodo Firenze è una città al massimo del suo sviluppo; è piena di botteghe[2] di pittori e scultori. Leonardo entra, a 17 anni, come allievo nella bottega di un famoso pittore, **Andrea del Verrocchio**. Qui crea le sue prime opere. Fino al 1482 lavora a Firenze che lascia poi per andare a Milano. In questo periodo Milano è una città ricca, governata da Ludovico Sforza, detto «il Moro». Qui lavora per il signore di Milano come pittore, realizzando opere di ingegneria ☛ **Fig. 1** e organizzando feste. Leonardo sta a Milano fino al 1499 quando le truppe francesi la invadono.
Lascia la città e viaggia di corte[3] in corte: è a Venezia, a Firenze, alla corte dei Borgia, a Roma.

Nel 1517, tre anni dopo, è in Francia alla corte di Francesco I. Questi, che nutre una grande ammirazione per lui, gli regala un castello vicino ad Amboise e lo nomina ingegnere e architetto di corte. Muore nel 1519; è sepolto a Saint-Florentin ad Amboise.

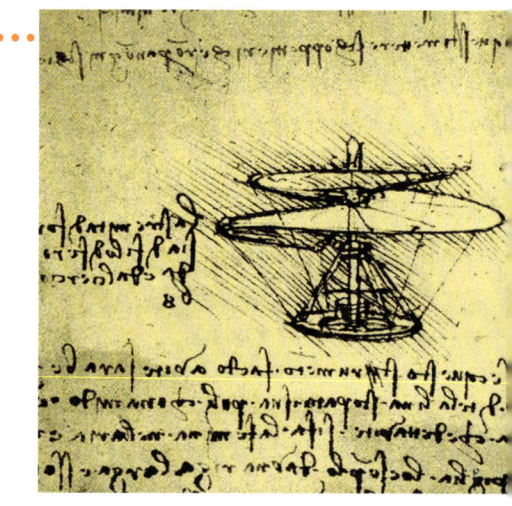

**Fig. 1** Esperimento di ala meccanica

**2. COMPRENSIONE** Rispondi alle domande.

1. Dove nasce Leonardo?
2. Dove cresce?
3. Che cosa fa a Firenze?
4. Per chi lavora a Milano?
5. Perché lascia Milano?
6. Per chi lavora nella parte finale della sua vita?

*Glossario*

[1] **illegittimo:** non nato dalla moglie
[2] **botteghe:** piccole officine dove lavorano le persone, in genere artigiani
[3] **corte:** residenza di un sovrano

138 I GRANDI PERSONAGGI

**Fig. 2** La *Gioconda*, detta anche "Monna Lisa"

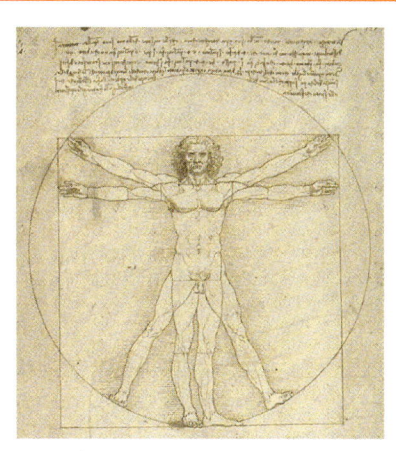

**Fig. 3** L'*Uomo vitruviano*

### 🔍 RICERCA SUL WEB
**Vuoi sapere qualcosa di più su Leonardo? Digita: "appunti di Leonardo"**
Potrai leggere una pagina con i suoi progetti. Se invece vuoi vedere e sapere qualcosa di più riguardo le sue macchine da guerra, puoi digitare "macchine da guerra Leonardo da Vinci". Troverai immagini e informazioni.

# LEONARDO E LE SUE CREAZIONI

### ■ DIPINTI
Il suo dipinto più famoso e, forse, il quadro più famoso del mondo (attualmente al Museo del Louvre) è la *Gioconda*, detto anche "Monna Lisa" ☛ **Fig. 2**.
Non si sa con certezza chi rappresenta, probabilmente la moglie di un nobile del tempo.
Un altro dipinto conosciuto in tutto il mondo è l'*Ultima Cena*, conservato nel refettorio del convento di Santa Maria delle Grazie a Milano.

### ■ STUDI DEL CORPO UMANO
Leonardo manifesta grande interesse per l'anatomia del corpo umano.
A Firenze, nel 1503, studia e disseziona cadaveri (anche se è severamente proibito). Realizza molti disegni, tra questi il più famoso è l'*Uomo vitruviano* ☛ **Fig. 3**, in cui rappresenta le proporzioni ideali del corpo umano.

### ■ IL *CODICE ATLANTICO*
Il *Codice Atlantico*, conservato nella biblioteca Ambrosiana a Milano, contiene numerosi suoi disegni e appunti.
L'opera testimonia il suo enorme contributo all'ingegneria, all'idraulica ☛ **Fig. 4** e alla meccanica.

### ■ LE MACCHINE DA GUERRA E QUELLE VOLANTI
Leonardo è un uomo pacifico, ma realizza diversi progetti di macchine da guerra. Sa che queste possono interessare i signori del tempo, per esempio il doge di Venezia e il famigerato[4] Cesare Borgia.
Leonardo passa molto tempo a studiare il volo degli uccelli. Progetta macchine volanti simili a elicotteri e deltaplani.

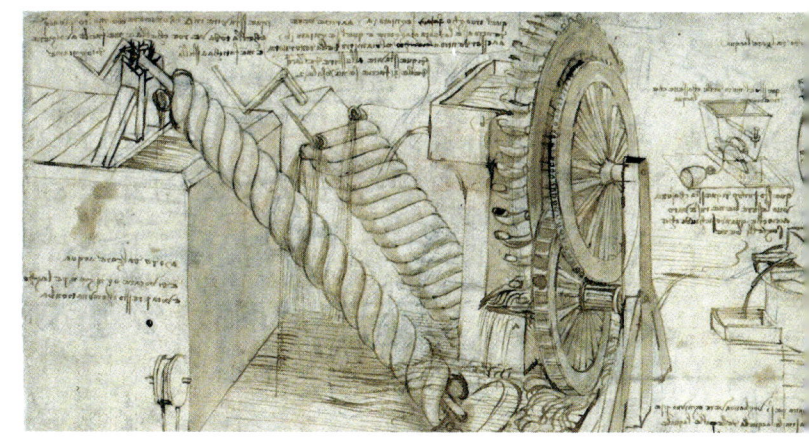

*Glossario*
**4 famigerato:** che ha una cattiva fama

**Fig. 4** Particolare di Studio di macchine idrauliche, dal *Codice Atlantico*

**3. SCRIVERE** Scrivi il nome della "creazione" di Leonardo.
1. È il quadro più famoso del mondo.
2. È frutto dell'interesse di Leonardo per il corpo umano.
3. Qui Leonardo ha disegnato opere di idraulica.

LEONARDO DA VINCI

# I GRANDI PERSONAGGI

# Giuseppe Garibaldi

## L'EROE DEI DUE MONDI

**Giuseppe Garibaldi è un eroe nazionale italiano e uno dei personaggi storici italiani più famoso nel mondo. È conosciuto anche come l'"eroe dei due mondi" perché ha combattuto in Italia e in Sud America.**

Nasce nel 1807 a Nizza (ai tempi territorio italiano) e inizia a navigare da giovanissimo. Grazie ai viaggi per mare entra in contatto con varie persone e culture. Sviluppa un modo di pensare libertario[1], basato sul concetto di fratellanza universale e di odio verso ogni forma di dittatura e di oppressione.

### ■ IN SUD AMERICA

Nel 1833 viene a conoscenza delle idee democratiche e rivoluzionarie di Giuseppe Mazzini. A partire dal 1836 partecipa alla guerra civile in Brasile e poi a quella in Uruguay. In Brasile incontra anche la donna della sua vita, **Ana Maria de Jesus Ribeiro da Silva**, detta Anita ☛ **Fig. 2**. La sposa nel 1842. Anita sarà a fianco di Garibaldi nelle successive battaglie.

### ■ GARIBALDI E IL 1848

Garibaldi torna in Italia nel 1848. Qui prende parte ai moti della **Prima guerra d'indipendenza** contro gli austriaci. Dimostra grande abilità nella guerriglia[2], ma viene sconfitto vicino a Varese, in Lombardia.
Nel 1849 scoppia una rivolta a Roma e il papa lascia la città. Viene proclamata[3] la Repubblica e Garibaldi va a Roma per sostenerla. Però anche qui l'insurrezione finisce nel sangue. Garibaldi scappa verso Nord; vede morire la moglie Anita. Lascia l'Italia e ricomincia a viaggiare per mare.

### ■ L'INCONTRO CON CAVOUR

Garibaldi si avvicina alla politica del Regno di Sardegna. Nel 1856 incontra **Cavour**, ma i due non si piacciono e hanno idee molto diverse. Tuttavia arrivano a un accordo politico, sanno che devono collaborare se vogliono ottenere quello che entrambi vogliono: l'indipendenza dell'Italia.
Nel 1859, durante la **Seconda guerra d'indipendenza**, Garibaldi non è più un guerrigliero che combatte fuori dall'esercito. Adesso è in un esercito regolare, capo della sezione **"Cacciatori delle Alpi"** e sconfigge diverse volte gli austriaci in Lombardia.
Con la vittoria e la pace di Zurigo, il Regno di Sardegna annette[4] i territori

**Fig. 1** *Garibaldi sbarca a Marsala*, Gerolamo Induno, 1861

**Fig. 2** Il primo incontro di Garibaldi con Anita

### Glossario

**1 libertario:** che sostiene la totale libertà di pensiero e di azione
**2 guerriglia:** azioni militari compiute da uomini che non fanno parte di un esercito regolare
**3 proclamare:** dichiarare in modo ufficiale
**4 annettere:** unire al proprio territorio

140    I GRANDI PERSONAGGI

**Fig. 3** *L'entrata di Garibaldi a Napoli il 7 settembre 1860*, Antonio Licata

**Fig. 4** La dimora di Garibaldi a Caprera

del Centro Italia. Garibaldi diventa capo dell'esercito dell'Italia centrale.

### ■ L'UNITÀ D'ITALIA

L'Italia unita e indipendente è sempre stato il sogno di Garibaldi ☞ **Fig. 3**. Adesso finalmente può realizzarlo. Con la **spedizione dei Mille**, riesce a conquistare la Sicilia e la Calabria. Vuole invadere lo Stato della Chiesa ma viene fermato dall'esercito italiano.
Si ritira quindi nella sua proprietà sull'isola di Caprera.

### ■ GLI ULTIMI ANNI

Nel 1866 partecipa alla **Terza guerra d'indipendenza**: comanda dei volontari e combatte in Trentino, dove ottiene una delle poche vittorie italiane contro gli austriaci. Combatte ancora nel 1867 a Roma e poi nel 1871 nella **Guerra franco-prussiana**. Vince a Digione ma la Francia è sconfitta.
Nel 1874 viene eletto deputato del Regno d'Italia e fonda a Roma nel 1879 la **Lega della democrazia**. Nel 1882 muore a Caprera ☞ **Fig. 4**.

---

**1. COMPRENSIONE** Indica l'alternativa corretta.

1. Giuseppe Garibaldi è conosciuto come...
   - A l'eroe dei due Paesi.
   - B l'eroe dei due mondi.
   - C l'eroe romantico.

2. Da giovane...
   - A è contadino.
   - B viaggia per mare.
   - C è soldato.

3. Da giovane sviluppa un modo di pensare...
   - A libertario.
   - B conservatore.
   - C democratico ma moderato.

4. In Sud America partecipa a...
   - A guerre civili.
   - B guerre di religione.
   - C guerre di indipendenza.

5. Anita è ... di Garibaldi
   - A la moglie
   - B la sorella
   - C l'amante segreta

6. Nel 1848 Garibaldi...
   - A viaggia per mare.
   - B combatte come rivoluzionario.
   - C è in esilio.

7. Sua moglie...
   - A vive a lungo e gli dà un bambino.
   - B lo lascia per una vita più tranquilla.
   - C muore presto.

8. Tra Garibaldi e Cavour...
   - A c'è un odio profondo.
   - B non c'è grande simpatia.
   - C nasce un'amicizia.

9. Garibaldi con soli 1000 uomini riesce a...
   - A conquistare il Centro Italia.
   - B unire il Sud e il Nord Italia.
   - C sconfiggere l'esercito austriaco.

10. Dopo l'unificazione Garibaldi...
    - A partecipa attivamente alla vita del Paese.
    - B continua a combattere.
    - C si ritira su un'isola.

# Donne e uomini famosi

## ■ FRANCESCO D'ASSISI

Figlio di un ricco commerciante, nasce nel 1181 ad Assisi, in Umbria. Tra il 1203 e il 1205, vive diversi episodi di conversione che lo portano a dedicarsi a una vita povera. Nel 1206 decide di rinunciare al patrimonio del padre e fonda l'**Ordine francescano**. La sua regola principale è l'assoluta povertà: i frati francescani non possono, infatti, possedere nulla.

Francesco muore nel 1226 e viene fatto santo due anni dopo, nel 1228. È una delle figure più conosciute della Chiesa Cattolica per il suo insegnamento di amore per il mondo e per gli uomini.

Ci sono Fondazioni francescane in moltissimi Paesi del mondo. La loro missione principale è quella di dare aiuto e assistenza ai poveri ☛ **Fig. 1**.

Leggi questi versi dal *Cantico delle creature*

**Fig. 1** *San Francesco dona il mantello a un povero*, Giotto

(1224), componimento che ha reso famoso San Francesco in tutto il mondo come «il frate che predica agli uccelli».

> «Lodato sii, mio Signore, insieme a tutte le creature, specialmente per il signor fratello sole, il quale è la luce del giorno, e tu tramite lui ci dai la luce. E lui è bello e raggiante con grande splendore: te, o Altissimo, simboleggia.»
>
> (trad. it. da F. D'Assisi, *Cantico delle creature*)

## ■ CRISTOFORO COLOMBO

Colombo (Genova 1451 - Valladolid, Spagna, 1506), comincia da giovane a navigare per motivi di commercio. Nel 1480 si trasferisce in Portogallo, a Lisbona. Qui studia le carte nautiche[1] e legge le opere di molti geografi. Arriva a una conclusione: la forma della terra è sferica. Perciò è possibile arrivare alle Indie da Ovest e lui vuole tentare la navigazione. Nel 1492, la regina **Isabella di Castiglia** gli concede tre caravelle (navi), Nina, Pinta e Santa Maria, e circa 90 uomini. Il 12 ottobre del 1492, dopo un lungo viaggio, arriva a una terra. Ma non sono le Indie… bensì le Bahamas ☛ **Fig. 2**. Prosegue poi per Cuba e Haiti.

**Fig. 2** Lo sbarco di Cristoforo Colombo nel Nuovo Mondo

### Glossario

[1] **carte nautiche:** particolari carte geografiche con informazioni utili alla navigazione

**Fig. 3** Galileo Galilei

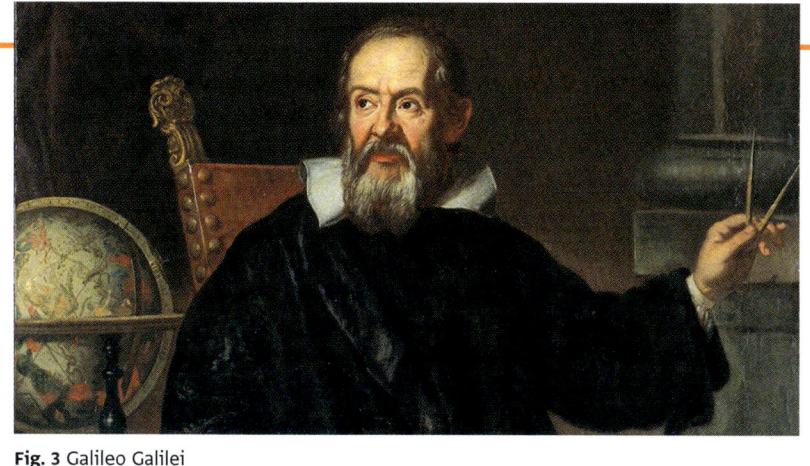

**Fig. 4** Giacomo Casanova

Ricordiamo che il 1492 è diventata una data importante perché segna l'inizio dell'età moderna! In Italia Cristoforo Colombo non è festeggiato, è festeggiato invece negli Stati Uniti dove il 12 ottobre è il *Columbus day*, il giorno di Colombo.

### ■ GALILEO GALILEI

Galileo (Pisa 1564 - Arcetri 1642) ← **Fig. 3**, fisico e astronomo, è uno dei primi a sostenere il **sistema eliocentrico**, cioè ad affermare e dare le prove che è la terra a girare intorno al sole e non il sole a girare intorno alla terra. Ma la Chiesa non gli permette di promulgare[2] le sue teorie, anzi, richiede di abiurare: Galileo deve negare ciò che ha affermato. Spaventato dalle minacce dell'Inquisizione[3], Galileo obbedisce.
Ma la sua teoria è, come si sa, valida. È uno dei primi esempi di scienziato moderno che non accetta passivamente le teorie che vengono dal passato, ma che invece vuole osservare, sperimentare, studiare e provare.

### ■ GIACOMO CASANOVA

È il più **famoso seduttore** di tutti i tempi, così famoso che diventa protagonista di una delle opere più conosciute di Mozart, il *Don Giovanni*. Casanova ← **Fig. 4** nasce a Venezia nel 1725. La sua è una vita avventurosa che ci racconta nelle sue memorie: vive in diverse città, da Milano a Parigi, da Vienna a Dresda e Praga. Svolge diverse attività: suona il violino, diventa il segretario di un cardinale, si dedica anche alle pratiche magiche... Viene imprigionato diverse volte in Italia e all'estero. E sempre e ovunque seduce ragazze e donne, la grande passione della sua vita. Cosa diceva Casanova alle donne per conquistarle? Ecco una delle sue frasi: «*Tu non sei il mio primo amore, ma sarai l'ultimo*». Niente di originale, vero?

### ■ MARIA MONTESSORI

Montessori (Chiaravalle, nelle Marche, 1870 - Noordwjk, Paesi bassi, 1952) ← **Fig. 5** è educatrice, scienziata, medico, filosofa e femminista. Dopo i primi anni di studi vuole iscriversi a medicina. I genitori sono contrari: a quei tempi infatti la maggior parte delle donne non studia e non lavora. Alla fine si convincono e Maria si laurea nel 1896 in psichiatria all'università di Roma. È la prima donna a diventare medico dopo l'Unità d'Italia. Passa anni a osservare i bambini e fare esperimenti. Elabora un **sistema educativo** che si basa sul libero sviluppo della personalità. Secondo il suo metodo la scuola

*Glossario*

[2] **promulgare:** rendere pubblico, divulgare
[3] **Inquisizione:** Istituzione creata dalla Chiesa per indagare e punire i sostenitori di religioni e teorie contrarie alla religione cattolica

**Fig. 5** Maria Montessori

DONNE E UOMINI FAMOSI | 143

Fig. 6 Anna Magnani

Fig. 7 Federico Fellini

deve essere la casa dei bambini, dove questi possono esprimersi liberamente.
Tante scuole in Italia e in Europa sono ispirate ai principi della sua scuola. L'idea fondamentale è la libertà dell'allievo.

### ■ ANNA MAGNANI

Magnani (Roma 1908 - Roma 1973) ☞ **Fig. 6** è una delle maggiori attrici del cinema italiano e uno dei volti iconici del cinema italiano. Recita in film famosi, come *Roma città aperta* di Roberto Rossellini e *Mamma Roma* di Pier Paolo Pasolini. Nel film di Rossellini, la storia dei due protagonisti (Anna Magnani e Aldo Fabrizi) diventa la storia stessa della città durante l'occupazione nazista. In *Mamma Roma* viene rappresentata la Roma più povera e degradata, la Roma della periferia.

Fig. 8 La statua di Venusia, costruita dallo scenografo G. Burchiellaro per il film *Il Casanova* di F. Fellini

Anna Magnani è insignita del premio Oscar per la **migliore attrice protagonista** per il film *La rosa tatuata* nel 1956. È anche la prima attrice non inglese a ricevere il premio.

### ■ FEDERICO FELLINI

Fellini (Rimini 1920 - Roma 1993) ☞ **Fig. 7** è forse il più celebre e più premiato dei registi italiani. Con il suo stile inconfondibile e le sue scenografie, è diventato un vero mito della **cinematografia mondiale**.
Le sue opere sono piene di satira, di ironia, ma anche di una sottile malinconia.
Dirige per quasi quarant'anni decine di film. I più conosciuti sono *La dolce vita* (1960) e *Amarcord* (1973), che sono diventati famosi in tutto il mondo e citati in lingua italiana. Per il suo stile viene anche coniato l'aggettivo "felliniano". A questo proposito disse: «Avevo sempre sognato, da grande, di fare l'aggettivo. Ne sono lusingato. Cosa intendano gli americani con "felliniano" posso immaginarlo: opulento, stravagante, onirico, bizzarro, nevrotico, fregnacciaro. Ecco, fregnacciaro è il termine giusto».
A ricordo di uno dei più famosi film di Fellini: l'enorme testa della statua che usciva dall'acqua all'inizio de *Il Casanova* (1976) ☞ **Fig. 8**. Si trova in un prato a Cinecittà.

144   I GRANDI PERSONAGGI

## ■ MARGHERITA HACK

Hack (Firenze 1922 – Trieste 2013) è una famosa **astrofisica**.
Laureatasi a Firenze in fisica nel 1945, è campionessa di salto in alto e in lungo nei campionati universitari sotto il regime fascista. Occupa per quasi trent'anni la cattedra di astronomia presso l'università di Trieste.
È membro delle più prestigiose società fisiche e astronomiche nazionali ed internazionali. Lavora presso numerosi osservatori americani ed europei ed è membro dei gruppi di lavoro dell'ESA e della NASA.
È convinta che esistano altre forme di vita nella galassia, ma che, per problemi di distanza, non sia possibile stabilire un contatto con loro.

**Fig. 9** Margherita Hack

Margherita Hack ← **Fig. 9**, eletta più volte nelle elezioni regionali **di Lombardia e Lazio,** è molto nota anche per le sue posizioni in campo sociale e politico. Sempre schierata a favore della ricerca sul nucleare, ma anche contro la costruzione di centrali nucleari sul territorio italiano perché considera l'Italia un Paese poco affidabile.

**1. COMPRENSIONE** Rileggi le presentazioni dei personaggi maschili. Poi indica il nome corretto per ogni affermazione.

Avvio: È un uomo di chiesa. ▶ *San Francesco*

1  È un regista famoso.

2  È un esploratore.

3  Viene da una famiglia ricca.

4  È il più famoso seduttore di tutti i tempi.

5  I suoi film sono spesso malinconici.

6  La Chiesa lo costringe a rinnegare le sue teorie.

7  Il suo giorno è festeggiato il 12 ottobre.

8  È stato in prigione.

9  Il suo è un insegnamento d'amore per gli altri.

10  È uno scienziato.

**2. COMPRENSIONE** Focalizzati adesso sui personaggi femminili e rispondi alle domande.

1  Che cosa studia Maria Montessori?
2  A chi o a che cosa è interessata?
3  Chi è Anna Magnani?
4  Quali sono i suoi film più famosi?
5  In che cosa si laurea Margherita Hack?
6  Che cosa pensa di altre forme di vita nella galassia?

**3. SCRIVERE** Scrivi una breve biografia riguardo a un personaggio famoso che vive o ha vissuto in Italia. Può essere uno scrittore, uno scienziato, un politico, o anche un attore o un cantante. Queste espressioni ti possono essere utili:

• È nato/a a/in... • Da bambino/a.../alcuni anni più tardi/all'età di.../quando aveva... • Ha studiato.../Ha frequentato.../
• Dopo aver studiato/frequentato... • È riuscito/a a.../Ha raggiunto risultati... • Negli ultimi anni di vita...

**Attenzione**: puoi scrivere la biografia al presente o al passato prossimo. Cerca informazioni in più di una fonte: in internet, sui giornali, sui libri... Accompagna la biografia con immagini.

DONNE E UOMINI FAMOSI | 145

# I Nobel italiani

**I GRANDI PERSONAGGI**

▶ **1. GUARDA IL VIDEO** e rispondi alle domande.
1. Chi ha inventato la radio?
2. Quando riceve il premio Nobel l'inventore della radio?
3. Giulio Natta è famoso per l'invenzione di particolari sostanze chimiche. Per che cosa vengono usate?
4. Per l'invenzione in quale materia scientifica Giulio Natta è insignito del premio Nobel?
5. Chi contribuisce allo sviluppo della bomba atomica?
6. Che cosa è successo a Ettore Majorana?

Venti italiani sono stati insigniti del premio Nobel in diversi ambiti.

### ■ NOBEL PER LA LETTERATURA

**1906**
**Giosuè Carducci** (Valdicastello, in Toscana, 1835 - Bologna 1907) ☛ **Fig. 1**, considerato in passato uno dei più grandi poeti italiani, ha perso popolarità nel corso del tempo.
I temi più rilevanti della sua poesia sono la rivisitazione[1] del passato e gli ideali di vita laica. Non mancano anche frequenti riferimenti alla morte e al buio.
È il primo italiano a vincere il premio Nobel per la letteratura.

**1926**
**Grazia Deledda** (Nuoro 1871 - Roma 1936) ☛ **Fig. 2** è autrice di molti romanzi, di cui il più famoso è *Canne al vento*. Nelle sue opere parla della sua terra, la Sardegna, del destino, del bene e del male.
È l'unica donna italiana a ottenere il premio Nobel per la letteratura.

Fig. 1 Giosuè Carducci

Fig. 2 Grazia Deledda

**◉ RICERCA SUL WEB**
**San Martino**
Vuoi leggere delle poesie di Carducci? Le trovi online. Questi sono i primi versi di "San Martino", che è una tra le sue poesie più famose e fa parte della raccolta *Rime nuove* del 1887.
«*La nebbia agli irti[2] colli
Piovigginando sale,
E sotto il maestrale[3]
Urla e biancheggia il mar* […]»

**Glossario**
1 **rivisitare**: ripensare con atteggiamento critico, nuovo
2 **irti**: appuntiti
3 **maestrale**: vento freddo proveniente da Nord-Ovest

146 I GRANDI PERSONAGGI

Fig. 3 Salvatore Quasimodo

Fig. 4 Dario Fo

Fig. 5 Luigi Pirandello

## 1959

Il poeta **Salvatore Quasimodo** ← Fig. 3 (Modica, in Sicilia, 1901 - Napoli 1968), esponente di rilievo del movimento letterario dell'Ermetismo (corrente che esprime un tipo di poesia chiusa, ermetica appunto, e complessa). Qui sotto la sua poesia più famosa.

### ED È SUBITO SERA

«*Ognuno sta solo
sul cuore della terra
trafitto da un raggio di sole:
ed è subito sera.*»

(da S. Quasimodo, raccolta omonima, 1942)

## 1997

**Dario Fo** (Sangiano, in Lombardia, 1926 - Milano 2016) ← Fig. 4 è autore, regista e attore teatrale. È stato un innovatore del teatro comico italiano. Il suo capolavoro è *Mistero buffo* (1969), un insieme di monologhi[4] che riprendono antichi testi popolari di diverse regioni italiane. Prima di ogni monologo, i personaggi vengono presentati, come accade per Bonifacio VIII in questo esempio qui a fianco.

Di questi altri due premi Nobel hai già letto (← p. 67):
- **1934** - **Luigi Pirandello** (Agrigento 1867 - Roma 1936) ← **Fig. 5**.
- **1975** - **Eugenio Montale** (Genova 1896 - Milano 1981) ← **Fig. 6**.

## ■ NOBEL PER LA MEDICINA

### 1906

**Camillo Golgi** (Corteno, in Lombardia, 1843 - Pavia 1926) ← **Fig. 7** consegue la laurea in medicina a Pavia. È premiato per la tecnica

«E arriviamo a Bonifacio VIII, il papa del tempo di Dante. Dante lo conosceva bene: lo odiava al punto che lo mise nell'inferno prima ancora che fosse morto. Un altro che lo odiava, ma in maniera un po' diversa, era il frate francescano Jacopone da Todi, pauperista evangelico, un estremista, diremmo oggi. Era legato a tutto il movimento dei contadini poveri, soprattutto della sua zona, al punto che, in spregio alle leggi di prevaricazione imposte da Bonifacio VIII, che era una bella razza di rapinatore, aveva gridato in un suo canto: «Ah! Bonifax, che come putta hai tratto la Ecclesia!» Ahi Bonifacio che hai ridotto la Chiesa come una puttana!»

(da D. Fo, *Mistero Buffo*, 1969)

### Glossario

[4] **monologo**: breve composizione o scena recitata da un solo attore

Fig. 6 Eugenio Montale

Fig. 7 Camillo Golgi

I NOBEL ITALIANI 147

**Fig. 8** Daniel Bovet   **Fig. 9** Salvatore Luria   **Fig. 10** Renato Dulbecco   **Fig. 11** Rita Levi Montalcini

che permette la visualizzazione delle cellule sui tessuti nervosi umani.

### 1957
**Daniel Bovet** (Neuchâtel, Svizzera, 1907 - Roma 1992) ☛ **Fig. 8** riceve il premio Nobel per le sue scoperte nell'ambito della farmacologia.

### 1969
**Salvatore Luria** (Torino 1912 - Massachusetts, USA, 1991) ☛ **Fig. 9** è insignito[5] del Nobel per le fondamentali ricerche sulla moltiplicazione e mutabilità[6] dei virus.

### 1975
**Renato Dulbecco** (Catanzaro 1914 - La Jolla, USA, 2012) ☛ **Fig. 10** riceve il Nobel per la Medicina, per le sue scoperte sulla mappatura[7] e il sequenziamento[8] del genoma umano.

### 1986
**Rita Levi Montalcini** (Torino 1909 - Roma 2012) ☛ **Fig. 11** contribuisce alla scoperta di molecole importanti per lo sviluppo embrionale. È stata l'unica donna italiana a vincere un Nobel nell'ambito scientifico.

### 2007
**Mario Capecchi** (Verona 1937) ☛ **Fig. 12** è un genetista naturalizzato statunitense. Gli viene conferito il premio Nobel per la sua scoperta più importante, una tecnica biotecnologica per la modifica di un gene.

## ■ NOBEL PER LA FISICA

### 1909
**Guglielmo Marconi** (Bologna 1874 - Roma 1937) ☛ **Fig. 13** è insignito del premio Nobel a soli 35 anni per il «contributo dato allo sviluppo della telegrafia senza fili». È considerato l'inventore della radio!

### 1938
**Enrico Fermi** (Roma 1901 - Chicago, USA, 1954) ☛ **Fig. 14** è considerato il più grande fisico italiano di tutti i tempi dopo Galileo Galilei. Riceve il premio Nobel a soli 37 anni per le sue scoperte nell'ambito della radioattività.

«Ho perso un po' la vista, molto l'udito. Alle conferenze non vedo le proiezioni e non sento bene. Ma penso più adesso di quando avevo vent'anni. Il corpo faccia quello che vuole. Io non sono il corpo: io sono la mente.»

(da R. Levi Montalcini, in un'intervista del 2009)

### Glossario
**5 insignire:** consegnare un titolo o un'onorificenza
**6 mutabilità:** possibilità di cambiare
**7 mappatura:** costruzione di una mappa
**8 sequenziamento:** determinare l'esatta sequenza

**Fig. 12** Mario Capecchi   **Fig. 13** Guglielmo Marconi   **Fig. 14** Enrico Fermi

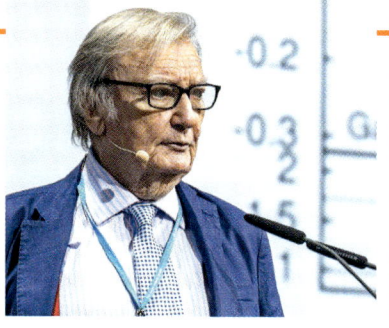

Fig. 15 Emilio Segrè        Fig. 16 Carlo Rubbia        Fig. 17 Riccardo Giacconi

### 1959
**Emilio Segrè** (Tivoli 1905 – Lafayette, USA, 1989) ☞ **Fig. 15**, fisico italiano naturalizzato statunitense, riceve il premio Nobel per i suoi studi nell'ambito della meccanica quantistica e della fisica nucleare.

### 1984
**Carlo Rubbia** (Gorizia 1934) ☞ **Fig. 16** ottiene il premio Nobel per le sue scoperte nell'ambito dell'energia atomica.

### 2002
**Riccardo Giacconi** (Genova 1931 – San Diego, USA, 2018) ☞ **Fig. 17** riceve il premio Nobel per le sue scoperte nell'ambito dell'astronomia a raggi X.

## ■ NOBEL PER LA CHIMICA
### 1963
**Giulio Natta** (Porto Maurizio, in Liguria, 1903 – Bergamo 1979) ☞ **Fig. 18** viene considerato il "papà della plastica". Infatti, ottiene il Nobel per le sue scoperte che portano alla realizzazione di questo materiale.

## ■ NOBEL PER LA PACE
### 1907
**Ernesto Teodoro Moneta** (Milano 1833 – Milano 1918) ☞ **Fig. 19**, giornalista e patriota, nel 1887 contribuisce a fondare l'Unione lombarda per la pace e l'arbitrato internazionale.

## ■ NOBEL PER L'ECONOMIA
### 1985
**Franco Modigliani** (Roma 1918 – Cambridge, Gran Bretagna, 2003) ☞ **Fig. 20** è un economista (con cittadinanza statunitense dal 1946) che ottiene il Nobel per il suo contributo nell'ambito della finanza aziendale moderna.

Fig. 18 Giulio Natta

Fig. 19 Ernesto Teodoro Moneta        Fig. 20 Franco Modigliani

**2. COMPRENSIONE** Per ogni personaggio scrivi a quale ambito appartiene.

Avvio: Carlo Rubbia ▶ *fisica*

1  Grazia Deledda          ............................
2  Franco Modigliani       ............................
3  Guglielmo Marconi       ............................
4  Emilio Segrè            ............................
5  Marco Capecchi          ............................
6  Salvatore Quasimodo     ............................
7  Dario Fo                ............................
8  Enrico Fermi            ............................

**3. PARLARE** Approfondisci la conoscenza di uno dei premi Nobel esplorando il web. Raccogli le informazioni e presentale alla classe.
Per scrivere la biografia, leggi i suggerimenti ☞ a p. 145 (**SCRIVERE** Esercizio 3).

I NOBEL ITALIANI   149

# Le grandi sportive

### Prima della lettura

- Quali sono, secondo te, gli sport più praticati dalle donne in Italia? Discutine in classe. Poi controlla le tue risposte sul fondo pagina.

..................................................
..................................................
..................................................
..................................................

**Fig. 1** *Da destra a sinistra:* tre medaglie olimpiche del passato. Ondina Valla, Novella Calligaris e Sara Simeoni

## LE DONNE SPORTIVE

### Le donne italiane primeggiano in diversi sport.

Negli ultimi anni, grazie anche ai network televisivi e a internet, le donne sportive sono diventate sempre più popolari, non solo per la loro bravura, ma anche per la loro bellezza. Soprattutto in occasione delle Olimpiadi ☛ **Fig. 1** e dei campionati mondiali, gli italiani, anche se non conoscono bene alcuni sport, tifano per le atlete italiane per spirito patriottico[1].

#### ■ LA VALANGA ROSA

La "valanga[2] rosa" è il termine comune con cui si definisce la squadra nazionale femminile di **sci alpino** dell'Italia. L'Italia ha spesso avuto grandi campionesse nel mondo dello sci. Attualmente le atlete di punta, cioè le migliori sciatrici della squadra, sono Sofia Goggia, Federica Brignone e Marta Bassino.

**Sofia Goggia** ☛ **Fig. 2** è una sciatrice potente e polivalente, cioè in grado di sciare a ottimo livello in diverse discipline dello sci.

**Fig. 2** Sofia Goggia

**Soluzioni:** Lo sport di gruppo più praticato è la pallavolo, soprattutto dalle ragazze. L'altro sport più amato è il tennis. Attività sportive popolari tra le donne adulte sono fitness, yoga e pilates.

I GRANDI PERSONAGGI

Fig. 3 Paola Egonu

Fig. 4 Federica Pellegrini

Nata nel 1992, è stata campionessa olimpica nella discesa libera a Pyeongchang 2018, ha vinto la Coppa del mondo di discesa libera nel 2018 e due medaglie mondiali. **Federica Brignone** è una specialista dello slalom gigante e, insieme a **Marta Bassino**, rappresenta il presente, ma soprattutto il futuro, dello sci italiano femminile.

## ■ LA PALLAVOLO

Negli ultimi anni la pallavolo femminile ha dato all'Italia molte soddisfazioni. Nel 2018 la squadra è arrivata seconda al campionato mondiale e nel 2019 è arrivata terza al campionato europeo.
La stella della nazionale è **Paola Egonu** ☛ **Fig. 3**. Nata del 1998, in Italia da genitori nigeriani, ha già vinto con il suo club numerose competizioni nazionali e internazionali.

## ■ FEDERICA PELLEGRINI

Negli ultimi anni in Italia quando si parla di nuoto ci si riferisce a Federica Pellegrini ☛ **Fig. 4**, la più grande nuotatrice italiana di tutti i tempi. È specializzata nello stile libero, dove detiene[3] il record mondiale nei 200 metri e il record europeo dei 400 metri. Nella sua carriera ha vinto numerose medaglie olimpiche e diversi titoli mondiali. Famosa anche per la sua bellezza e per la sua movimentata[4] vita sentimentale, ha numerosi fan sui principali social network.

## ■ CAROLINA KOSTNER

È una pattinatrice artistica su ghiaccio che ha vinto dal 2007 in avanti un'infinita serie di medaglie ai Giochi olimpici invernali, ai campionati del mondo e ai campionati europei ☛ **Fig. 5**. Grazie anche alla sua bellezza è stata testimonial[5] di numerosi prodotti commerciali.
Una caratteristica particolare di Carolina Kostner è il fatto di essere mancina. Fa quindi parte della minoranza di

### Glossario

[1] **spirito patriottico:** amore per la propria patria, per la propria nazione
[2] **valanga:** massa di neve che si stacca dalla montagna e, rotolando, diventa sempre più grossa
[3] **detenere:** possedere, avere
[4] **movimentata:** vivace, piena di fatti imprevedibili
[5] **testimonial:** personaggio pubblico chiamato a pubblicizzare un prodotto

Fig. 5 Carolina Kostner

LE GRANDI SPORTIVE

**Fig. 6** Francesca Schiavone

**Fig. 7** Flavia Pennetta

pattinatrici che saltano ed eseguono le trottole (cioè esercizi in cui si salta e atterra sul ghiaccio) in senso orario.

### ■ LE STELLE DEL TENNIS

Il momento di grandissima gloria del tennis femminile risale al periodo 2006-2015 con un buon numero di tornei vinti e di successi importanti.
**Francesca Schiavone** ☞ **Fig. 6** è stata la prima tennista italiana a vincere un Grande Slam (vittoria nello stesso anno dei quattro tornei più importanti). È stata la quarta migliore del mondo nel 2011 (posizione più alta fino a oggi raggiunta da un'italiana).
**Flavia Pennetta** ☞ **Fig. 7** ha vinto gli US Open nel 2015 (un torneo del Grande Slam). Dopo questa vittoria è arrivata a essere la tennista numero sei del mondo.
Dal 2016 il tennis sta attraversando un periodo di flessione[6], in attesa di nuove campionesse.

### ■ LA SCHERMA

In questo sport, presente ai Giochi olimpici fin dalla loro nascita nel 1896, le italiane hanno sempre ottenuto grandi successi e tante medaglie sono state da loro vinte anche ai campionati del mondo. La donna italiana più rappresentativa nella scherma è stata **Valentina Vezzali** ☞ **Fig. 8**.
In carriera ha vinto 9 medaglie olimpiche, 16 titoli mondiali, 13 europei.
Nel 2013 è stata eletta parlamentare italiana e nel 2016 è entrata nella Walk of Fame dello sport italiano.
**Giovanna Trillini** è stata una grande campionessa del fioretto. In carriera ha vinto otto medaglie olimpiche e numerosi titoli (individuali e di squadra) sia ai mondiali che agli europei.
Nel 2015 è entrata nella Walk of Fame dello sport italiano.

### Glossario

**6 flessione:** calo, riduzione
**7 amputare:** tagliare arti, cioè gambe e braccia, per motivi medici
**8 diffondere la conoscenza:** far conoscere, rendere noto a tutti, sponsorizzare

**Fig. 8** Valentina Vezzali

### BEATRICE VIO

È una schermitrice italiana, campionessa paralimpica, mondiale ed europea nel fioretto individuale ← **Fig. 9**.
All'età di 11 anni è stata colpita da una malattia molto grave (meningite) che ha reso necessaria l'amputazione[7] di braccia e gambe. Grazie alla sua forza di volontà ha ripreso subito la scuola e anche l'attività sportiva di schermitrice. Nella sua carriera ha vinto numerosi premi. Negli ultimi anni è diventata testimonial in molti programmi televisivi per diffondere la conoscenza[8] della scherma su sedia a rotelle e dello sport paralimpico. In un paio di occasioni ha gareggiato a scopo pubblicitario insieme alla sua figura ispiratrice Valentina Vezzali.

**Fig. 9** Bebe Vio

**1. COMPRENSIONE** Abbina il nome della sportiva (1-7) allo sport corretto (a-g).

1 ☐ Sofia Goggia
2 ☐ Paola Egonu
3 ☐ Federica Pellegrini
4 ☐ Carolina Kostner
5 ☐ Francesca Schiavone
6 ☐ Valentina Vezzali
7 ☐ Beatrice Vio

a  pallavolo
b  nuoto
c  scherma
d  sci
e  scherma su sedia a rotelle
f  tennis
g  pattinaggio artistico

**2. COMPRENSIONE** Indica l'alternativa corretta.

1  Quale squadra viene chiamata "valanga rosa"?
   A La squadra nazionale di sci femminile.
   B La squadra nazionale di pallavolo.
   C La squadra nazionale di calcio.

2  Chi è la sportiva che ha genitori di origini nigeriane?
   A Federica Brignone
   B Paola Egonu
   C Federica Pellegrini

3  Chi ha vinto una medaglia d'oro a Pyeongchang 2018?
   A Carolina Kostner
   B Sofia Goggia
   C Francesca Schiavone

4  Federica Pellegrini detiene il record mondiale nei...
   A 100 rana.
   B 200 stile libero.
   C 400 dorso.

5  Chi ha vinto gli US Open di tennis nel 2015?
   A Flavia Pennetta
   B Francesca Schiavone
   C Paola Egonu

6  Quale di queste atlete è entrata nel Walk of Fame dello sport italiano?
   A Valentina Vezzali
   B Federica Pellegrini
   C Beatrice Vio

7  Con quale altra atleta ha gareggiato a scopo pubblicitario Beatrice Vio?
   A Flavia Pennetta
   B Paola Egonu
   C Valentina Vezzali

8  Qual è lo sport di Beatrice Vio?
   A Pallacanestro in carrozzina
   B Pattinaggio
   C Scherma su sedia a rotelle

**3. PARLARE** Discuti con un/a compagno/a su questi temi.

- Non tutti gli sportivi professionisti/sportive professioniste guadagnano abbastanza per poter vivere solo di sport. Secondo te è giusto? Qual è il motivo?
- In alcuni sport le donne professioniste guadagnano meno dei loro colleghi uomini. Pensi che sia giusto?
- Alcune persone pensano che le donne non dovrebbero fare alcuni sport perché sono poco femminili. Tu che cosa ne pensi? Sei d'accordo oppure pensi che siano persone con una mentalità ristretta?
- In Italia le persone fanno sport pagando privatamente l'iscrizione presso i club, mentre negli USA il sistema scolastico promuove di più lo sport. Quale dei due sistemi preferisci?
- Sei più tifoso di una squadra di club o della nazionale?

LE GRANDI SPORTIVE | 153

# I GRANDI PERSONAGGI — Test

1. **Dante scrive la *Divina Commedia* nel...**
   - A 1200.
   - B 1300.
   - C 1400.

2. **La *Divina Commedia* descrive il viaggio di Dante...**
   - A nell'Inferno.
   - B nell'Inferno e nel Paradiso.
   - C nell'Inferno, nel Purgatorio e nel Paradiso.

3. **Tra i personaggi della *Divina Commedia* ci sono...**
   - A Virgilio e Beatrice.
   - B Omero e Petrarca.
   - C Cesare e Cleopatra.

4. **Leonardo da Vinci vive in...**
   - A un'unica città.
   - B diverse città italiane.
   - C diverse città italiane ed europee.

5. **Leonardo da Vinci è...**
   - A pittore e inventore.
   - B artista ed esploratore di terre lontane.
   - C scultore e politico.

6. **Il *Codice Atlantico* di Leonardo da Vinci contiene...**
   - A le sue memorie.
   - B schizzi dei suoi dipinti.
   - C le sue invenzioni.

7. **Giuseppe Garibaldi vive...**
   - A alla fine del Settecento.
   - B nell'Ottocento.
   - C all'inizio del Novecento.

8. **Giuseppe Garibaldi combatte...**
   - A in Italia e all'estero.
   - B solo in Italia.
   - C solo all'estero.

9. **Garibaldi è uno dei fautori...**
   - A della creazione dello Stato della Chiesa.
   - B dello Stato fascista.
   - C dell'unità d'Italia.

10. **Francesco d'Assisi vive nel...**
    - A Duecento.
    - B Trecento.
    - C Quattrocento.

11. **La missione principale delle Fondazioni francescane è...**
    - A pregare per gli altri.
    - B diffondere il verbo di Dio nel mondo.
    - C dare aiuto ai poveri.

12. **Cristoforo Colombo è stato...**
    - A pittore.
    - B artista.
    - C esploratore.

13. **Galileo Galilei deve ritrattare le sue teorie davanti...**
    - A alla Chiesa.
    - B all'imperatore.
    - C al signore di Firenze.

14. **Maria Montessori si occupa di...**
    - A scoperte nell'ambito della medicina.
    - B educazione dei bambini.
    - C poesia.

15. **Federico Fellini è un...**
    - A attore.
    - B regista.
    - C pittore.

154 I GRANDI PERSONAGGI

**16.** Margherita Hack è...
- A un'astronoma.
- B una chimica.
- C una scrittrice.

**17.** Giosué Carducci ha scritto...
- A poesie.
- B romanzi.
- C drammi.

**18.** Grazia Deledda è una...
- A pittrice.
- B scrittrice.
- C attrice.

**19.** Dario Fo scrive *Mistero buffo* ispirato a testi...
- A moderni.
- B antichi.
- C poetici.

**20.** Rita Levi Montalcini ha ottenuto il premio Nobel per la...
- A chimica.
- B medicina.
- C letteratura.

**21.** Guglielmo Marconi è l'inventore...
- A della televisione.
- B della radio.
- C del telefono.

**22.** Enrico Fermi è considerato uno dei più grandi...
- A fisici.
- B chimici.
- C scrittori di tutti i tempi.

**23.** Federica Pellegrini è una campionessa di...
- A pallavolo.
- B nuoto.
- C atletica leggera.

**24.** Carolina Kostner è una famosa...
- A sciatrice.
- B nuotatrice.
- C pattinatrice.

**25.** La donna più rappresentativa per la scherma in Italia è...
- A Francesca Schiavone.
- B Flavia Pennetta.
- C Valentina Vezzali.

# Le attrazioni della città

**1.** Scrivi il nome corretto sotto a ogni immagine.

castello • chiesa • fontana • ~~monumento~~ • museo • ~~palazzo~~ • parco • ponte • scalinata • scultura • teatro • torre

1. *palazzo*
2. ................... 
3. ................... 
4. ................... 
5. *monumento* 
6. ................... 
7. ................... 
8. ................... 
9. ................... 
10. ................... 
11. ................... 
12. ................... 

**2.** Matteo descrive la sua città. Completa con le parole mancanti.

Nella mia città ci sono diversi ........*monumenti*........ , uno di questi è dedicato a Garibaldi, eroe nazionale.
La gente passeggia nel [1]........................... , tra alberi e campi gioco per bambini.
Nel [2].......................... di arte antica si possono ammirare dipinti e molte [3].......................... .
Nella mia città c'è anche un [4].......................... , dove un tempo vivevano re e principi, e due belle
[5].......................... , ma senz'acqua purtroppo.

# La montagna

**1.** Scrivi il nome corretto sotto a ogni immagine.

bosco • collina • ~~ghiacciaio~~ • montagna • ~~pascolo~~ • pista da sci • ~~rifugio~~ • sentiero • torrente • valle • vetta • vulcano

1 ....................
2 ....................
3 ....................
4 ....................
5 *ghiacciaio*
6 ....................
7 ....................
8 ....................
9 ....................
10 ....................
11 *rifugio*
12 *pascolo*

**2.** Completa il diario di Giuseppe con le parole mancanti.

Oggi siamo andati a fare una gita in [1].................... . Mario vuole sempre salire in [2].................... per visitare i [3].................... . A me invece piacciono tanto i [4].................... perché amo il rumore dell'acqua. Mia sorella non è venuta con noi. È andata a vedere le [5].................... perché quest'inverno vorrebbe sciare.

**TAVOLE LESSICALI**

## In vacanza

**1.** Scrivi il nome corretto sotto a ogni immagine.

agriturismo • albergo • appartamento • camera • campeggio • motel • ostello • pensione • villaggio turistico

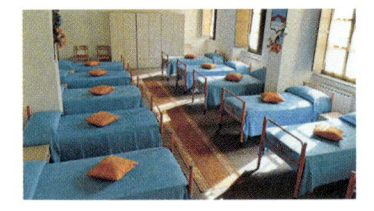

1 ..................................................
2 ..................................................
3 ..................................................
4 ..................................................
5 ..................................................
6 ..................................................
7 ..................................................
8 ..................................................
9 ..................................................

**2.** Scrivi il nome corretto a fianco di ogni definizione.

1 Un albergo per giovani: .................................................................................. .
2 Ci si sta con la tenda o la roulotte: .................................................................. .
3 È un albergo… in genere più piccolo: ............................................................... .
4 Si trova spesso in campagna: ........................................................................... .
5 Si può affittare anche per mesi: ....................................................................... .
6 Può essere singola o doppia: ............................................................................ .

# Al mare

**1.** Scrivi il nome corretto sotto a ogni immagine.

andare in barca • fare castelli di sabbia • fare foto • fare i selfie • giocare a beach volley • mare • nuotare • ~~ombrellone~~ • prendere il sole • sabbia • sole • spiaggia

1 *ombrellone*
2 ............................ 
3 ............................ 
4 ............................ 
5 ............................ 
6 ............................ 
7 ............................ 
8 ............................ 
9 ............................ 
10 ............................ 
11 ............................ 
12 ............................ 

**2.** Completa il diario di Giuseppe con le parole mancanti.

barca • foto • mare • ombrellone • sole • spiaggia

Che bello! Sono al [1]........................... finalmente. Sono qui sdraiato in [2]........................... sotto l'[3]........................... e prendo il [4]........................... . I miei sono andati in [5]........................... . Mio fratello invece fa [6]........................... alle sue amiche!

TAVOLE LESSICALI | 159

# Specialità italiane

**1.** Scrivi il nome corretto sotto a ogni immagine.

cannolo • cassata • lasagne • maritozzo con la panna • panettone • pastiera napoletana • riso allo zafferano • spaghetti aglio e olio • strudel • tagliatelle con il ragù • tiramisù • tortellini

1 ....................................   2 ....................................   3 ....................................

4 ....................................   5 ....................................   6 ....................................

7 ....................................   8 ....................................   9 ....................................

10 ....................................   11 ....................................   12 ....................................

**2.** Quali di questi piatti vengono serviti come dessert?

cannolo • cassata • lasagne • maritozzo con la panna • strudel • tagliatelle • tiramisù • tortellini

....................................................................................................................................
....................................................................................................................................
....................................................................................................................................

# Ambiti dell'economia

**1.** Scrivi il nome corretto sotto a ogni immagine.

agricoltura • allevamento • cinema • editoria • industria automobilistica • industria farmaceutica • industria meccanica • ~~industria tecnica~~ • ~~produttori di vini~~ • settore bancario • ~~telecomunicazione~~ • turismo

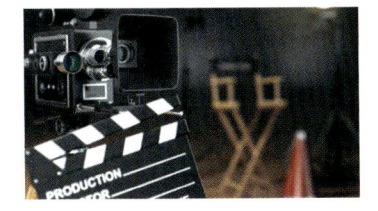

1 .................................. 
2 .................................. 
3 ..................................

4 *telecomunicazione* 
5 *produttori di vini* 
6 ..................................

7 .................................. 
8 *industria tecnica* 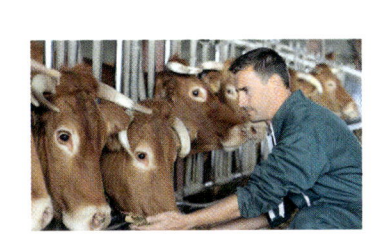
9 ..................................

10 ..................................
11 .................................. 
12 .................................. 

**2.** Scrivi per ogni affermazione l'ambito a cui si riferisce.
1 Ho lavorato come cameriere in un ristorante l'anno scorso. ..................................
2 Questa è la mia fattoria. I nostri prodotti sono solo biologici. ..................................
3 In questi anni ho recitato in serie di successo. ..................................
4 I vini che produciamo sono tra i migliori del mondo. ..................................
5 Il farmaco che abbiamo lanciato sul mercato non vende
   molto bene purtroppo. ..................................

TAVOLE LESSICALI | 161

# Fare shopping e negozi

**1.** Scrivi il nome corretto sotto a ogni immagine.

boutique • centro commerciale • grande magazzino • libreria • macelleria • mercatino dell'usato • mercato rionale • negozio di abbigliamento • negozio di articoli tecnici • panetteria • profumeria • supermercato

1 ..................................
2 ..................................
3 ..................................
4 ..................................
5 ..................................
6 ..................................
7 ..................................
8 ..................................
9 ..................................
10 ..................................
11 ..................................
12 ..................................

**2.** Scrivi dove puoi comprare i seguenti articoli.

boutique • libreria • macelleria • mercatino dell'usato • mercato rionale • negozio di abbigliamento • negozio di articoli tecnici • profumeria • supermercato

1 Due bistecche ..................................
2 Bottiglie d'acqua e di vino ..................................
3 Un paio di jeans ..................................
4 Un romanzo ..................................
5 Un cellulare ..................................
6 Una crema per il corpo ..................................
7 Un vestito di seconda mano ..................................
8 Un abito nuovo ma a basso costo ..................................
9 Un abito di marca ..................................

TAVOLE LESSICALI

# Nazioni e nazionalità

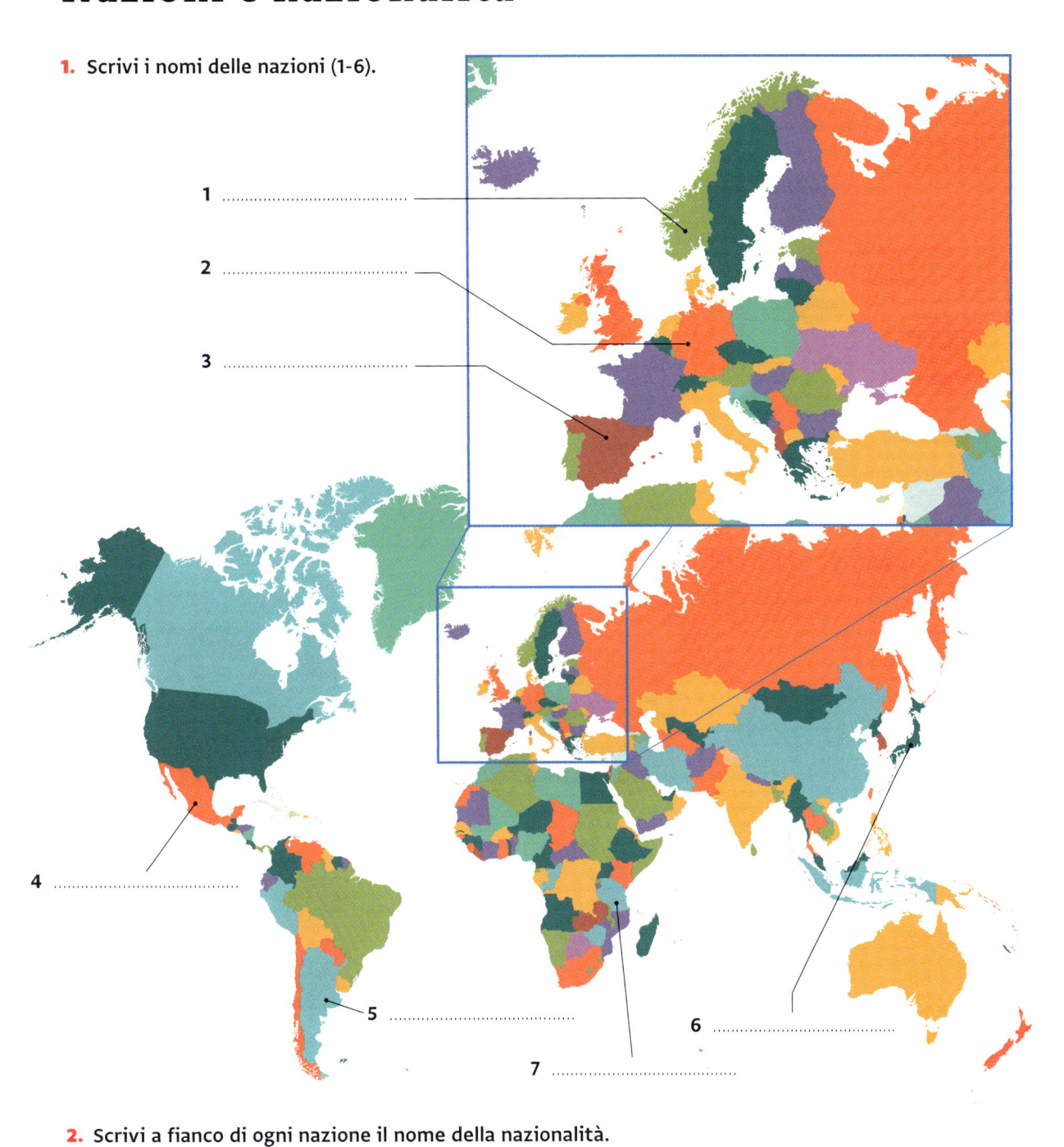

**1.** Scrivi i nomi delle nazioni (1-6).

1 ........................
2 ........................
3 ........................
4 ........................
5 ........................
6 ........................
7 ........................

**2.** Scrivi a fianco di ogni nazione il nome della nazionalità.

1 Italia — *italiana*
2 Stati Uniti — ........................
3 Spagna — ........................
4 Germania — ........................
5 Regno Unito — ........................
6 Brasile — ........................
7 Francia — ........................
8 Cina — ........................
9 India — ........................

TAVOLE LESSICALI | 163

## Mezzi di trasporto

**1.** Scrivi il nome corretto sotto a ogni immagine.

aeroplano • autobus • bicicletta • macchina/auto • metropolitana • monopattino • moto • nave • taxi • traghetto • tram • treno

1 ..................................
2 ..................................
3 ..................................
4 ..................................
5 ..................................
6 ..................................
7 ..................................
8 ..................................
9 ..................................
10 ..................................
11 ..................................
12 ..................................

**2.** Quali mezzi di trasporto sono i più ecologici?
..................................................................................................

**3.** Qual è il mezzo di trasporto più veloce?
..................................................................................................

## ▶ Conosciamo l'Italia

**1.** Guarda il video e abbina le parole (a-f) alle immagini (1-6).

a   Lago di Garda
b   Lago di Como
c   Cala Goloritze
d   Costa amalfitana
e   Monte Bianco
f   Etna

**2.** Guarda ancora il video e indica vero o falso.

1   Il monte Bianco è la montagna più alta d'Europa.   V F
2   Il monte Bianco si trova tra Italia e Svizzera.   V F
3   Courmayeur si trova in Svizzera.   V F
4   Il lago più grande d'Italia è il lago di Garda.   V F
5   Diverse celebrità internazionali possiedono ville sul lago di Como.   V F
6   Il lago di Bolsena si trova nel Nord Italia.   V F
7   Cala Goloritze si trova in Sardegna.   V F
8   Sulla Costa amalfitana ci sono diverse città grandi.   V F

## ▶ Roma

**1.** Guarda il video e abbina le parole (a-f) alle immagini (1-6).

a   Fontana di Trevi
b   Vittoriano
c   Scalinata di Trinità dei Monti
d   Pantheon
e   Piazza Navona
f   Basilica di San Pietro

**2.** Guarda ancora il video e indica vero o falso.

1   La Fontana di Trevi è una delle fontane più famose di Roma.   V F
2   Il Pantheon è un grande palazzo.   V F
3   In piazza Campo de' Fiori ci sono due famose chiese.   V F
4   Villa Borghese ha un grande parco.   V F
5   La Basilica di San Pietro in Vaticano è la più grande chiesa del mondo.   V F
6   Montecitorio è la sede della Camera dei Deputati del Parlamento italiano.   V F
7   Piazza del Campidoglio è progettata e disegnata da Michelangelo.   V F

SCHEDE VIDEO    165

## ▶ Milano

**1.** Guarda il video e abbina le parole (a-f) alle immagini (1-6).

a   Il quartiere moderno di CityLife
b   I Navigli, zona della *movida*
c   Il Teatro alla Scala
d   Il Castello Sforzesco
e   Un dipinto famoso, il *Cenacolo* di Leonardo da Vinci
f   Il Duomo

**2.** Guarda ancora il video e indica vero o falso.

1   Milano è famosa per le sue chiese.   V F
2   Milano è una città molto visitata.   V F
3   Galleria Vittorio Emanuele si chiama anche "il corridoio di Milano".   V F
4   Il Teatro alla Scala è costruito nel 1800.   V F
5   Il *Cenacolo* è conservato in un museo.   V F
6   A CityLife ci sono diversi grattacieli.   V F
7   Le due zone più moderne della città sono CityLife e Porta Garibaldi.   V F
8   I Navigli sono un quartiere di *movida*.   V F

## ▶ Venezia

**1.** Guarda il video e abbina le parole (a-f) alle immagini (1-6).

a   Canal Grande
b   Ponte di Calatrava
c   Caffè Florian
d   Basilica di San Marco
e   Palazzo Ducale
f   Ponte dei Sospiri

**2.** Guarda ancora il video e indica vero o falso.

1   Palazzo Ducale si trova in piazza San Marco.   V F
2   Il Leone di San Marco è il simbolo della città.   V F
3   Il Ponte dei Sospiri collega piazza San Marco con Palazzo Ducale.   V F
4   Il Ponte di Rialto è costruito nel 1400.   V F
5   All'Arsenale si può visitare un museo di Storia Naturale.   V F
6   Il problema dell'acqua alta è uno dei principali problemi di Venezia.   V F

## ▶ Firenze e la Toscana

**1.** Guarda il video e abbina le parole (a-f) alle immagini (1-6).

a Uffizi
b Mercato di San Lorenzo
c Arno
d Ponte Vecchio
e Palazzo Vecchio
f Cattedrale di piazza del Duomo

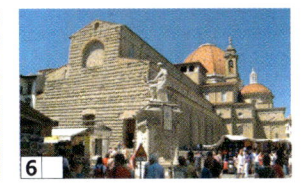

**2.** Guarda ancora il video e indica vero o falso.

1 Il Ponte Vecchio è il ponte più antico del mondo. V F
2 La costruzione della cattedrale è durata quasi duecento anni. V F
3 Palazzo Vecchio si trova in piazza della Signoria. V F
4 La Loggia dei Lanzi è una specie di museo pubblico all'aperto. V F
5 Al mercato di San Lorenzo si può comprare solo frutta e verdura. V F
6 In piazza Santa Croce c'è un monumento dedicato a Manzoni. V F

## ▶ Torino

**1.** Guarda il video e abbina le parole (a-f) alle immagini (1-6).

a Grattacielo Intesa Sanpaolo
b Mole Antonelliana
c Palazzo Carignano
d Piazza Vittorio Veneto
e I portici
f Piazza Castello

**2.** Guarda ancora il video e indica vero o falso.

1 Torino è sempre stata una città turistica. V F
2 Torino è attraversata dal fiume Ticino. V F
3 Il Parco di Torino si chiama Valentino. V F
4 Le fontanelle pubbliche sono chiamate in dialetto piemontese i "toret". V F
5 Sotto i portici ci sono molti negozi di antiquariato. V F
6 In piazza della Repubblica ha luogo un grande mercato settimanale. V F
7 La stazione ferroviaria di Porta Susa è molto moderna. V F

SCHEDE VIDEO

## ▶ Napoli

**1.** Guarda il video e abbina le parole (a-f) alle immagini (1-6).

a  Spaccanapoli
b  Piazza del Plebiscito
c  Castel dell'Ovo
d  *Cristo velato*
e  Maschio Angioino
f  Galleria Umberto I

**2.** Guarda ancora il video e indica vero o falso.

1  Castel dell'Ovo è un edificio del tempo dell'occupazione dei Normanni. V F
2  In piazza del Plebiscito si trova un bel porticato. V F
3  Il principale teatro della città si chiama San Giovanni. V F
4  Tra le icone della città c'è anche Diego Maradona. V F
5  Nel Duomo di Napoli ci sono delle ampolle con il sangue di San Gennaro. V F
6  Il *Cristo Velato* risale al XIX secolo. V F
7  Il Museo di Capodimonte si trova nella Reggia di Capodimonte. V F

## ▶ Palermo

**1.** Guarda il video e abbina le parole (a-f) alle immagini (1-6).

a  Teatro Massimo
b  Spiaggia di Mondello
c  Piazza della Pretoria
d  Cattedrale di Palermo
e  Palazzo dei Normanni
f  Mercato di Ballarò

**2.** Guarda ancora il video e indica vero o falso.

1  Piazza della Pretoria è detta anche della Vergogna per le sue statue nude. V F
2  Al centro della piazza si trova una famosa fontana. V F
3  Il Palazzo dei Normanni è noto come Palazzo del Duca. V F
4  Al suo interno ci sono bellissimi mosaici. V F
5  Il teatro di Palermo si chiama Teatro Grande. V F
6  Al mercato di Ballarò si può trovare una grande varietà di cibi tipici. V F
7  Palermo si trova tra il mare e un lago. V F

## ▶ I laghi

**1.** Guarda il video e abbina le parole (a-d) alle immagini (1-4).

a  Lago Maggiore
b  Lago di Garda
c  Isola Comacina
d  Lago di Como

**2.** Guarda ancora il video e indica vero o falso.

1  Il lago di Garda un tempo si chiamava Benaco. V F
2  Da Villa Borromeo si può ammirare il lago di Garda. V F
3  Sirmione si trova sul lago Maggiore. V F
4  Villa Serbelloni e Villa Carlotta sono attrazioni del lago Maggiore. V F
5  Il lago di Como ha un'isola che si chiama Comacina. V F
6  Il romanzo *I promessi sposi* è ambientato sul lago di Como. V F

## ▶ I sassi di Matera

**1.** Guarda il video e abbina le parole (a-f) alle immagini (1-6).

a  Rione Sasso Barisano
b  Chiesa di San Francesco d'Assisi,
c  Palazzo Lanfranchi
d  La Cattedrale
e  Una caverna dei Sassi
f  Matera

**2.** Guarda ancora il video e indica vero o falso.

1  1 Il torrente che scorre sotto la città si chiama Gravina. V F
2  I Sassi sono diventati Patrimonio dell'Umanità nel 1983. V F
3  Civita è la parte più bassa della città. V F
4  A Palazzo Lanfranchi si trova una scultura contemporanea. V F
5  I Sassi erano le parti più povere di Matera. V F
6  I Sassi erano abitati da contadini. V F
7  Tra il 1953 ed il 1968 i Sassi sono diventati una meta turistica. V F
8  Nel 2019 Matera è stata scelta come Capitale europea della cultura. V F

SCHEDE VIDEO   169

## La Puglia

**1.** Guarda il video e abbina le parole (a-f) alle immagini (1-6).

a  Otranto
b  Nardò
c  Alberobello
d  Trulli
e  Lecce
f  Le Murge

**2.** Guarda ancora il video e indica vero o falso.

1  Il territorio della Puglia è in gran parte montuoso.  V F
2  La Puglia è la regione con più chilometri di coste in Italia.  V F
3  La Puglia è famosa dal punto di vista artistico per le costruzioni rinascimentali.  V F
4  Lecce viene anche chiamata la "Venezia del Sud".  V F
5  I trulli hanno il tetto a forma di cono.  V F
6  L'altopiano tra Puglia e Molise si chiama Le Murge.  V F

## Il Risorgimento e l'unità d'Italia

**1.** Guarda il video e abbina le parole (a-f) alle immagini (1-6).

a  Marsala in Sicilia
b  Isola di Caprera
c  Porta Tosa a Milano
d  Piazza Cinque Giornate a Milano
e  Quarto dei Mille a Genova
f  Compendio garibaldino

**2.** Guarda ancora il video e indica vero o falso.

1  Piazza Cinque Giornate ricorda la ribellione dei milanesi contro l'esercito austriaco.  V F
2  Gli austriaci governavano la città.  V F
3  Dal quartiere Quarto dei Mille partì la spedizione dei Mille di Garibaldi.  V F
4  Garibaldi sbarcò in Calabria.  V F
5  I "mille" volontari combatterono per l'unità d'Italia.  V F
6  Giuseppe Garibaldi è uno dei grandi protagonisti del Risorgimento.  V F
7  Nel compendio garibaldino ci sono la casa di Garibaldi e il museo a lui dedicato.  V F

## ▶ Il fascismo

**1.** Guarda il video e abbina le parole (a-f) alle immagini (1-6).

a  Sabaudia in Lazio
b  EUR a Roma
c  Palazzo di Giustizia a Milano
d  Latina in Lazio
e  Camera del Lavoro a Milano
f  Stazione Centrale a Milano

**2.** Guarda ancora il video e indica vero o falso.

1  L'architettura fascista rispecchia alcuni elementi della sua ideologia.   V F
2  L'Italia fascista esalta la rinascita dell'antica Roma.   V F
3  L'EUR si trova in una città fuori di Roma.   V F
4  Il Palazzo di Giustizia a Milano è un esempio di architettura fascista.   V F
5  Gran parte degli edifici fascisti sono costruiti totalmente in marmo.   V F
6  Durante la dittatura fascista Mussolini fa anche costruire intere città.   V F

## ▶ La cucina italiana

**1.** Guarda il video e abbina le parole (a-f) alle immagini (1-6).

a  Tagliatelle con il ragù
b  Tiramisù
c  Pasta alla carbonara
d  Pizza
e  Prosciutto crudo
f  Sfogliatelle

**2.** Guarda ancora il video e indica vero o falso.

1  La cucina italiana è famosa in tutto il mondo per i suoi piatti.   V F
2  Le tagliatelle sono tipiche dell'Emilia-Romagna.   V F
3  Le lasagne invece sono tipiche della Liguria.   V F
4  La pizza più classica della cucina italiana è la pizza margherita.   V F
5  I bacari sono delle osterie tipiche di Venezia.   V F
6  La pastiera è il più famoso dolce siciliano.   V F

SCHEDE VIDEO

## Le archistar

**1.** Guarda il video e abbina le parole (a-f) alle immagini (1-6).

a  Stazione d'arte della metropolitana di Napoli
b  Shard di Londra
c  Bosco Verticale a Milano
d  Piazza Gae Aulenti
e  Centro congressi la Nuvola
f  Centre Pompidou

**2.** Guarda ancora il video e indica vero o falso.

1  L'architetto dello Shard di Londra è Renzo Piano.  V F
2  Massimiliano Fuksas ha progettato un centro congressi a Milano.  V F
3  Stefano Boeri ha progettato il Centre Pompidou di Parigi.  V F
4  Il progetto più famoso di Stefano Boeri è il Bosco Verticale a Milano.  V F
5  Gae Aulenti è un architetto donna.  V F
6  La piazza dedicata a Gae Aulenti si trova a Firenze.  V F

## I mezzi di trasporto in Italia

**1.** Guarda il video e abbina le parole (a-f) alle immagini (1-6).

a  Metropolitana
b  Linea suburbana
c  Vecchio tram
d  Tram ATMosfera
e  Autobus
f  Treno

**2.** Guarda ancora il video e indica vero o falso.

1  Solo due città in Italia hanno linee tramviarie.  V F
2  A Milano circolano ancora i vecchi tram della fine degli anni Venti.  V F
3  A Milano viaggiano anche tram che fungono da ristoranti.  V F
4  Nella maggior parte delle città italiane, grandi e piccole, c'è la metropolitana.  V F
5  La rete metropolitana più estesa è quella di Milano.  V F
6  Molte città hanno anche un sistema di trasporto suburbano.  V F

## ▶ L'opera

**1.** Guarda il video e abbina le parole (a-f) alle immagini (1-6).

a Verdi
b Puccini
c Britten
d Rossini
e Stravinskij
e Stockhausen

**2.** Guarda ancora il video e indica vero o falso.

1 Il *Don Giovanni* di Mozart è scritto in italiano. V F
2 *Madame Butterfly* è composta da Verdi. V F
3 L'autore di *La traviata* e *Nabucco* è Rossini. V F
4 Verdi è un'importante figura del Risorgimento. V F
5 La costruzione del Teatro alla Scala di Milano risale al Seicento. V F
6 Un altro dei teatri più famosi in Italia si trova a Venezia. V F

## ▶ L'inquinamento

**1.** Guarda il video e abbina le parole (a-f) alle immagini (1-6).

a Stabilimento di Seveso
b Fiume Lambro
c Gas tossici
d Eternit
e Industria chimica
f TCDD

**2.** Guarda ancora il video e indica vero o falso.

1 L'industria chimica gioca un ruolo importante in Italia. V F
2 La produzione di Eternit in Italia comincia negli anni Cinquanta. V F
3 Gli stabilimenti più importanti in Italia erano in Lombardia e in Piemonte. V F
4 La produzione di amianto è proibita negli anni Novanta in Italia. V F
5 A Seveso nel 1976 accade un grave incidente con un impianto chimico. V F
6 Nel 2010 avviene un disastro che coinvolge il fiume Ticino. V F

SCHEDE VIDEO | 173

## Studiare in Italia

**1.** Guarda il video e abbina le parole (a-f) alle immagini (1-6).

a  La Sapienza di Roma
b  Bocconi
c  Università di Bologna
d  LUISS
e  Politecnico di Milano
f  Copernico

**2.** Guarda ancora il video e indica vero o falso.

1  A Bologna c'è l'università più antica del mondo.  V F
2  Oggi Bologna ha una piccola università.  V F
3  Al Politecnico di Milano si studiano ingegneria e altre materie tecnico-scientifiche.  V F
4  Al Politecnico di Milano hanno studiato famosi architetti.  V F
5  La Sapienza è l'università più grande del mondo.  V F
6  All'università Bocconi si studia economia.  V F

## Italiani in vacanza

**1.** Guarda il video e abbina le parole (a-f) alle immagini (1-6).

a  Salento
b  Porto Cervo
c  Langhe
d  Siena
e  Liguria
f  Etna

**2.** Guarda ancora il video e indica vero o falso.

1  Piemontesi e lombardi amano particolarmente la Liguria.  V F
2  Il Salento si trova a sud della penisola.  V F
3  La Costa Smeralda è conosciuta perché è una località marina economica.  V F
4  Le Dolomiti si trovano a ovest del Paese  V F
5  Le Langhe sono famose anche per i vini.  V F
6  Siena si trova in Veneto, nel Nord del Paese.  V F
7  Il piccolo paese vicino a Siena si chiama Monteriggioni.  V F
8  Il vulcano Etna si trova in Campania.  V F

174  SCHEDE VIDEO

## ▶ Leonardo da Vinci

**1.** Guarda il video e abbina le parole (a-f) alle immagini (1-6).

a "Monna Lisa"
b *Uomo Vitruviano*
c *Ultima cena*
d Prototipo dell'elicottero
e Studi di anatomia
f *Salvator Mundi*

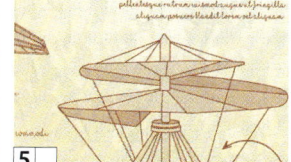

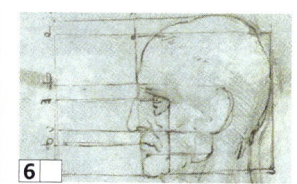

**2.** Guarda ancora il video e indica vero o falso.

1 Leonardo da Vinci è considerato un grande genio. V F
2 Il *Cenacolo* è conservato a Milano. V F
3 La "Monna Lisa" è stata venduta ad altissimo prezzo. V F
4 Leonardo realizza il disegno dell'*Uomo Vitruviano* grazie ai suoi studi dell'anatomia umana. V F
5 Tutte le invenzioni di Leonardo hanno avuto sviluppo nel Cinquecento. V F

## ▶ I Nobel italiani

**1.** Guarda il video e abbina le parole (a-f) alle immagini (1-6).

a Guglielmo Marconi
b Giulio Natta
c Enrico Fermi
d Emilio Segrè
e Oggetti di plastica
f La radio

**2.** Guarda ancora il video e indica vero o falso.

1 Guglielmo Marconi inventa la radio a metà del Novecento. V F
2 Guglielmo Marconi viene insignito del premio Nobel per la fisica. V F
3 Giulio Natta riceve il premio Nobel per la fisica. V F
4 Giulio Natta è l'inventore della plastica. V F
5 Enrico Fermi, Emilio Segrè ed Ettore Majorana vengono chiamati i ragazzi italiani. V F
6 Fermi e Segrè emigrano negli Stati Uniti. V F
7 Majorana viene ucciso. V F

SCHEDE VIDEO  175

*(Continua da p. 2)* p.60 (as):Pinacoteca di Brera, Milano/p.60 (as):Pinacoteca di Brera, Milano/Wikipedia Pubblico Dominio;(ac):Recanati, Casa Leopardi/Wikipedia Creative Commons 3.0; (ad):© DeAgostini Picture Library/Scala, Firenze;(bd):Milano, Pinacoteca di Brera/Wikipedia Pubblico Dominio;p.61:Walt Disney;p.62:© L.Ponti/Shutterstock;p.63 (ac): © DE AGOSTINI PICTURE LIBRARY/Getty Images;(cd):© Hulton-Deutsch Collection/CORBIS;p.64 (dall'alto):Istituto Luce;© Studio Patellani/CORBIS;lavocedeltrentino.it;p.65 (as):mole24.it;(ad): ecodibergamo.it;(bd): romasparita.eu;p.66;(ad):© Digital image, The Museum of Modern Art, New York/Scala, Firenze;p.67 (as):Einaudi-Gruppo editoriale L'Espresso, 2007;(ac):© MONDADORI PORTFOLIO;(ad): www.nuoviargomenti.it;p.68:© Stiebing/ullstein bild/Getty Images;p.69 (as):www.freenewsonline.it;(ac):egloos.com;(ad):G.Cacace, 2010/AFP/p.70 (foto 1):educational.rai.it;(foto 2):celebslists. com;(foto 3):© MONDADORI PORTFOLIO/Sergio del Grande;(foto 4):© U. Andersen/Getty Images;p.71 (a):www.losbuffo.com/Edizioni E/O;(cd):Rai Fiction/elleu/Mediaitalia;p.72 (a):© Foto Scala,Firenze – su concessione Ministero Beni e Attività Culturali e del Turismo/Galleria degli Uffizi, Firenze;(cd): thevision.com;(bs):Dagli Orti G./Istituto geografico De Agostini, Novara, 1997;p.73 (ad): thevision.com;(cs):© Archivio Toscani/Gestione Archivi Alinari, Firenze;(bd):© Basso Cannarsa/Opale/Bridgeman Images;p.74 (cd):© Quang nguyen vinh/Shutterstock;(bd):© jefftakespics2/ Alamy/IPA;p.75 (alto dx in senso orario):© V.Proskurina/Shutterstock;© A.Gilardelli/Shutterstock;© D.Lo Presti/Shutterstock;(ad):© Heritage Image Partnership Ltd/Alamy/IPA;(centro da sx):© D. Larin/Shutterstock;L.Alvarez/Getty Images;© H.Vrieselaar/Shutterstock;© A.Romero/Shutterstock;© J.Hubatka/Alamy/IPA;(bd):© Oleksiy Mar/Thinckstock;p.76 (ac):anddos-gaynet-roma. org;(cd):© I.Borodin/Shutterstock;(bd):© Monkey Business Images/Shutterstock;p.77:© SpeedKingz/Shutterstock;p.78 (as):savoyrivieranapoli.com;(ac):Fotolia;(ad):© R.Mackenzie/Shutterstock; (cd):© kornienkoalex/Depositphotos;p.79:© mgcia2@gmail.com/Depositphotos;p.80 (ad):© JJFarquitectos/iStock;(bs):© R.Babakin/Shutterstock;(bc):© View Apart/Shutterstock;p.81:www. humanitas-care.it;p.82 (as):© M.Mayer/Shutterstock;(cd):© Katrinshine/Shutterstock;(cs):© A.Prokopenko/Shutterstock;(bd):© A.Nissotti/Shutterstock;p.83 (ad):© margouillat photo/ Shutterstock;(basso in senso orario):© Photos.com, 2011;© T.Palokha/Shutterstock;© Kesu/Shutterstock;© Pixel-Shot/Shutterstock;© 2010 Photos.com;© Viktor1/Shutterstock;© D.Kazitsyn/ Shutterstock;p.84 (as):Dolce&Gabbana/metro.co.uk;(ad):© Syda Productions/Shutterstock;(cc):myelection.info;(cd):© Pavel L Photo and Video/Shutterstock;p.85 (as):© Baloncici/Depositphotos; (cd):© A.Popov/Shutterstock;p.86:www.lucabombassei.com;p.87 (bs):© M.Bertolini;(bd):B.Munari/www.artemide.ru;p.88:G.Ponti/Cassina/www.elledecor.com;(cd):Alessi/www.kijiji.it;(basso da sx):E.Sottsass by SIAE,Roma 2020;A.Castiglioni, 1962/www.ambientedirect.com;G.Ponti/Cassina/thewalkman.it;B.Munari/Artemide sbandiu.com;p.89:Studio Claudia Pelizzari/Illuminazione Tom Dixon/ifdm.design.it;p.90 (as):Renzo Piano Building Workshop, architetti;www.romecentral.com;(cd):© A.Roveri/Mondadori/Getty Images;(bs):© Eredi Aldo Rossi, courtesy Fondazione Aldo Rossi;(bd):© AFP/Getty Images/Boeri Studio;p.91(ad):© G.Gabaglio/Alamy/IPA;(cd):© AGENZIA SINTESI/Alamy/IPA;(bs):S.Gaudenti/Sygma/Getty Images;p.92 (cd):© rarrarorro/iStock/Renzo Piano Building Workshop, architetti;(cd):D.Papalini, 2010/Wikipedia Creative Commons 3.0;(b):E.Cano/Renzo Piano Building Workshop, architetti;p.93:© easy camera/Shutterstock;p.94 (as):© Bombaert/iStock; (cd):Wikipedia Pubblico Dominio;(bd):© World Whistory Archive/Alamy/IPA;p.95 (cd):coolectablesdesigns.wordpress.com;(b):www.vespaclubalvignano.it;p.96:© Robson90/Depositphotos;p.97 (ad): © G.Papanikos/Shutterstock;© O.Tusquets by SIAE, Roma 2020;(cd):Zaha Hadid Architects;p.98 (a):© P.Bona/Shutterstock;(bd):Insidefoto.com;p.99 (ac):© P.Bona/Shutterstock;(destra dall'alto): wakeupnews.eu;A.C. Milan/Wikipedia Pubblico Dominio;© photomaster/Shutterstock;P.Manzo/NurPhoto;p.100:MR.NATTHAWUT PUNYOSAENG/Thinkstock;p.101 (as):daily-soccer-buzz.blogspot. com;(ad):© ph.FAB/Shutterstock;(cd):© M.Chianura/AGF;(b):www.figc.it;p.102 (as):© istanbulfotograf/Shutterstock;(cd):Ramella & Giannese/Teatro Regio Torino;(bs):www.teatroverdisalerno. it;(bd):© travelview/Shutterstock;p.103 (ad):E.Carjat, 1865/harvardartmuseum.org/Wikipedia Pubblico Dominio/operasofia.bg;Museo Teatrale alla Scala, Milano/www.deartibus. it;scripobanknotes.com;p.105 (ad):oqueemeuenosso.blogspot.com;(cd):www.leviedellamusica.net;p.106 (as):© teamtime/Depositphotos;(cs):© G.Bechea/Shutterstock;(b):© J-M.Häsä/Alamy/ IPA;p.107 (ad):© Marco Iacobucci Epp/Shutterstock;(cs):© tanukiphoto/iStock/Boeri Studio Architetti;(bd):© travelview/Shutterstock;p.108 (cs):© andyparker72/iStock;(bd):www.rivieraoggi.it; p.109 (ad):© A.novikov/Depositphotos;(bd):© peus/Depositphotos;p.110:© cate_89/Shutterstock;p.111:© Okunin/Shutterstock;p.112 (ad):© itacanotizie.it;(bd):© avarand/Shutterstock;p.113 (as): www.lavocedelpatriota.it;(ad):L.Zennaro, 2009/ANSA/DRN;(cd):www.animazionemusicamatrimonio.it;p.114: tpi.it;p.116 (as):© J.Ossorio-Castillo/iStock;(cd):anna2004102/outdoors.webshots. com;(bc):www.kongnews.it;p.117:© scanrail/iStock;p.118:© sylv1rob1/Shutterstock;p.119 (ad):© kurhan/Shutterstock;(bd):Georgijevic/Getty Images/architetti.com;p.120 (ad):© Rocco De Benedictis;(bs):Hafida/AFP/Getty Images;(bd):Darrin Zammit Lupi/Reuters;p.121 (as):© S.Carnevali/Alamy/IPA;(ac):© MikeDotta/Shutterstock;(ad):© D.Fracchia/Alamy/IPA;p.122 (as):onlyhdwallpapers.com;(ad):© Bettmann/Corbis;p.123 (ad):NNS PHOTO;(cd):© Stock-Asso/Shutterstock;p.124 (as):© M.Skrigan/Shutterstock;(bd):© N.Klenova/Shutterstock;(cs):© I.Fisher/ Shutterstock;(ad):© Hulton Archive/Getty Images;(bs):© P.Senatore/Shutterstock;(bd):© S.Granati/Corbis/Getty Images;p.125 (bs):© stock_colors/iStockphoto;(bd):Guardia Costiera, 2015;p.126 (ad):© Shaïith/Shutterstock;(bs):© A.Nigmatulina/Shutterstock;(bd):© E.Veselova/Shutterstock;p.127 (a da sx):© vnlit/Shutterstock;© HelloRF Zcool/Shutterstock;© MisterStock/ Shutterstock;© Ruth Black/Shutterstock;( c da sx):© Wolfilser/Shutterstock;© Macrovector/Shutterstock;© Wedding and lifestyle/Shutterstock;p.128 (ad):© A.Raffin/Shutterstock;(cs):© arp/ Depositphotos;(bs):© Hulton Archive/Getty Images;(bd):© P.Senatore/Shutterstock;p.129 (as):C.G. Silver Film/Extra Film Produktion/C.D.E. Columbia Tristar;(as):Wikipedia Pubblico Dominio;(cd):© A.Raffin/Shutterstock;p.130 (ad):RAI/ positanonotizie.it;(ad):AMG International, 2019;(bd):M.Rasero/LaPresse;p.131:© A.Raffin/Shutterstock;p.132 (as):© A.Masnovo/iStock;(bd):© P.Poendi/Shutterstock;p.133:© babi000000/ Shutterstock;p.134 (as):© Karisssa/iStock;(cd):© rarrarorro/Shutterstock;(bs):© Alexanderstock23/Shutterstock;(bd):© P.Bona/Shutterstock;p.135 (ad):© D.Vereshchagin/ Shutterstock;(cs):© justhavealook/iStock;(bd):© Pecold/Shutterstock;p.136:Getty Images;p.137 (ad):secusio.wordpress.com;(cd):Wikipedia Pubblico Dominio;p.138 (as):Biblioteca Reale di Torino, Torino;(cd):© janaka/Depositphotos;p.139 (as):© RMN-Grand Palais (musée du Louvre) / Michel Urtado-- Réunion des Musée Nationaux/ distr. Alinari;(ad):Gallerie dell'Accademia, Venezia/ Wikipedia Creative Commons 4.0;(cd):Biblioteca Ambrosiana, Milano;p.140 (ad):© White Images/Scala, Firenze;(bs):© DEA PICTURE LIBRARY/Getty Images;p.141 (as):© DeAgostini Picture Library/ Scala, Firenze;(ad):© REDA & CO srl/Alamy/IPA;p.142 (ad):Assisi, Basilica superiore di San Francesco;(bs):Library of Congress Prints and Photographs Division, Washington DC.;p.143 (as):Wellcoma Collection/Wikipedia Creative Commons 4.0;(ad):Granger/fineartamerica.com;(bd):Konemann, 1998;p.144 (as):radio-eco.it;(ad):D.Minghini, 1973/inchiostronero.it;(bs):© rarrarorro/ Shutterstock;p.145:Musacchio & Ianniello/PAL/ANSA,2009;p.146 (as):Associated Press/www.findingdulcinea.com;(cs):www.storiatifernate.it;(cd):© Pictorial Press Ltd/Alamy/IPA;p.147 (as):Harenberg Vialender Verlag, 2001;(ac):www.lionspalermodeivespri.it;(ad):Getty Images;(bs):www.pinterest.it;(bd):news.unipv.it;p.148 ( alto da sx):brunelleschi.imss.fi.it;© US NATIONAL LIBRARY OF MEDICINE / SCIENCE PHOTO LIBRARY;R.Böcher/Sperling & Kupfer Editori, 1998;© C.Cabrol/Kipa/Corbis;(bs):University of Utah Health;(bc):circoloitalianoditaubate.wordpress. com;(bd):Wikimedia Commons;p.149 (as):Keystone/Getty Images;(ac):Lindau Press/quantamagazine.org/Keystone/tio.ch;(cd):www.nattadeambrosis.edu.it;(bc):Edizioni Fondazione Anna Kuliscioff;(bd):© Bachrach/Getty Images;p.150 (as):fdal.it;(ac):fanpage.it;(ad):B.Thomas/Getty Images;(bd):© C.Barni/Shutterstock;p.151 (as): volleymob.com;(ad):© A.Delbo/Shutterstock;(bd): © man_kelly/Depositphotos;p.152 (as):R.Giubilo, 2019/vivimilano.corriere.it;(ad):© zhukovsky/Shutterstock;(bd):D.Barbieri/Shutterstock;p.153:© F.militello Mirto/NurPhoto/Getty Images; p.154 (as):Gabriele Mazzotta, Milano, 1988;(cd):Eugene a, 2008/Wikipedia Creative Commons 3.0;(bs):Library of Congress/Wikipedia Pubblico Dominio;(bd):onestoespietato.wordpress.com;p.155 (cs):© MONDADORI PORTFOLIO/LEEMAGE;(cd):Pach Brothers, 1908/Library of congress/Wikipedia Pubblico Dominio;(bs):E.Ferrari/ANSA;p.156 (foto 0):© KirShu/Shutterstock;(foto 1):© Foto Scala, Firenze;(foto 2):© citylights/Depositphotos;(foto 3):© s74/Shutterstock;(foto 4):torinostoria.com;(foto 5):© Musée du Louvre, Dist. RMN-Grand Palais/Raphaël Chipault;(foto 6):rossiwrites. com;(foto 7):© SenSeHi/Shutterstock;(foto 8):© Bobica10/Shutterstock;(foto 9):gMelfi,2005/Wikipedia Pubblico Dominio;(foto 10):© DeAgostini Picture Library/Scala, Firenze;(foto 11):repubblica. it;p.157 (foto 1):© R.Sorin/Shutterstock;(foto 2):© Zoom Team/Shutterstock;(foto 3):© ICPonline;(foto 4):© E.Bocek/Shutterstock;(foto 5):© kps1664/Shutterstock;(foto 6):Francofranco56, 2008/ Wikipedia Pubblico Dominio;(foto 7):© Massimax/Shutterstock;(foto 8):© maudranos/Shutterstock;(foto 9):© tns2710/Depositphotos;(foto 10):© hofhauser/Shutterstock;(foto 11):© N.Simeoni/ Shutterstock;(foto 12):© Torruzzio/Shutterstock;(foto).158 foto 1):www.ostello-lunigiana.it;(foto 2):© C.Beaubien/Shutterstock;(foto 3):© NDT/Shutterstock;(foto 4):www.hotelwerther.com;(foto 5):Agriturismo al Bosco;(foto 6):© Angelafoto/iStock;(foto 7):motelsirio.it;(foto 8):www.novezeronove.it;(foto 9):www.hoteldesign.org;p.159 (foto 1):© J.Fulawka/Shutterstock;(foto 2):© Smit/ shutterstock;(foto 3):© ICPonline;(foto 4):© V.Maschek/Shutterstock;(foto 5):© V.Valua/Shutterstock;(foto 6):© MR BUDDEE WIANGNGORN/Shutterstock;(foto 7):© YanLev/Shutterstock;(foto 8): © V.Gladkov/iStock;(foto 9):© M.Focus/Shutterstock;(foto 10):© Rawpixel.com/Shutterstock;(foto 11):© oneinchpunch/Shutterstock;(foto 12):© Antonio Conte Photos/Shutterstock;p.160 (foto 1): italyxp.com;(foto 2):© isantilli/iStock;(foto 3):© Shutterstock;(foto 4):© kuvona/Shutterstock;(foto 5):© M.Mayer/Shutterstock;(foto 6):© EnkiPhoto/iStock;(foto 7):© 2010 Photos.com;(foto 8): © L.Bertello/Shutterstock;(foto 9):cookist.it;(foto 10):© irescigno/iStock;(foto 11):© isantilli/Shutterstock;(foto 12):© anna.q/Shutterstock;p.161 (foto 1):© Bet_Noire/iStock;(foto 2):© Science Photo Library/TipsImages;(foto 3):© J.Pawlak/Shutterstock;(foto 4):© D.Cossu/Shutterstock;(foto 5):© seraficus/iStock;(foto 6):© zefart/iStock;(foto 7):© MikeDotta/Shutterstock;(foto 8):© P.Bona/ Shutterstock;(foto 9):© goodluz/Shutterstock;(foto 10):© L.Milasan/Shutterstock;(foto 11):© Eyesonmilan/Shutterstock;(foto 12):© Gumpanat/iStock;p.162 (foto 1):© O.Zhukov/Shutterstock;(foto 2):© pikselstock/Shutterstock;(foto 3 e 6):© TK Kurikawa/Shutterstock;(foto 4):© Sorbis/Shutterstock;(foto 5):© S.Sette/Shutterstock;(foto 7):© C.D.Obertas/Shutterstock;(foto 8):estetarisponde. com;(foto 9):© E.Pominova/Shutterstock;(foto 10):© MikeDotta/Shutterstock;(foto 11):© Obs70/Shutterstock;(foto 12):© MikeDotta/Shutterstock;p.163:© seeyah panwan/Shutterstock;p.164 (foto 1): © P.Bona/Shutterstock;(foto 2):© fckncg/Shutterstock;(foto 3):tigrisgroup.net;(foto 4):© V. Kielaitis/Shutterstock;(foto 5):© Route66/Shutterstock;(foto 6):© Grabowski Foto/Shutterstock;(foto 7): © V.Starozhylov/Shutterstock;(foto 8):livesicilia.it;(foto 9):kyrieeleison.eu;(foto 10):© F.Fermeglia/iStock;(foto 11):L.Chiesa, 2008/Wikipedia Creative Commons 3.0;(foto 12):© Polonio Video/ Shutterstock;p.165 alto (foto 1):© A.Mayovskyy/Shutterstock;(foto 2):© A.Masnovo/iStock;(foto 3):P.Renato/pexels.com;(foto 4):© mervas/Shutterstock;(foto 5):© M.Kryzak/Shutterstock;(foto 6): © © A.Marcelo/Shutterstock;p.165 basso (foto 1,2,3,4,5,6):Zenit Arti Audiovisive;p.166 alto (foto 1,2,3,4,6):Zenit Arti Audiovisive;(foto 5):Shutterstock;p.166 basso (foto 3,6):Zenit Arti Audiovisive; (foto 1):© marako85/iStock;(foto 2):© TomasSereda/iStock;(foto 4):© E.Odareva/Depositphotos;(foto 5):© M.Stejskalova/Shutterstock;p.167 alto (foto 1,3,5,6):Zenit Arti Audiovisive;(foto 2):© C.Wojtkowski/Shutterstock;(foto 4):© Givaga/Alamy;p.167 basso (foto 1):© saiko3p/Depositphotos;(foto 3):© miqu77/Shutterstock;(foto 2,4,5,6):Zenit Arti Audiovisive;p.168 alto (foto 1): © C.A.Orabona/123RF;(foto 2):© bhidethescene/iStock;(foto 3):Zenit Arti Audiovisive;(foto 4):© F.Sciarra/Shutterstock;(foto 5):© trotalo/iStock;(foto 6):© V.Mei/iStock;p.168 basso 1,6):Zenit Arti Audiovisive;(foto 2):© blunker/Depositphotos;(foto 3):© faabi/Depositphotos;(foto 4):© marzolino/Depositphotos;(foto 5):© poludziber/Depositphotos;p.169 alto (foto 1):© A.Berg/Shutterstock; (foto 2):© elesi/Depositphotos;(foto 3):© bloodua/Depositphotos;(foto 4):Zenit Arti Audiovisive; p.169 basso (foto 1):© R.Balasko/Shutterstock;(foto 2):© conde/Shutterstock;(foto 3):© Sky_Blue/ iStock;(foto 4,5,6):Scribacchini;p.170 alto (foto 1):© N.Pulham/Shutterstock;(foto 2):© Zigres/Shutterstock;(foto3):Zenit Arti Audiovisive;(foto 4):© J.Sopotnicki/Shutterstock;(foto 5):© J.Sopotnicki/ iStock;(foto 6):© G.Lazazzera/Shutterstock;p.171 alto (foto 1): M.Seiffarth;(foto 2):Wikipedia Pubblico Dominio;(foto 3):© E.Odareeva/Shutterstock;(foto 4):© trabantos/Shutterstock;(foto 5):© ArtMediaFactory/Shutterstock;(foto 6):F.de Marco/Shutterstock;p.171 alto (foto 1):© faberfoto/Depositphotos;(foto 2):© L.Ponti/Shutterstock;(foto 3):©M.Seiffarth;(foto 4,5):Wikipedia Pubblico Dominio;(foto 5):© E.Marongiu/Shutterstock;p.171 basso (foto 1):© bonchan/Shutterstock;(foto 2):© 2010 Photos.com;(foto 3):Shutterstock;(foto 4):© B.Botond/Shutterstock;(foto 5):© E. De Bernardo/Shutterstock;(foto 6):© romeocharly/Depositphotos;p.172 alto (foto 1):© pisaphotography/Shutterstock;(foto 2):© G.Leonardi/iStock;(foto 3):© K.Tronin/Shutterstock/Boeri Studio Architetti;(foto 4):© marcobrivio.photo/Shutterstock;(foto 5):© Giorgio Art/Shutterstock;(foto 6): © PhotoLondonUK/Shutterstock/Renzo Piano Building Workshop, architetti;basso (foto 1,2,6):M. Seiffarth;(foto 3):© PhotoItaliaStudio/Shutterstock;(foto 4):© KrimKate/Shutterstock;(foto 5):© gnoparus/Shutterstock;p.173 alto (tutte):Wikipedia Pubblico Dominio;(foto 1):© G.Restuccia/ Shutterstock;(foto 2):© Tunatura/Shutterstock;(foto 3):© Terelyuk/Shutterstock;(foto 4):© Shifted/Shutterstock;(foto 5):© ibreakstock/Shutterstock;(foto 6):© KamilloK/Shutterstock;p.174 alto (foto 1):© rarrarorro/Shutterstock;(foto 2):© sbalcons/Depositphotos;(foto 3):© A.Delbo/Shutterstock;(foto 4):C.Dani/Wikipedia Creative Commons 4.0;(foto 5): © A.Antanovic/Shutterstock ;(foto 6): Torun Regional Museum/Wikipedia Pubblico Dominio;p.174 alto (foto 1,2,3,4,5):Zenit Arti Audiovisive;(foto 6):Shutterstock;p.175 alto (foto 1):© Gallerie dell'Accademia, Venezia/Wikipedia Creative Commons 4.0;(foto 2):© RMN-Grand Palais (musée du Louvre)/M.Urtado/Réunion des Musée Nationaux/distr. Alinari;(foto 3):Chiesa di Santa Maria delle Grazie, Cenacolo Vinciano, Milano/Wikipedia Creative Commons 3.0;(foto 4):Wikipedia Pubblico Dominio;(foto 5):© Kwirry/Shutterstock;(foto 6):Wikipedia Pubblico Dominio;basso (foto 1):www.nattadeambrosis.edu. it;(foto 2):military.wikia.org;(foto 3):Associated Press/www.findingdulcinea.com;(foto 4):Keystone/Getty Images;(foto 5):Wikipedia Creative Commons 3.0;(foto 6):© canbedone/Shutterstock,